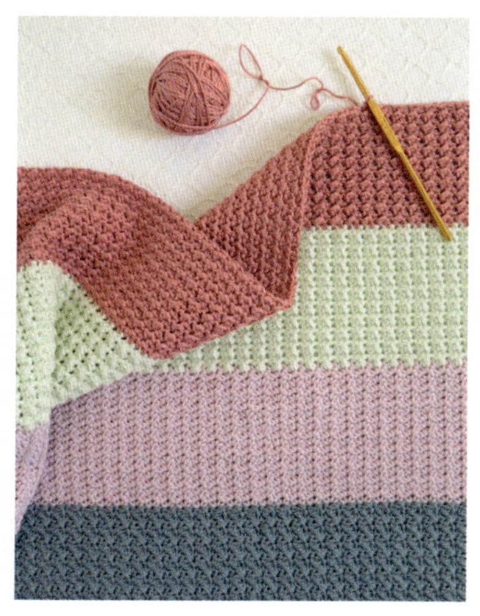

STREIFENLIEBE

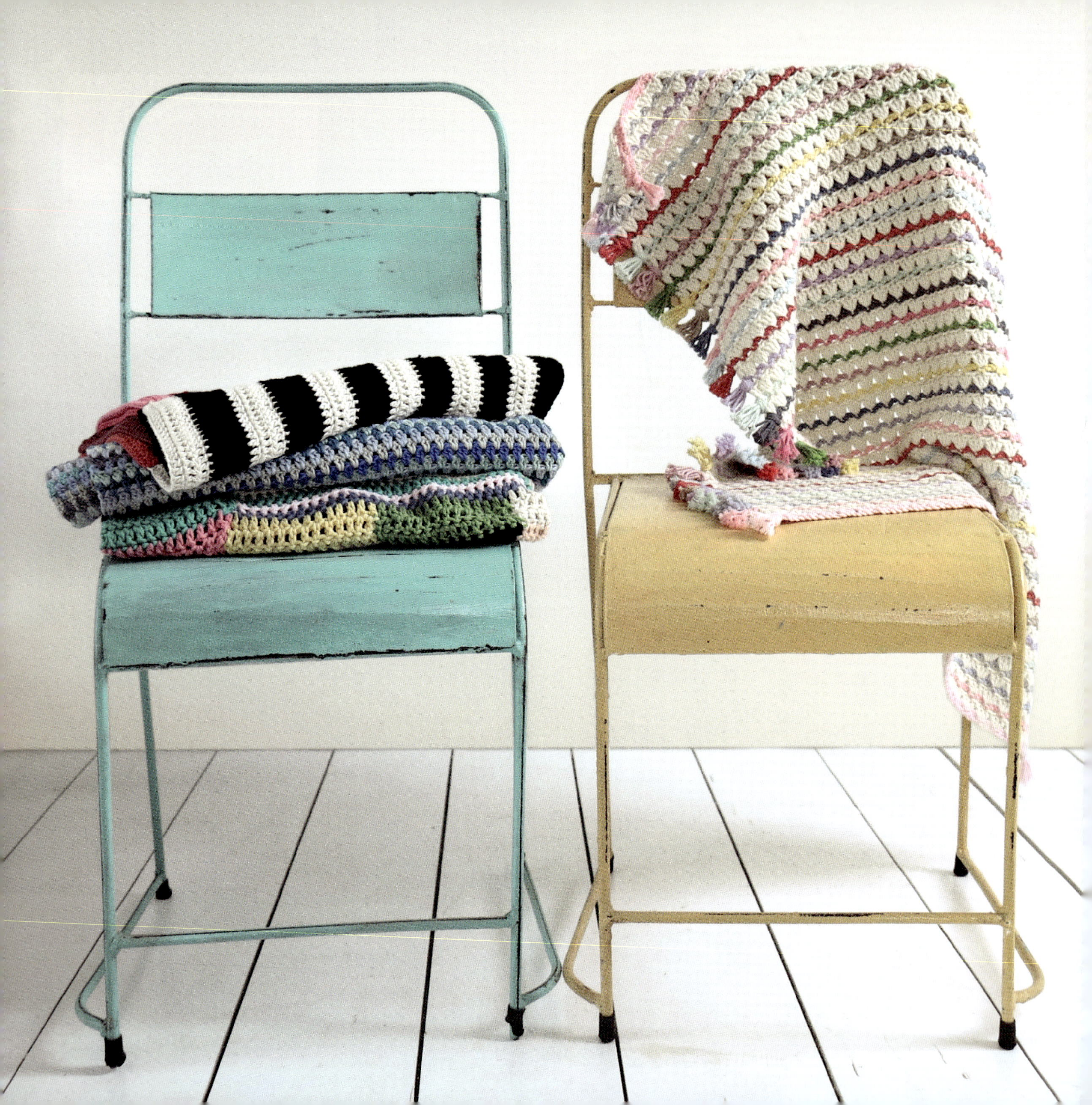

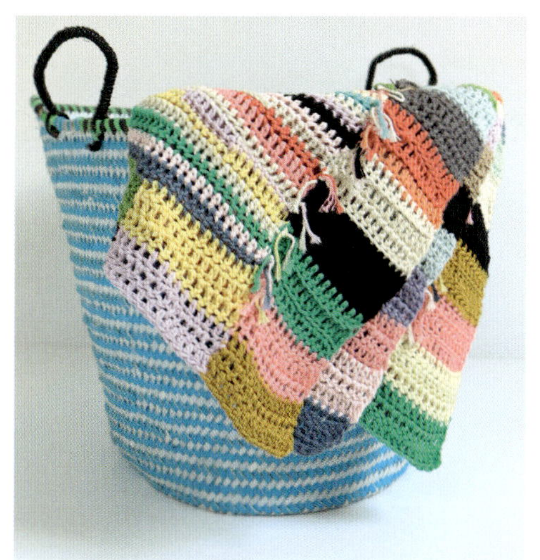

Haafner Linssen

STREIFEN LIEBE

20 MODERNE DESIGNS FÜR HÄKELDECKEN

stiebner

Lektorat: Michelle Pickering
Redaktion: Jacqueline Palmer
Gestaltung: Grand Union Design
Fotos: Haafner Linssen (alle, bis auf die Umrandungen), Phil Wilkins (Umrandungen)
Illustrationen: Kuo Kang Chen
Fachprüfung: KJ Hay

Titel der Originalausgabe: Stripey Crochet Blankets. 20 Modern Heirlooms to Crochet

Bibliografische Information der Deutschen Nationalbibliothek Die Deutsche Nationalbibliothek verzeichnet diese Publikation in der Deutschen Nationalbibliografie; detaillierte bibliografische Daten sind im Internet über http://dnb.dnb.de abrufbar.

Übersetzung aus dem Englischen: Christine Heinzius
Satz und Redaktion der deutschen Ausgabe: Verlags- und Redaktionsbüro München, www.vrb-muenchen.de

ISBN 978-3-8307-2065-2
Printed in China

www.stiebner.com

Verlagshinweis: Wir produzieren unsere Bücher mit großer Sorgfalt und Genauigkeit. Trotzdem lässt es sich nicht ausschließen, dass uns in Einzelfällen Fehler passieren. Unter www.stiebner.com/errata/2065-2.html finden Sie eventuelle Hinweise und Korrekturen zu diesem Titel. Möglicherweise sind die Korrekturen in Ihrer Ausgabe bereits ausgeführt, da wir vor jeder neuen Auflage bekannte Fehler korrigieren. Sollten Sie in diesem Buch einen Fehler finden, so bitten wir um einen Hinweis an verlag@stiebner.com. Für solche Hinweise sind wir sehr dankbar, denn sie helfen uns, unsere Bücher zu verbessern.

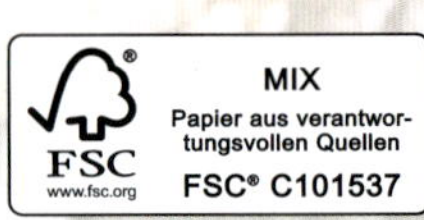

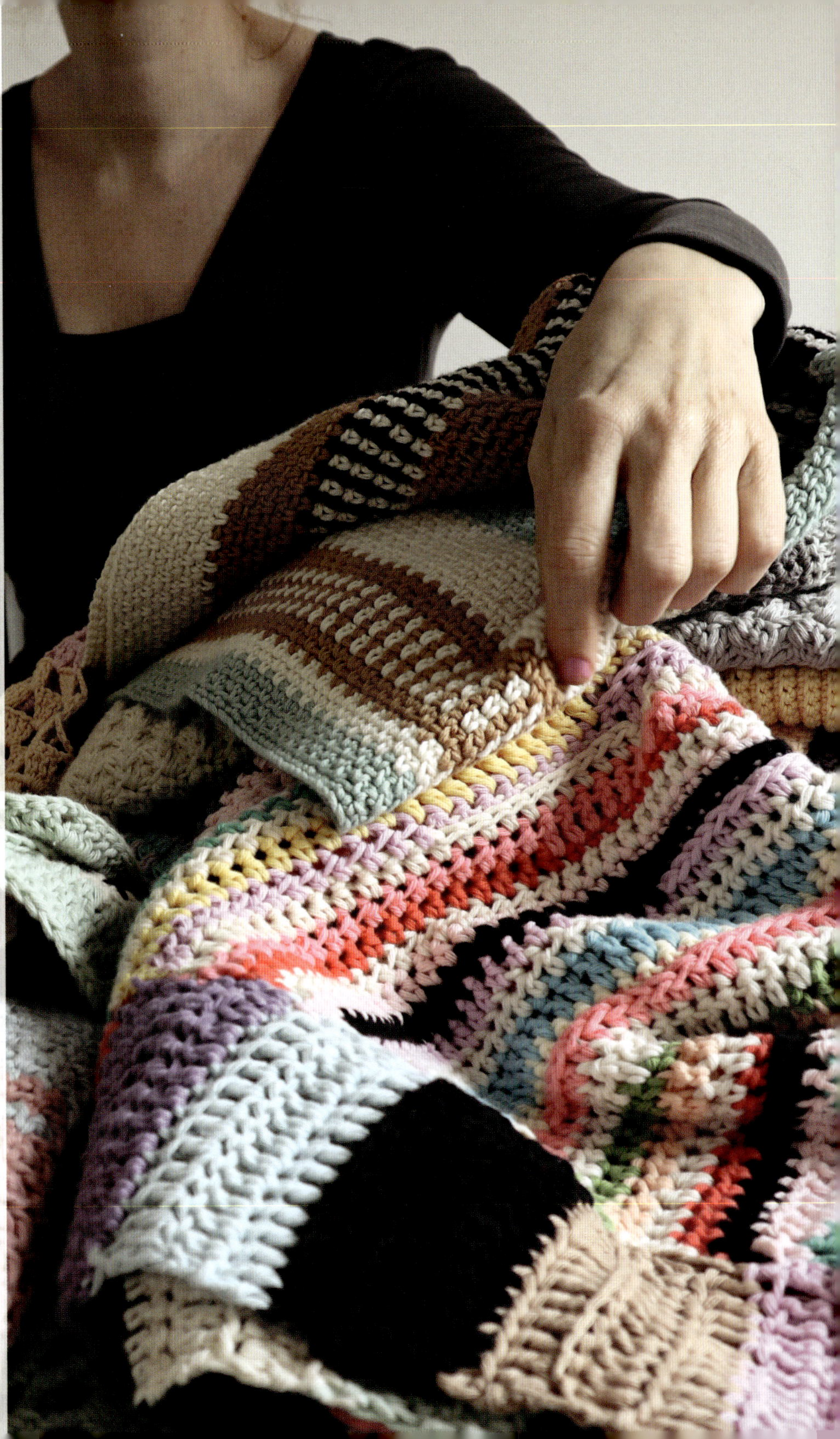

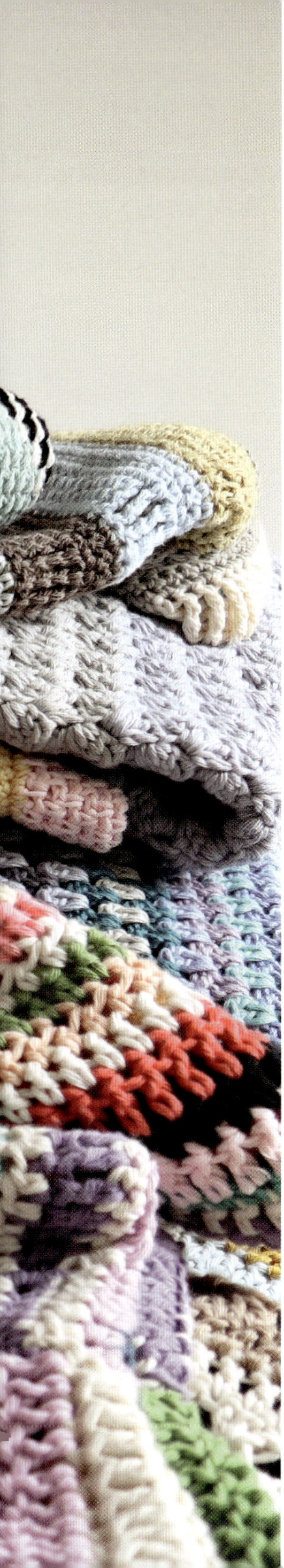

INHALT

ZU DIESEM BUCH

Dieses Buch ist in drei Kapitel gegliedert. Kapitel 1 umfasst 20 wunderschöne Designs für Decken und ein paar extra Umrandungen. In Kapitel 2 finden sich einige Projekte, die veranschaulichen, wie leicht man die Decken für andere Projekte vergrößern oder verkleinern kann. Das abschließende Kapitel 3 bietet all das technische Know-how, das Sie brauchen, um die Decken zu häkeln, vom Farbwechsel bis zu den Grundstichen.

BITTE LESEN SIE DAS ZUERST!
Wir haben uns bemüht, die schriftlichen Anleitungen und die Diagramme in diesem Buch so einfach und klar wie möglich zu halten. Aber wir empfehlen Ihnen, zuerst auf S. 118 die Anmerkungen zu den Anleitungen zu lesen, bevor Sie Ihre erste Decke anschlagen. Dort finden Sie detaillierte Informationen, die Ihnen helfen, die Anleitungen und Diagramme erfolgreich umzusetzen, darunter auch Tipps zum Farbwechsel bei den Streifen und eine Liste der benutzten Abkürzungen. Auch wenn Sie am liebsten sofort mit einer der verführerischen Decken loslegen wollen, lohnt es sich sehr, zuerst diese Informationen durchzulesen, bevor Sie zu Garn und Nadel greifen, selbst wenn Sie schon eine erfahrene Häklerin sind.

TECHNIKEN (SEITEN 114–125)

Hier finden Sie die grundlegenden Techniken, die Ihnen helfen, die Deckenanleitungen und Diagramme im Buch zu verstehen. Hinzu kommen eine knappe Zusammenfassung aller Häkelstiche und -techniken, die für die Decken genutzt wurden, sowie Tipps zur Farbwahl und zu Veränderungen der Anleitungen. Am Ende des Kapitels (S. 126) finden Sie eine Liste mit den genauen Garnen und Farben, die für die Decken genutzt wurden.

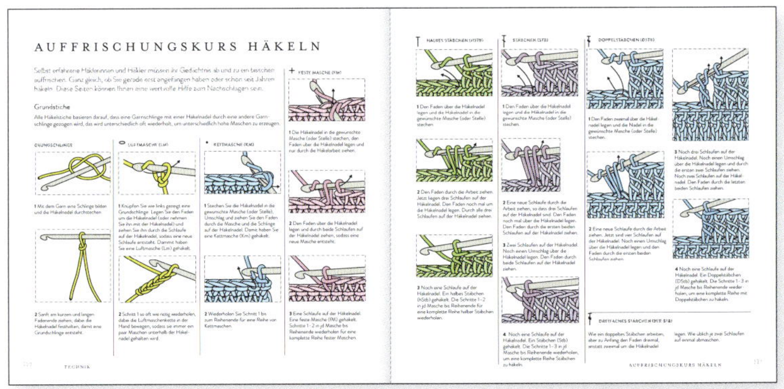

PROJEKTE (SEITEN 102–113)

In diesem Kapitel stellen wir Ihnen zur Inspiration ein paar Projekte vor, für die Sie die Muster der Decken nutzen können. Wenn Sie eine der Deckenanleitungen vergrößern wollen, finden Sie hier einen tollen Teppich und eine Tagesdecke. Wenn Sie eine Anleitung verkleinern möchten, lassen sich daraus hübsche Topflappen, ein Geschirrtuch, ein Kissen und ein Wandbehang machen. All das zeigt: Ihrer Fantasie sind keine Grenzen gesetzt, wenn es darum geht, was Sie mit den Mustern alles häkeln können.

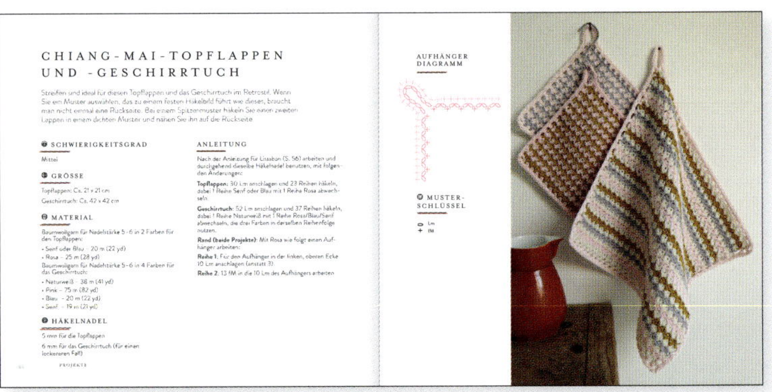

DECKEN UND UMRANDUNGEN (SEITEN 10–101)

Dieses Kapitel ist das eigentliche Herz des Buches. Hier finden Sie die Anleitungen für die 20 Häkeldecken, jeweils ausgeschrieben und als Diagramm; außerdem zeigen wir Ihnen die fertigen Decken in detailreichen Fotos. Bei einigen sind Umrandungen bereits Teil des Designs, aber als Bonus gibt es am Kapitelende noch eine Auswahl von weiteren Mustern für Umrandungen.

Die Größe der Decken variiert leicht, je nach Muster, aber die meisten sind ca. 80 x 100 cm, damit Sie sie leichter vergleichen können. Die Größe, die zu Beginn jeder Anleitung genannt wird, bezieht sich auf die Decke, die auf dem Foto zu sehen ist und die mit der in der Anleitung angegebenen Anzahl Luftmaschen als Anschlag gehäkelt wurde.

Unsere Tipps helfen Ihnen dabei, das beste Ergebnis zu erzielen, und sie enthalten Anregungen für einfache Änderungen.

Jede Decke hat einen bestimmten Schwierigkeitsgrad: einfach, mittel oder fortgeschritten. Wenn Sie gerade erst häkeln gelernt haben, versuchen Sie zunächst eine der einfachen Decken.

Die Liste der Garne, Farben und Mengen bezieht sich auf die Deckengröße, die auf den Fotos zu sehen ist. Auf S. 126 finden Sie eine genaue Liste der Garne und Farben, die verhäkelt wurden, falls Sie die abgebildete Decke exakt nacharbeiten möchten.

Beachten Sie, dass die Häkelnadelstärke, die für eine Decke benutzt wurde, von der üblicherweise für diese Garnstärke genutzten Stärke abweichen kann, damit die Decke mit dem jeweiligen Muster die erwünschte Struktur oder den erwünschten Fall erhält.

Jede Decke hat ihre eigene schriftliche Anleitung. Auf S. 118 finden Sie einige Hinweise dazu.

JAIPUR

Diese Decke ist aus Grundstichen ganz einfach zu häkeln, wirkt aber sehr elegant und künstlerisch. Die Streifen sind von klar strukturiertem Grafikdesign inspiriert und die Farben vom indischen Jaipur, das berühmt ist für seinen »Palast der Winde« (Hawa Mahal). Der Rand ist ein entscheidender Teil des Designs, da durch ihn die frechen, rosa Streifen betont werden.

SCHWIERIGKEITSGRAD

Einfach

GRÖSSE

Ca. 70 x 100 cm (28 x 40 in)

MATERIAL

Baumwollgarn für Nadelstärke 5-6 in 4 Farben:

- Hellrosa – 300 m
- Dunkelrosa – 600 m
- Naturweiß – 150 m
- Grau – 75 m

HÄKELNADEL

5 mm

TIPPS

- Das Grundmuster ist sehr eingängig – Reihen fester Maschen und Reihen mit V-Maschen (2 Stäbchen mit 1 Luftmasche dazwischen). Der einzige Unterschied zwischen den hellrosa/dunkelrosa Streifen und den naturweiß/grauen Streifen ist die Anzahl Reihen, die für jeden Streifen gehäkelt werden.
- Ich habe jede Runde mit einer Anfangsmasche begonnen und die Runde unsichtbar geschlossen, aber Sie können jede Runde auch mit Wendemaschen beginnen und mit einer Kettmasche schließen, wenn Ihnen das lieber ist (s. S. 124).
- Sollte Ihre Umrandung Wellen werfen, können Sie das leicht verhindern, indem Sie zu einer dünneren Häkelnadel wechseln – zum Beispiel in jeder zweiten Bortenreihe.

DECKEN

Hübsche Fotos zeigen die fertige Decke, oft in Nahaufnahmen, um Details besser zu erkennen.

Jede Anleitung beginnt mit der Zahl einer Musterwiederholung für die jeweilige Decke, sodass man sie leicht vergrößern oder verkleinern kann, indem man die Luftmaschenzahl beim Anschlag um diese Ziffer ändert. Siehe dazu die Hinweise auf S. 118.

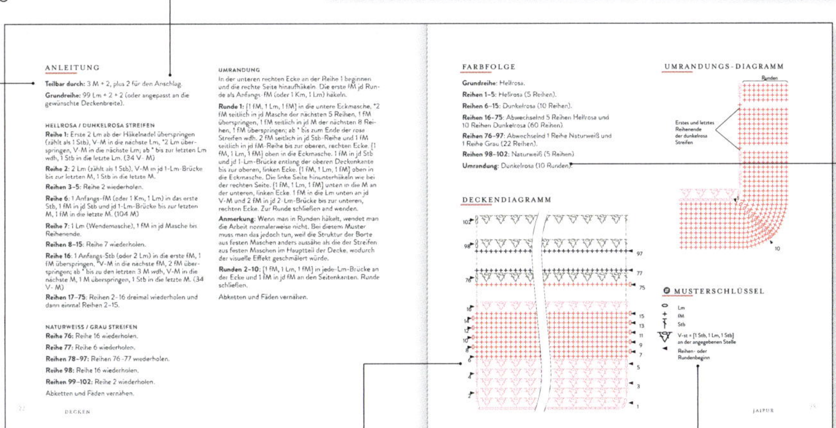

ANLEITUNG

Teilbar durch: 3 M + 2, plus 2 für den Anschlag.

Grundreihe: 99 Lm + 2 + 2 (oder angepasst an die gewünschte Deckenbreite).

HELLROSA / DUNKELROSA STREIFEN

Reihe 1: Erste 2 Lm ab der Häkelnadel überspringen (zählt als 1 Stb), V-M in die nächste Lm, *2 Lm überspringen, V-M in die nächste Lm; ab * bis zur letzten Lm wdh, 1 Stb in die letzte Lm. (34 V- M)

Reihe 2: 2 Lm (zählt als 1 Stb), V-M in jd 1-Lm-Brücke bis zur letzten M, 1 Stb in die letzte M.

Reihen 3–5: Reihe 2 wiederholen.

Reihe 6: 1 Anfangs-fM (oder 1 Km, 1 Lm) in das erste Stb, 1 fM in jd Stb und jd 1-Lm-Brücke bis zur letzten M, 1 fM in die letzte M. (104 M)

Reihe 7: 1 Lm (Wendemasche), 1 fM in jd Masche bis Reihenende.

Reihen 8–15: Reihe 7 wiederholen.

Reihe 16: 1 Anfangs-Stb (oder 2 Lm) in die erste fM, 1 fM überspringen, *V-M in die nächste fM, 2 fM überspringen; ab * bis zu den letzten 3 M wdh, V-M in die nächste M, 1 M überspringen, 1 Stb in die letzte M. (34 V- M)

Reihen 17–75: Reihen 2–16 dreimal wiederholen und dann einmal Reihen 2–15.

NATURWEISS / GRAU STREIFEN

Reihe 76: Reihe 16 wiederholen.

Reihe 77: Reihe 6 wiederholen.

Reihen 78–97: Reihen 76–77 wiederholen.

Reihe 98: Reihe 16 wiederholen.

Reihen 99–102: Reihe 2 wiederholen.

Abketten und Fäden vernähen.

UMRANDUNG

In der unteren rechten Ecke an der Reihe 1 beginnen und die rechte Seite hinaufhäkeln. Die erste fM jd Runde als Anfangs-fM (oder 1 Km, 1 Lm) häkeln.

Runde 1: [1 fM, 1 Lm, 1 fM] in die untere Eckmasche, *2 fM seitlich in jd Masche der nächsten 5 Reihen, 1 fM überspringen, 1 fM seitlich in jd M der nächsten 8 Reihen, 1 fM überspringen; ab * bis zum Ende der rosa Streifen wdh. 2 fM seitlich in jd Stb-Reihe und 1 fM seitlich in jd fM-Reihe bis zur oberen, rechten Ecke. [1 fM, 1 Lm, 1 fM] oben in die Eckmasche. 1 fM in jd Stb und jd 1-Lm-Brücke entlang der oberen Deckenkante bis zur oberen, linken Ecke. [1 fM, 1 Lm, 1 fM] oben in die Eckmasche. Die linke Seite hinunterhäkeln wie bei der rechten Seite. [1 fM, 1 Lm, 1 fM] unten in die M an der unteren, linken Ecke. 1 fM in die Lm unten an jd V-M und 2 fM in jd 2-Lm-Brücke bis zur unteren, rechten Ecke. Zur Runde schließen and wenden.

Anmerkung: Wenn man in Runden häkelt, wendet man die Arbeit normalerweise nicht. Bei diesem Muster muss man das jedoch tun, weil die Struktur der Borte aus festen Maschen anders aussähe als die der Streifen aus festen Maschen im Hauptteil der Decke, wodurch der visuelle Effekt geschmälert würde.

Runden 2–10: [1 fM, 1 Lm, 1 fM] in jede-Lm-Brücke an der Ecke und 1 fM in jd fM an den Seitenkanten. Runde schließen.

Abketten und Fäden vernähen.

DECKEN

FARBFOLGE

Grundreihe: Hellrosa.

Reihen 1–5: Hellrosa (5 Reihen).

Reihen 6–15: Dunkelrosa (10 Reihen).

Reihen 16–75: Abwechselnd 5 Reihen Hellrosa und 10 Reihen Dunkelrosa (60 Reihen).

Reihen 76–97: Abwechselnd 1 Reihe Naturweiß und 1 Reihe Grau (22 Reihen).

Reihen 98–102: Naturweiß (5 Reihen).

Umrandung: Dunkelrosa (10 Runden).

UMRANDUNGS-DIAGRAMM

DECKENDIAGRAMM

MUSTERSCHLÜSSEL

JAIPUR

Die Farbfolge bei den Streifen wird getrennt von der Anleitung angegeben. Das liegt daran, dass man nicht immer an derselben Stelle im Muster die Farbe wechselt; außerdem können Sie so direkt auf die Farbfolge sehen, ohne den Rhythmus des Häkelns unterbrechen zu müssen, um in der Anleitung danach zu suchen. Und es ist praktisch, diese Information getrennt zur Verfügung zu haben, wenn Sie die Farbfolge ändern möchten.

Für jede Decke und jede Umrandung gibt es Diagramme, die alle nötigen Musterwiederholungen und Reihen für das Design zeigen.

Für jede Decke gibt es einen Schlüssel zu allen im Diagramm verwendeten Symbolen. Sollten Sie eine Auffrischung brauchen, wie diese umzusetzen sind, werfen Sie einen Blick in die auf S. 120 dargestellte Technik.

VORWORT

Als Kreative wissen Sie, dass man überall Inspiration finden kann – in der Natur, in Büchern, Farben, Architektur, sogar in einem Sonnenstrahl. Die Decken in diesem Buch sind inspiriert von Städten weltweit, von ihren Formen, Farben und Traditionen oder einfach meinen Erinnerungen daran.

Die Namen der Decken zeigen das schon an: Manchmal gibt es eine direkte Verbindung zu der Stadt. »Marrakesch« zum Beispiel wurde von den umwerfenden Berberteppichen Marokkos inspiriert. In anderen Fällen waren es die Farben einer Stadt, die mich inspirierten – bei der rosa Jaipur-Decke etwa die beeindruckenden Rottöne dieser indischen Stadt oder beim Mintgrün der Lissabon-Decke die atemberaubenden Pastelltöne der portugiesischen Metropole. Die Brügge-Decke ist eine Hommage an die Spitzentradition und die Klöpplerinnen dieser charmanten belgischen Stadt. Die Zickzackstreifen und Farben der St.-George's-Decke erinnern an die Strände und die strahlende Sonne in der Kapitale der schönen Insel Grenada; die Tokio-Decke lässt mich an die Hochhäuser dieser energiegeladenen Stadt denken. In anderen Fällen ist die Verbindung viel lockerer oder persönlicher. Die Istanbul-Decke erinnert mich zum Beispiel an ein anderes Design, das ich bei einem Aufenthalt dort entworfen habe.

Durch dieses Buch zu blättern – und diese Anleitungen nachzuhäkeln – wird sich für Sie hoffentlich ein bisschen so anfühlen, als bereisten wir zusammen diese erstaunlich schöne Welt, und ich hoffe, dass Sie damit auch Ihre eigenen, persönlichen Inspirationen, Erinnerungen und Gefühle verbinden werden. Ich habe jedenfalls viel Liebe in dieses Buch gesteckt. Und ich hoffe, dass auch Sie das Ergebnis lieben werden.

Fröhliches Häkeln!
Haafner

HAAFNER

PS: Nutzen Sie soziale Medien? Wunderbar. Ich würde Sie gern dort treffen und Ihre Arbeit sehen. Benutzen Sie einfach #joyinrepetitioncrochet. Wir treffen uns dort.

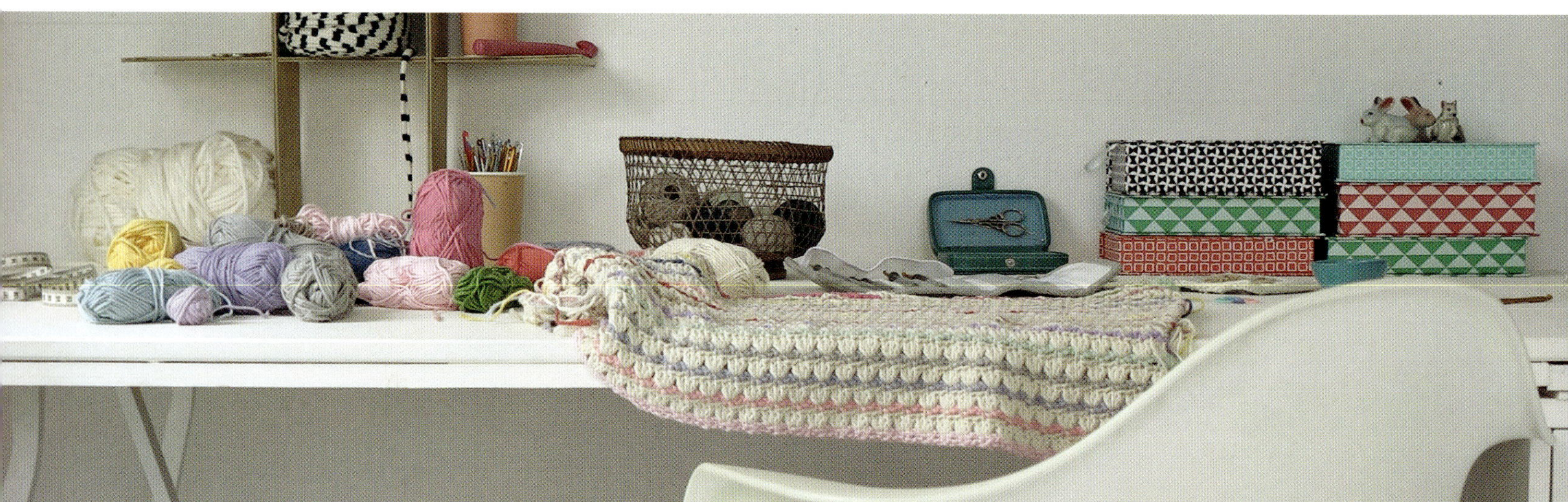

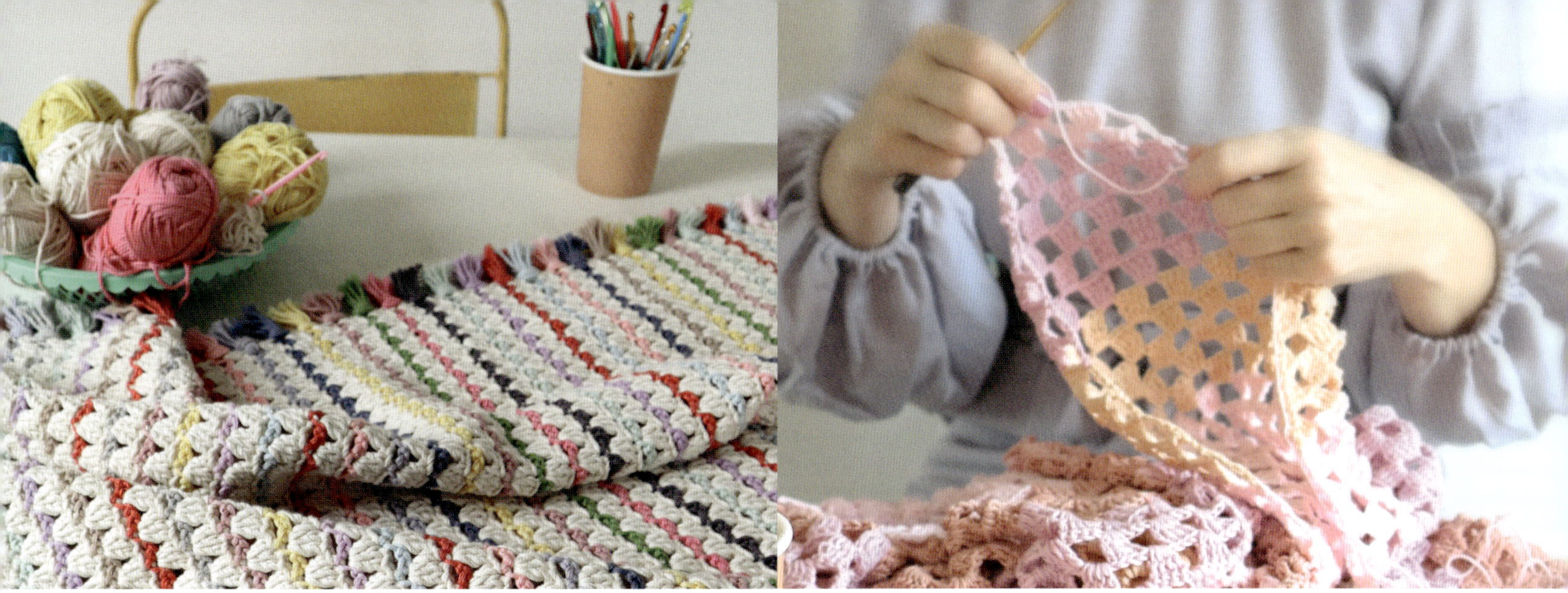

STREIFEN FÜR STREIFEN: FREUDE AN DER WIEDERHOLUNG

Wohl die meisten Menschen lieben Streifen. Das zeigt schon die faszinierende Entwicklung der Streifen in der Geschichte des Designs. Manche haben sogar eigene Namen – Bretonstreifen beispielsweise (hier wechseln sich breite weiße Streifen mit schmalen, marineblauen Streifen ab) oder im bunten Zickzack gestaltete Missoni-Streifen.

Viele Leute häkeln, um sich zu entspannen. Ein einfaches, repetitives Muster, das am Ende zu etwas Wunderschönem wird – das hat etwas ganz Besonderes: In der Freude an der Wiederholung liegt die fast schon meditative Kraft des Häkelns.

Zudem fasziniert mich die unglaubliche Vielfalt an Streifenmustern. Die schlichtesten Muster bestehen aus je einer Reihe, und schon daraus kann – erst recht mit den richtigen Farben und dem richtigen Garn – eine hübsche Decke werden. Andere Muster reichen über mehrere Reihen, sind aber immer noch entspannend zu arbeiten, während wieder andere Streifenmuster recht kompliziert sein können und deutlich mehr Aufmerksamkeit verlangen.

Viele Häkler mögen es nicht sonderlich, Fäden zu vernähen. Zwar sind auch bei einer gestreiften Decke aus mehreren Farben am Ende einige Fäden zu vernähen – doch deutlich weniger als bei einer Decke mit anderen Motiven. Außerdem muss man selten oder nie neue Fäden derselben Farbe ansetzen. Wenn Sie wirklich gar keine Fäden vernähen wollen, dann verstecken Sie diese doch einfach mit einer Fransenkante oder einem Pomponrand.

In diesem Buch finden Sie eine tolle Auswahl an Streifen – ob dicht oder spitzenartig, schlicht oder komplex, flach oder strukturiert in originellen Mischungen. Ich hoffe, dass auch Sie mit dem Häkeln nach diesen Anleitungen viel Freude haben werden: Streifen für Streifen.

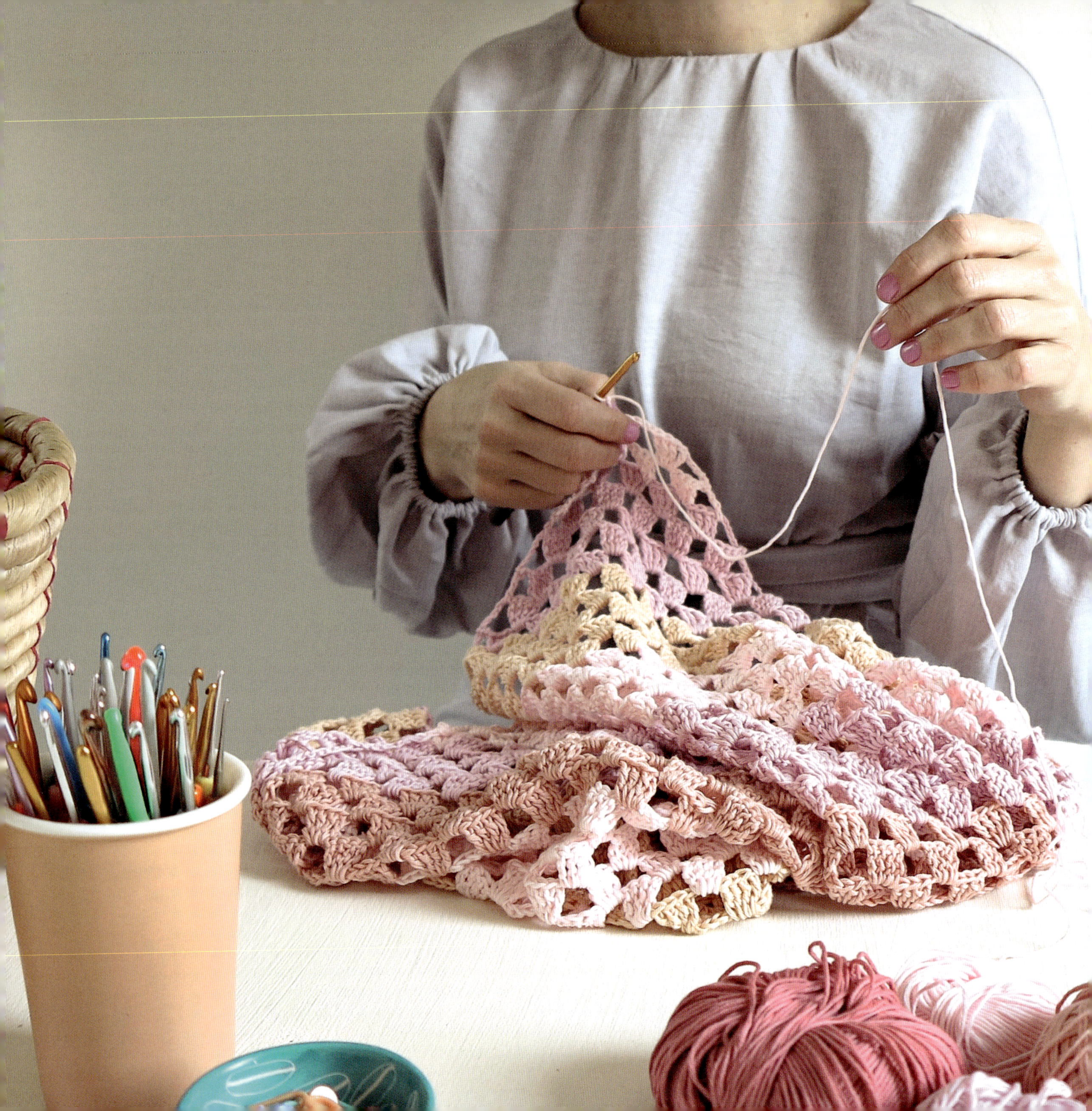

KAPITEL 1

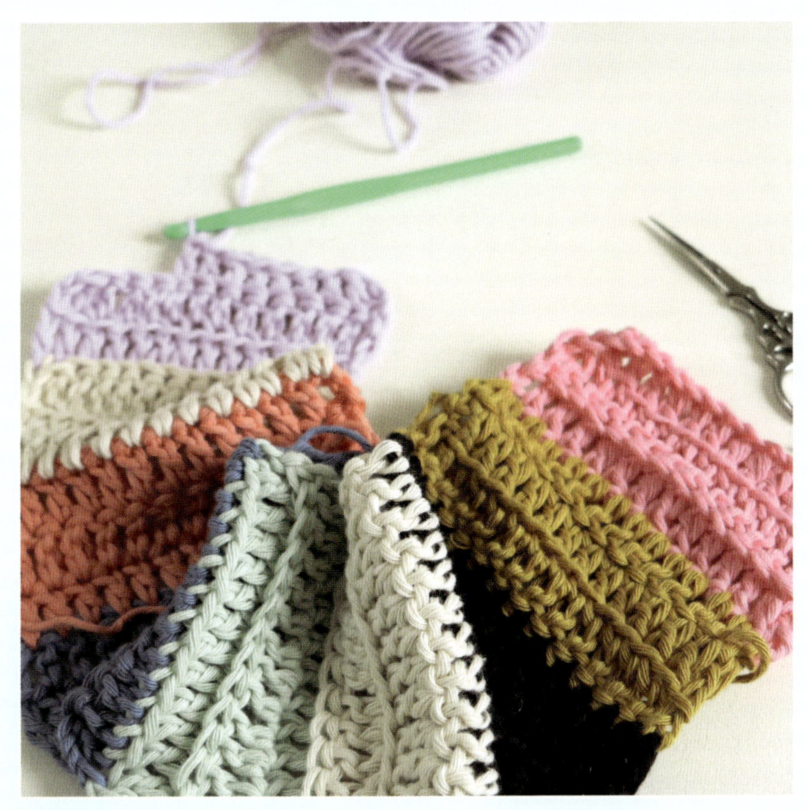

DECKEN & UMRANDUNGEN

MARSEILLE

Diese Decke ist einfach zu häkeln, ganz entspannt – mit einem wunderschönen Ergebnis. Das war tatsächlich die erste Decke, die ich für dieses Buch gehäkelt habe und zwar ausschließlich aus Garnresten, die von meinem letzten Buch übriggeblieben waren. Ich mag es nicht, tolles Garn zu verschwenden! Die Farben erinnern mich an ruhiges Meer mit all seinen umwerfenden Farbtönen.

SCHWIERIGKEITSGRAD

Einfach

GRÖSSE

Ca. 80 x 100 cm (32 x 40 in)

MATERIAL

Baumwollgarn für Nadelstärke 4 in so vielen Farben, wie Sie möchten:

- Insgesamt 1428 m (1560 yd)

HÄKELNADEL

4 mm

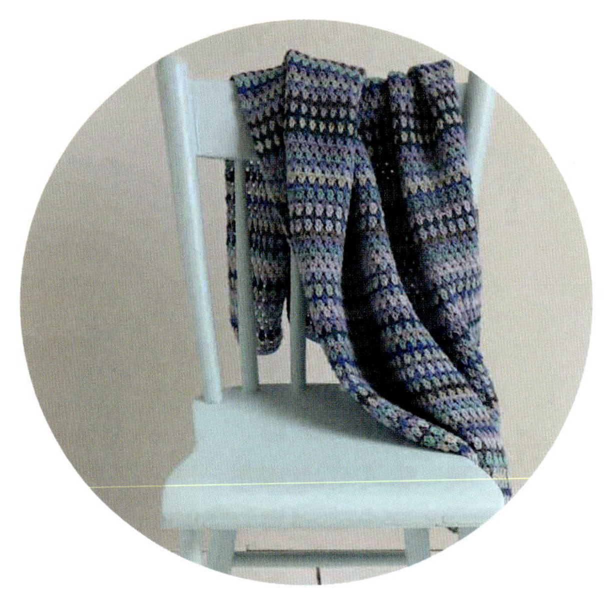

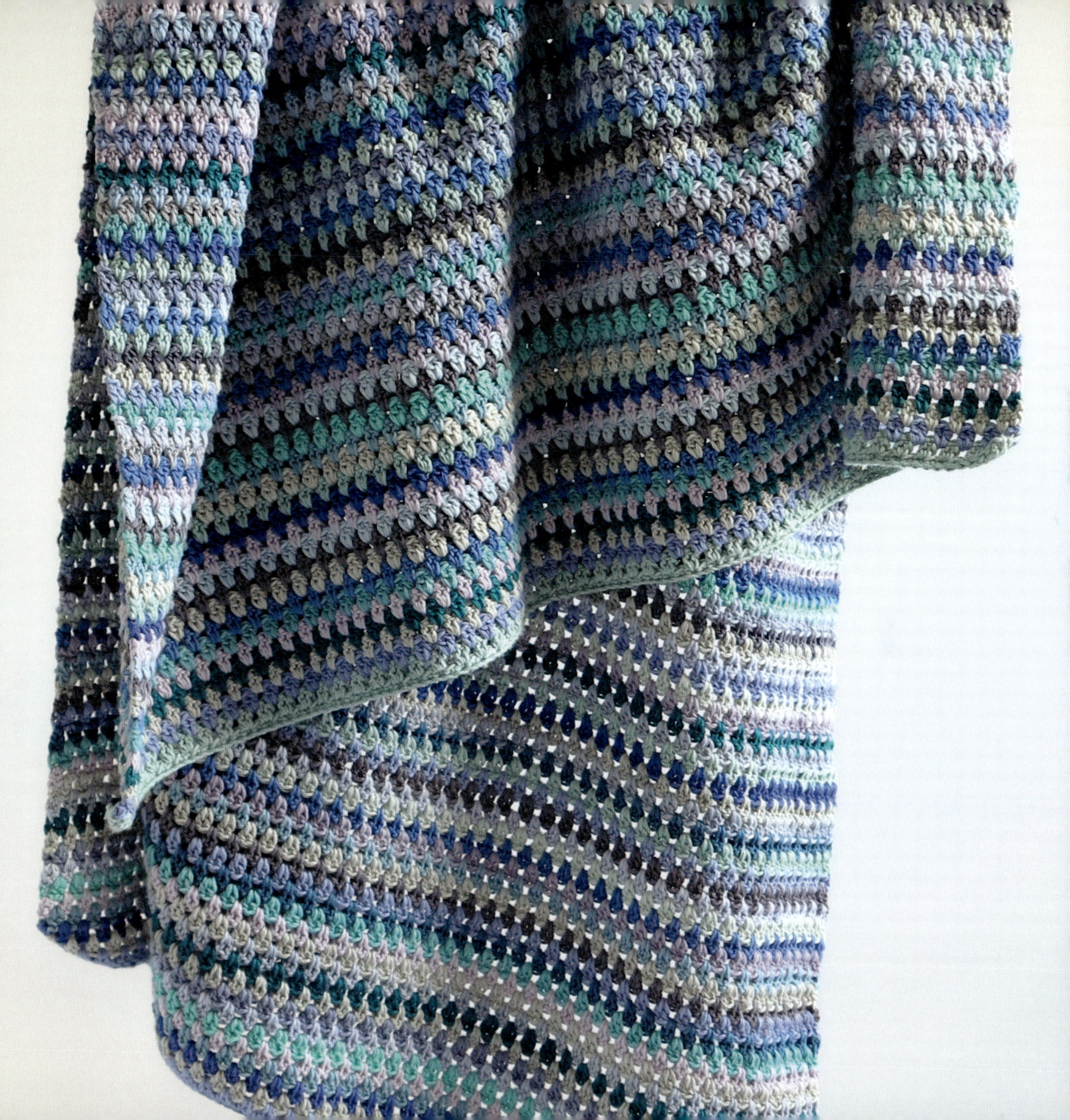

ANLEITUNG

Teilbar durch: 2 M, plus 2 für den Anschlag.

Grundreihe: 130 Lm + 2 (oder angepasst an die gewünschte Deckenbreite).

Reihe 1: 1 fM in die 2. Lm ab Häkelnadel und in jd Lm bis Reihenende. (131 fM)

Reihe 2: 2 Lm (zählt als 1 Stb), erste fM überspringen, 2 Stb in die nächste fM, *1 fM überspringen, 2 Stb in die nächste fM; ab * bis zur letzten fM wdh, 1 Stb in die letzte fM. (132 Stb)

Reihe 3: 1 Anfangs-Stb (oder 2 Lm) und 1 Stb in das erste Stb, 2 Stb überspringen, *2 Stb in die Brücke vor den nächsten 2 Stb, 2 Stb überspringen; ab * bis zur letzten M, 2 Stb in die letzte M.

Reihe 4: 1 Anfangs-Stb (oder 2 Lm) in das erste Stb, 1 M überspringen, *2 Stb in die Brücke vor den nächsten 2 Stb, 2 Stb überspringen; ab * bis zu den letzten 2 M wdh, 2 Stb in die Brücke vor den letzten 2 M, 1 M überspringen, 1 Stb in die letzte M.

Reihen 5–112: Reihen 3–4 wdh.

Reihe 122: 1 Lm (Wendemasche), 1 fM in jd Masche bis Reihenende.

Abketten und Fäden vernähen.

MUSTERSCHLÜSSEL

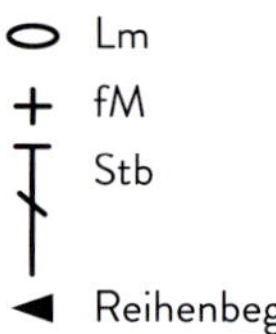

FARBFOLGE

Für diese Decke können Sie so viele Farben (und Wollreste) benutzen, wie Sie möchten – und das in jeder möglichen Reihenfolge. Ich habe für den Anschlag und die Reihen 1 und 2 dieselbe Farbe genommen sowie dann in jeder folgenden Reihe die Farbe gewechselt. Die letzten zwei Reihen häkelte ich wieder mit derselben Farbe. Benutzen Sie eine der beiden folgenden Methoden für den Farbwechsel:

- Entweder schneidet man den Faden am Ende der Reihe ab und beginnt die nächste Reihe mit einer Anfangsmasche (anstelle von Wendemaschen) in der neuen Farbe,
- oder man wechselt die Farbe in der letzten Masche der Reihe, indem man den letzten Umschlag dieser Masche mit der neuen Farbe häkelt und dann die nächste Reihe mit 2 Lm (zählt als 1 Stb) in der neuen Farbe beginnt.

DIAGRAMM

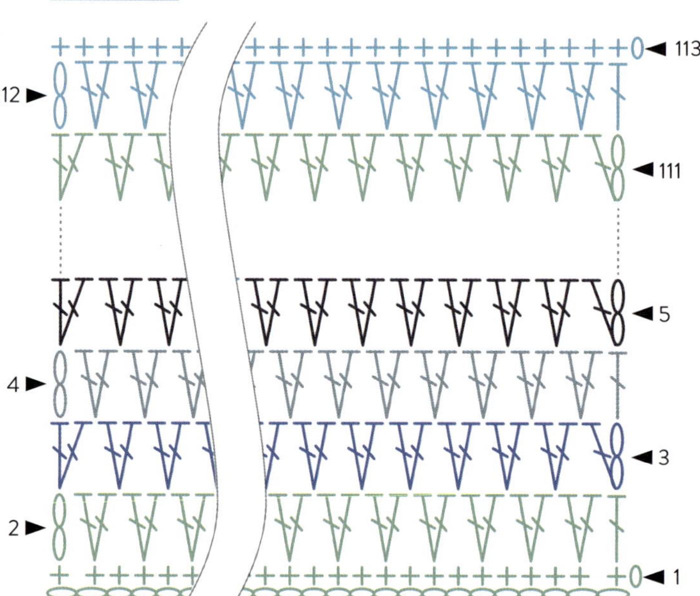

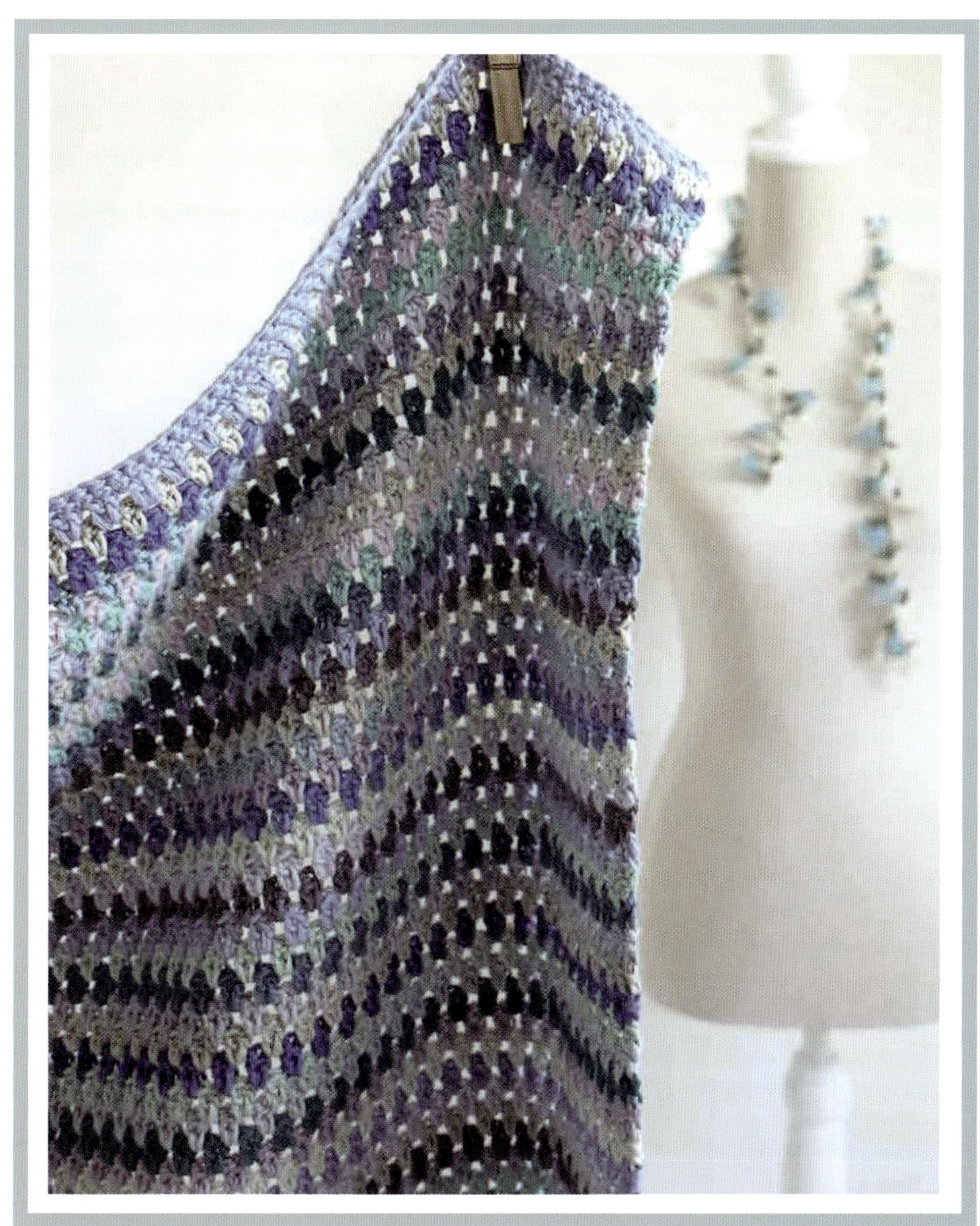

WEIMAR

Ich liebe es, wie hier breite Längsstreifen mit schmalen Querstreifen kombiniert werden, was ganz einfach durch das Perlmuster (bei dem sich Luft- und feste Maschen abwechseln) geschieht. Durch die Pastellfarben wirkt der geometrische Look mit den kühnen, klaren schwarz-weißen Teilen etwas weicher. Diese Decke wurde vom Bauhaus inspiriert, einer im Jahr 1919 von Walter Gropius in Weimar gegründeten Kunst-, Design- und Architekturschule, die ich sehr bewundere.

SCHWIERIGKEITSGRAD

Einfach

GRÖSSE

Ca. 65 x 95 cm (25 x 38 in)

MATERIAL

Baumwollgarn für Nadelstärke 4 in 4 Farben:

- Aqua – 250 m (273 yd)
- Naturweiß – 357 m (390 yd)
- Beige – 179 m (195 yd)
- Schwarz – 131 m (143 yd)

HÄKELNADEL

4 mm

TIPPS

- Diese Decke wird längs gehäkelt. Wenn Sie lieber Querstreifen möchten, drehen Sie das Foto um 90 Grad, um eine Vorstellung zu bekommen, wie das aussehen würde.
- Wenn Sie die Decke vergrößern möchten, denken Sie daran, dass Sie dann eine extra lange Luftmaschenkette anschlagen müssen – das Perlmuster zieht sich im Vergleich zum Anschlag etwas zusammen.

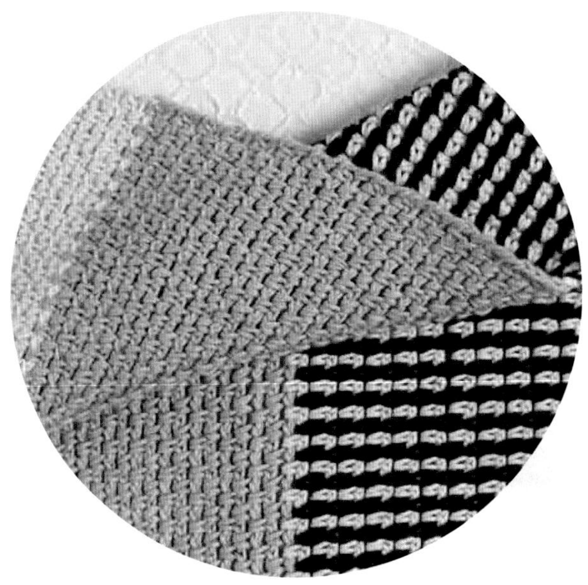

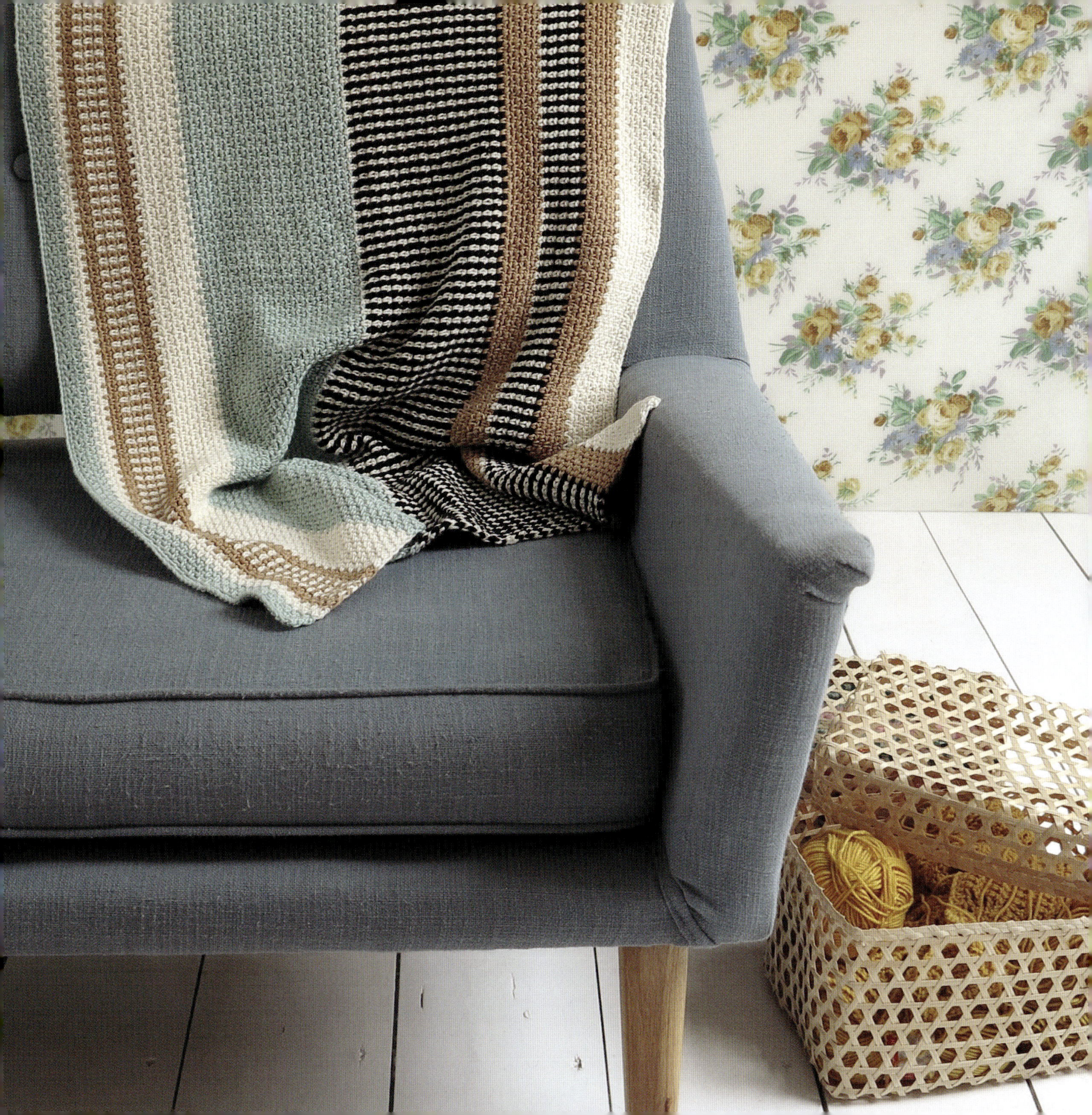

ANLEITUNG

Teilbar durch: 2 M, plus 1 für den Anschlag.

Grundreihe: 184 Lm + 1 (oder angepasst an die gewünschte Deckenlänge).

Reihe 1: 1 fM in die 2. Lm ab der Häkelnadel und in jd Lm bis Reihenende. (184 fM)

Reihe 2: 1 Lm, erste fM überspringen, *1 fM in die nächste fM, 1 Lm, 1 fM überspringen; ab * bis zur letzten fM wdh, 1 fM in die letzte fM.

Reihe 3: 1 Lm, erste fM überspringen, *1 fM in 1-Lm-Brücke, 1 Lm, 1 fM überspringen; ab * bis zur Wendemasche wdh, 1 fM in Wende-Lm

Reihen 4–121: Reihe 3 wiederholen.

Anmerkung: Wenn am Reihenbeginn die Farbe gewechselt wird, (Km, 1 Lm) in die erste fM, dann im Muster weiterarbeiten.

Reihe 112: 1 Lm (Wendemasche), 1 fM in jd fM und jd 1-Lm-Brücke bis zur Wendemasche, 1 fM in die Wende-Lm

Abketten und Fäden vernähen.

FARBFOLGE

Grundreihe: Aqua.

Reihen 1–5: Aqua (5 Reihen).

Reihen 6–8: Naturweiß (3 Reihen).

Reihen 9–11: Beige (3 Reihen).

Reihen 12–17: Abwechselnd 1 Reihe Naturweiß und 1 Reihe beige (6 Reihen).

Reihen 18–19: Beige (2 Reihen).

Reihen 20–29: Naturweiß (10 Reihen).

Reihen 30–59: Aqua (30 Reihen).

Reihen 60–89: Abwechselnd 1 Reihe Naturweiß und 1 Reihe Schwarz (30 Reihen).

Reihen 90–96: Beige (7 Reihen).

Reihen 97–105: Abwechselnd 1 Reihe Naturweiß und 1 Reihe Schwarz (8 Reihen).

Reihen 106–112: Beige (7 Reihen).

Reihen 113–122: Naturweiß (10 Reihen).

DIAGRAMM

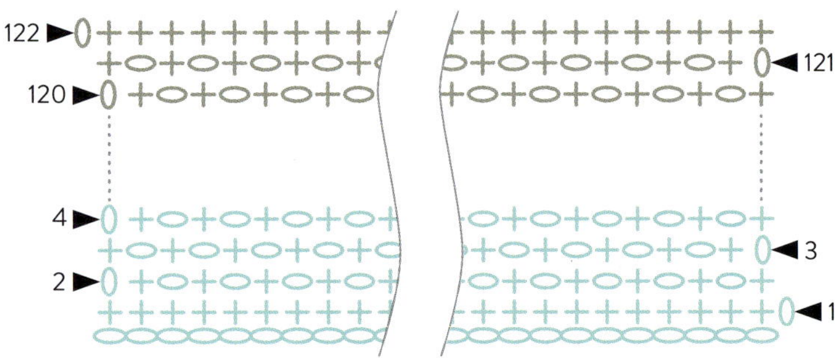

MUSTERSCHLÜSSEL

- Lm
- fM
- Reihenbeginn

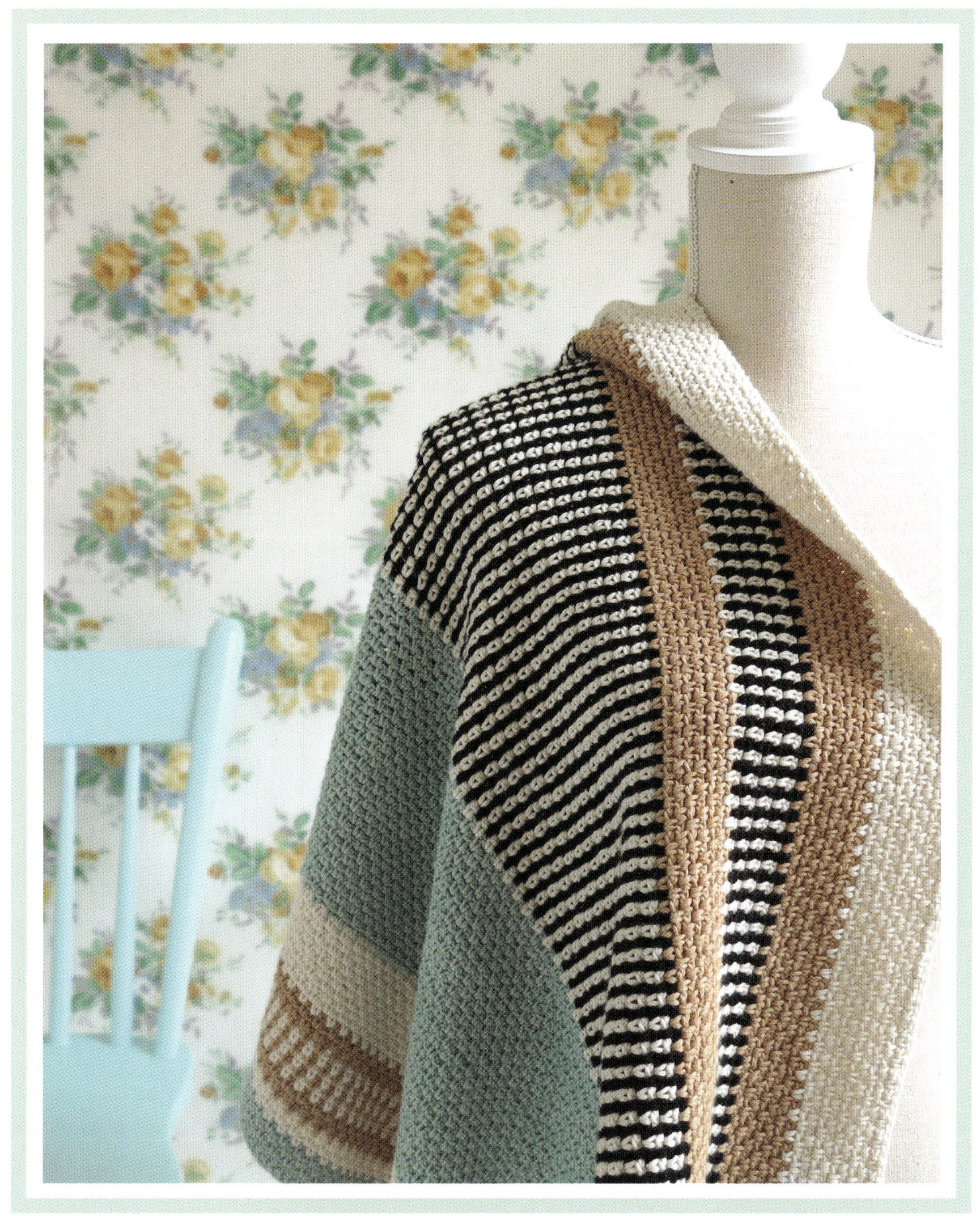

JAIPUR

Diese Decke ist aus Grundstichen ganz einfach zu häkeln, wirkt aber sehr elegant und künstlerisch. Die Streifen sind von klar strukturiertem Grafikdesign inspiriert und die Farben vom indischen Jaipur, das berühmt ist für seinen »Palast der Winde« (Hawa Mahal). Der Rand ist ein entscheidender Teil des Designs, da durch ihn die frechen, rosa Streifen betont werden.

SCHWIERIGKEITSGRAD

Einfach

GRÖSSE

Ca. 70 x 100 cm (28 x 40 in)

MATERIAL

Baumwollgarn für Nadelstärke 5-6 in 4 Farben:

- Hellrosa – 300 m
- Dunkelrosa – 600 m
- Naturweiß – 150 m
- Grau – 75 m

HÄKELNADEL

5 mm

TIPPS

- Das Grundmuster ist sehr eingängig – Reihen fester Maschen und Reihen mit V-Maschen (2 Stäbchen mit 1 Luftmasche dazwischen). Der einzige Unterschied zwischen den hellrosa/dunkelrosa Streifen und den naturweiß/grauen Streifen ist die Anzahl Reihen, die für jeden Streifen gehäkelt werden.
- Ich habe jede Runde mit einer Anfangsmasche begonnen und die Runde unsichtbar geschlossen, aber Sie können jede Runde auch mit Wendemaschen beginnen und mit einer Kettmasche schließen, wenn Ihnen das lieber ist (s. S. 124).
- Sollte Ihre Umrandung Wellen werfen, können Sie das leicht verhindern, indem Sie zu einer dünneren Häkelnadel wechseln – zum Beispiel in jeder zweiten Bortenreihe.

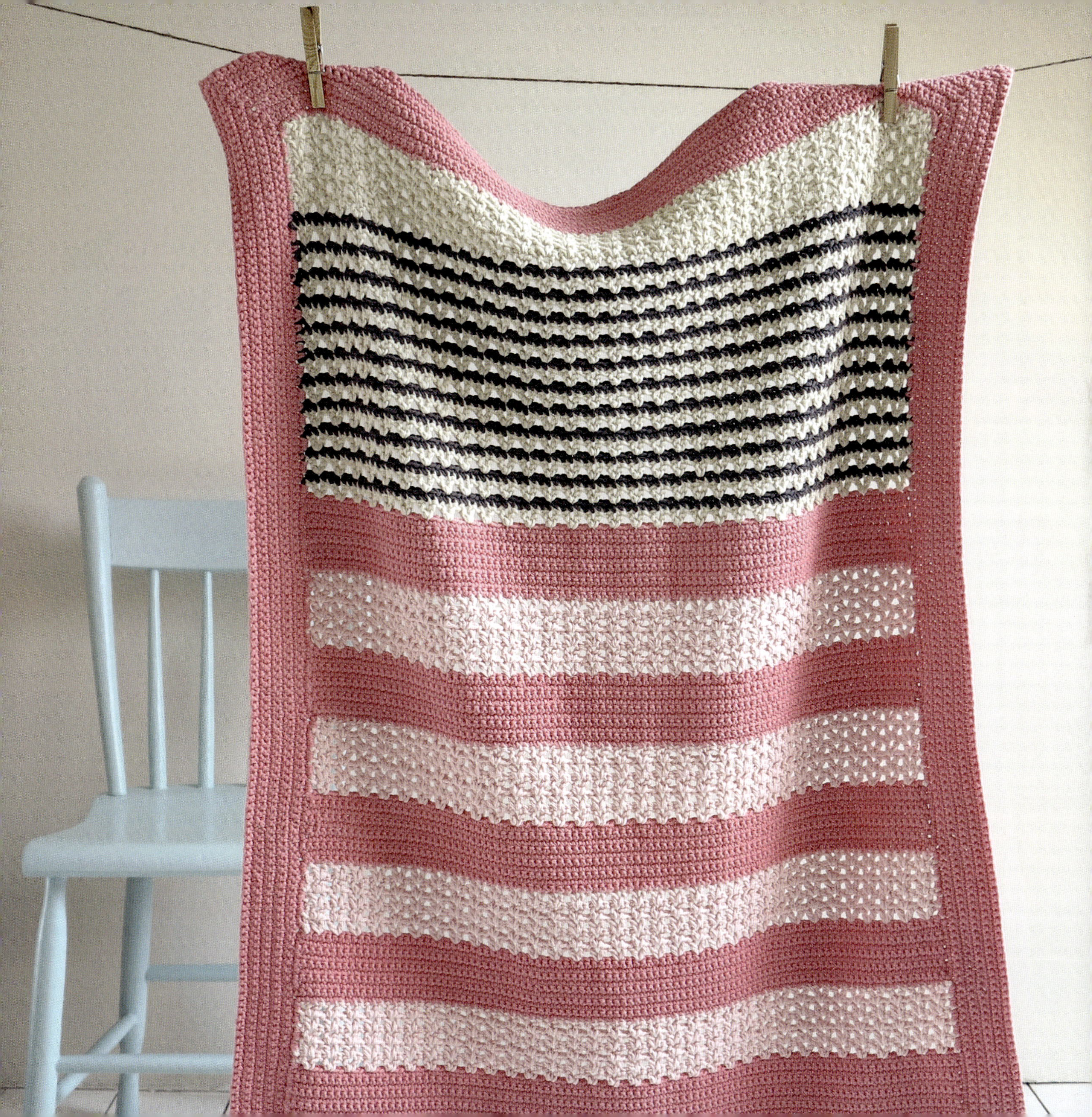

ANLEITUNG

Teilbar durch: 3 M + 2, plus 2 für den Anschlag.

Grundreihe: 99 Lm + 2 + 2 (oder angepasst an die gewünschte Deckenbreite).

HELLROSA / DUNKELROSA STREIFEN

Reihe 1: Erste 2 Lm ab der Häkelnadel überspringen (zählt als 1 Stb), V-M in die nächste Lm, *2 Lm überspringen, V-M in die nächste Lm; ab * bis zur letzten Lm wdh, 1 Stb in die letzte Lm. (34 V- M)

Reihe 2: 2 Lm (zählt als 1 Stb), V-M in jd 1-Lm-Brücke bis zur letzten M, 1 Stb in die letzte M.

Reihen 3–5: Reihe 2 wiederholen.

Reihe 6: 1 Anfangs-fM (oder 1 Km, 1 Lm) in das erste Stb, 1 fM in jd Stb und jd 1-Lm-Brücke bis zur letzten M, 1 fM in die letzte M. (104 M)

Reihe 7: 1 Lm (Wendemasche), 1 fM in jd Masche bis Reihenende.

Reihen 8–15: Reihe 7 wiederholen.

Reihe 16: 1 Anfangs-Stb (oder 2 Lm) in die erste fM, 1 fM überspringen, *V-M in die nächste fM, 2 fM überspringen; ab * bis zu den letzten 3 M wdh, V-M in die nächste M, 1 M überspringen, 1 Stb in die letzte M. (34 V- M)

Reihen 17–75: Reihen 2–16 dreimal wiederholen und dann einmal Reihen 2–15.

NATURWEISS / GRAU STREIFEN

Reihe 76: Reihe 16 wiederholen.

Reihe 77: Reihe 6 wiederholen.

Reihen 78–97: Reihen 76–77 wiederholen.

Reihe 98: Reihe 16 wiederholen.

Reihen 99–102: Reihe 2 wiederholen.

Abketten und Fäden vernähen.

UMRANDUNG

In der unteren rechten Ecke an der Reihe 1 beginnen und die rechte Seite hinaufhäkeln. Die erste fM jd Runde als Anfangs-fM (oder 1 Km, 1 Lm) häkeln.

Runde 1: [1 fM, 1 Lm, 1 fM] in die untere Eckmasche, *2 fM seitlich in jd Masche der nächsten 5 Reihen, 1 fM überspringen, 1 fM seitlich in jd M der nächsten 8 Reihen, 1 fM überspringen; ab * bis zum Ende der rosa Streifen wdh. 2 fM seitlich in jd Stb-Reihe und 1 fM seitlich in jd fM-Reihe bis zur oberen, rechten Ecke. [1 fM, 1 Lm, 1 fM] oben in die Eckmasche. 1 fM in jd Stb und jd 1-Lm-Brücke entlang der oberen Deckenkante bis zur oberen, linken Ecke. [1 fM, 1 Lm, 1 fM] oben in die Eckmasche. Die linke Seite hinunterhäkeln wie bei der rechten Seite. [1 fM, 1 Lm, 1 fM] unten in die M an der unteren, linken Ecke. 1 fM in die Lm unten an jd V-M und 2 fM in jd 2-Lm-Brücke bis zur unteren, rechten Ecke. Zur Runde schließen and wenden.

Anmerkung: Wenn man in Runden häkelt, wendet man die Arbeit normalerweise nicht. Bei diesem Muster muss man das jedoch tun, weil die Struktur der Borte aus festen Maschen anders aussähe als die der Streifen aus festen Maschen im Hauptteil der Decke, wodurch der visuelle Effekt geschmälert würde.

Runden 2–10: [1 fM, 1 Lm, 1 fM] in jede-Lm-Brücke an der Ecke und 1 fM in jd fM an den Seitenkanten. Runde schließen.

Abketten und Fäden vernähen.

FARBFOLGE

Grundreihe: Hellrosa.

Reihen 1–5: Hellrosa (5 Reihen).

Reihen 6–15: Dunkelrosa (10 Reihen).

Reihen 16–75: Abwechselnd 5 Reihen Hellrosa und 10 Reihen Dunkelrosa (60 Reihen).

Reihen 76–97: Abwechselnd 1 Reihe Naturweiß und 1 Reihe Grau (22 Reihen).

Reihen 98–102: Naturweiß (5 Reihen).

Umrandung: Dunkelrosa (10 Runden).

DECKENDIAGRAMM

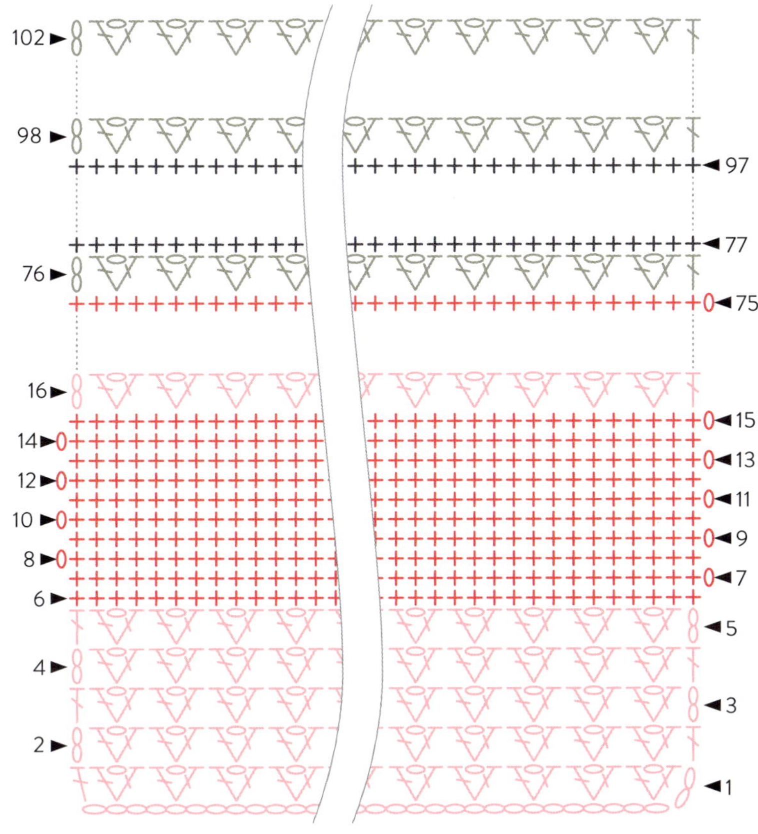

UMRANDUNGS-DIAGRAMM

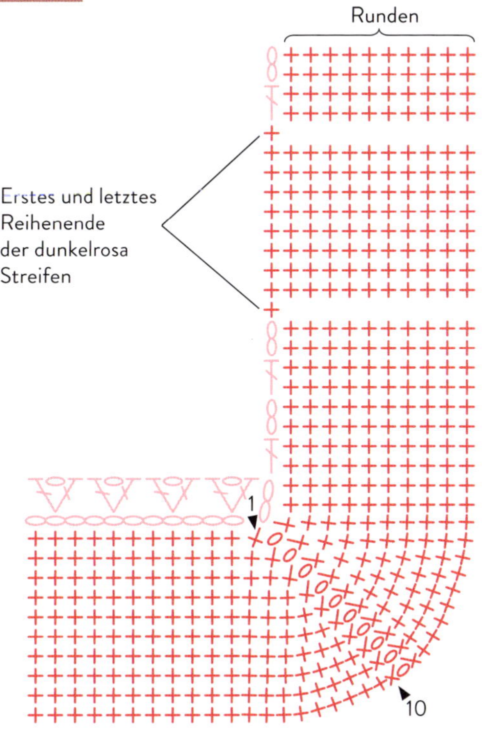

MUSTERSCHLÜSSEL

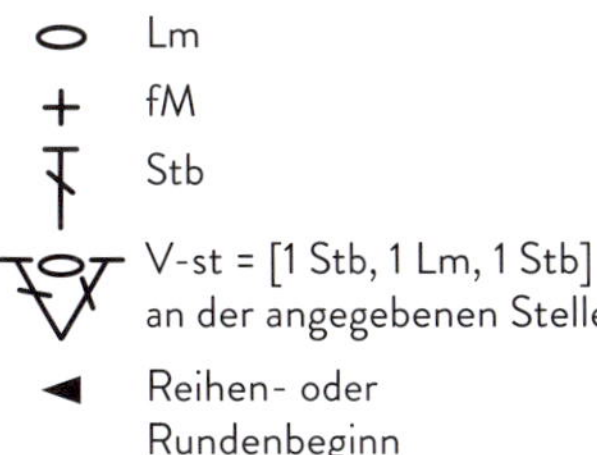

TOKIO

Bei dieser Decke wollte ich ein grafisches Element integrieren, daher die Farbblöcke. Natürlich funktioniert dieses Muster auch ohne sie oder mit Farbstreifen, die über die komplette Breite verlaufen. Bei der gesamten Decke wird mit zwei Fäden gehäkelt. Dadurch erhält die Decke einen angenehm weichen Fall.

SCHWIERIGKEITSGRAD

Fortgeschritten

GRÖSSE

Ca. 80 x 100 cm (32 x 40 in), ohne Fransen

MATERIAL

Baumwollgarn für Nadelstärke 2,5–3 in 1 neutralen Farbe und 6 Akzentfarben:

- Beige – 1085 m (1187 yd)
- Dunkelblau – 52 m (57 yd)
- Grün – 52 m (57 yd)
- Gelb – 52 m (57 yd)
- Dunkelrosa – 52 m (57 yd)
- Hellblau – 78 m (85 yd)
- Hellrosa – 78 m (85 yd)

HÄKELNADEL

6 mm

TIPPS

- Variieren Sie die Platzierung und Größe der Farbblöcke nach Ihrem Geschmack.
- Sie können die Fadenenden entweder sofort einhäkeln oder hängen lassen und später vernähen.

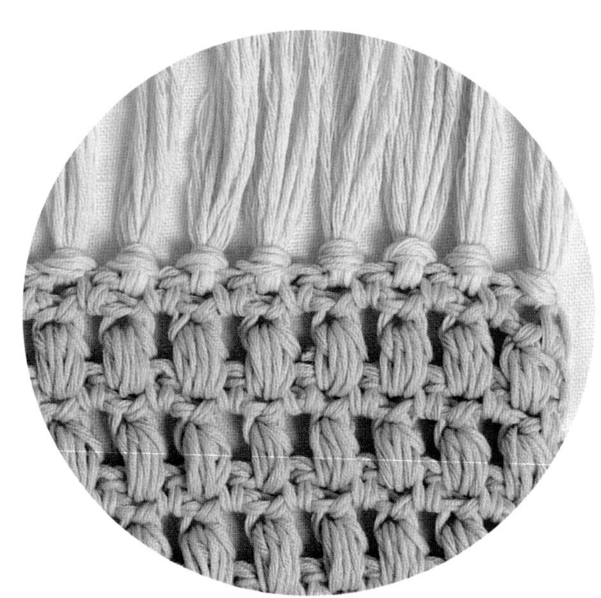

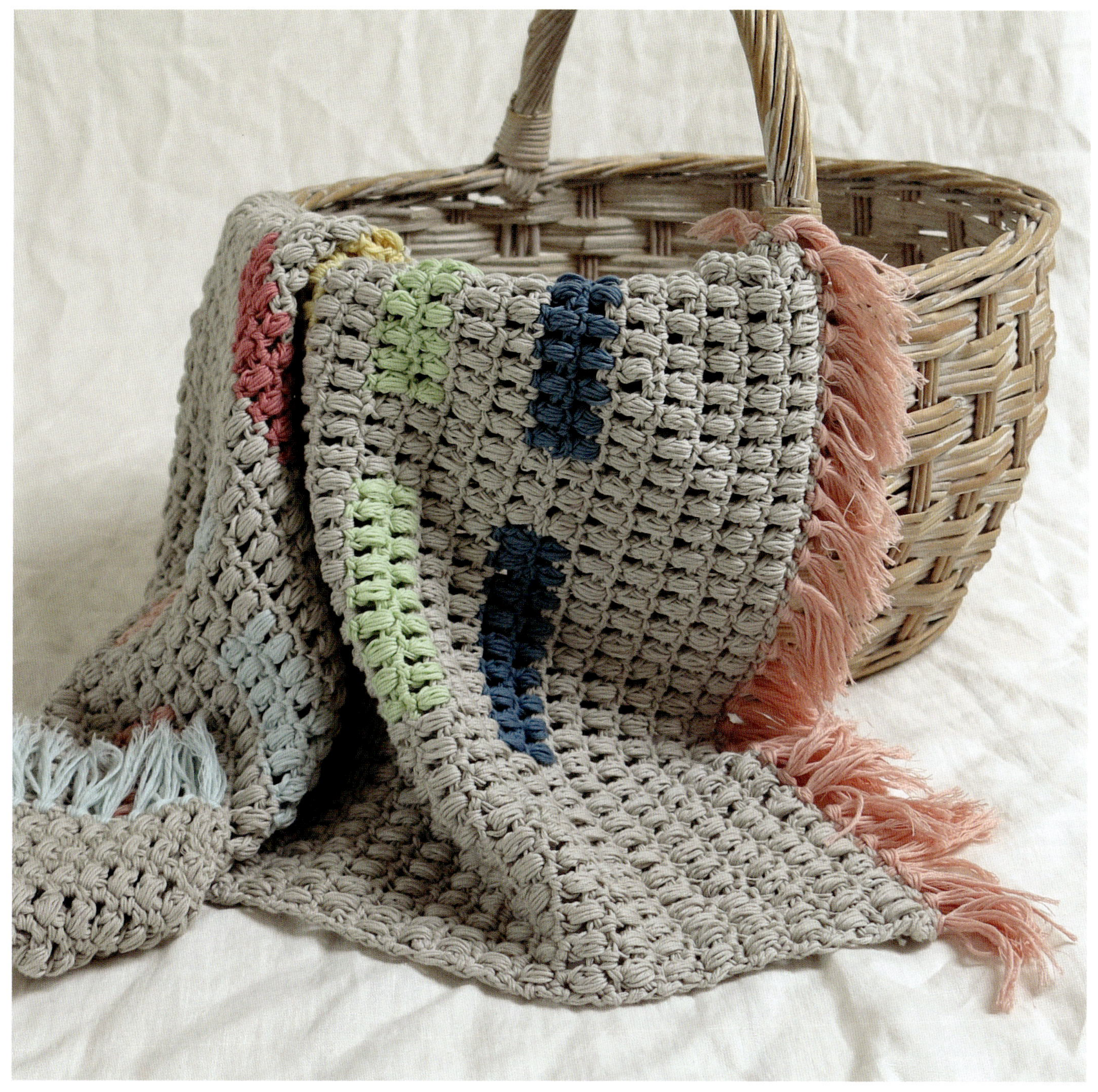

ANLEITUNG

Teilbar durch: 2 M + 1, plus 1 für den Anschlag.

Grundreihe: Immer mit zwei Fäden häkeln, 86 Lm + 1 + 1 (oder an die gewünschte Deckenbreite angepasst) anschl.

Reihe 1: 1 fM in die 2. Lm ab der Häkelnadel, * 1 Lm, 1 Lm überspringen, 1 fM in die nächste Lm; von * bis zum Ende wdh. (44 fM und 43 1-Lm-Brücken)

Reihe 2: 2 Lm (zählt als 1 hStb), erste fM überspringen, Büschelm in 1-Lm-Brücke, *1 Lm, 1 fM überspringen, Büschelm in die nächste 1-Lm-Brücke; ab * bis zur letzten fM wdh, 1 hStb in die letzte fM. (43 Büschelm)

Reihe 3: 1 Lm (Wendemasche), 1 fM in das erste hStb, *1 Lm, Büschelm überspringen, 1 fM in 1-Lm-Brücke; ab * bis zur letzten Büschelm wdh, 1 Lm, Büschelm überspringen, 1 fM oben in die 1. Lm der Reihe.

Reihen 4–65: Reihen 2–3 wiederholen.

Anmerkung: Jeder Farbblock besteht aus den Reihen 2–4.

Abketten und Fäden vernähen.

FRANSENKANTE

Um den geometrischen Look etwas aufzulockern, knüpfte ich einfache Fransen um jede Luftmasche an der oberen und unteren Deckenkante.

FARBFOLGE

Häkeln Sie die gesamte Decke in einer neutralen Farbe (Beige) und wechseln Sie für die Farbblöcke zur Akzentfarbe wie im Diagramm angegeben.

Farbwechsel: Die letzte Masche vor dem Farbwechsel in der alten Farbe häkeln, aber den letzten Umschlag mit der neuen Farbe. Bei diesem Muster heißt das, wenn die letzte Masche ...

- ... eine Luftmasche ist – die Lm mit der neuen Farbe häkeln.
- ... eine feste Masche ist – den Umschlag, um die fM zu vollenden, mit der neuen Farbe häkeln.
- ... eine Büschelmasche ist – die Lm, die die Büschelmasche abschließt, in der neuen Farbe häkeln.

Den Faden bei jedem Farbwechsel abschneiden und einhäkeln oder später vernähen. Dabei darauf achten, dass jedes Fadenende unter Maschen derselben Farbe verborgen ist.

Fransenkante: Verwenden Sie für jede Kante eine andere Akzentfarbe. Ich habe oben Hellblau und unten Hellrosa benutzt.

MUSTERSCHLÜSSEL

- ○ Lm
- + fM
- T hStb
- Büschelm = 3 hStb zus in dieselbe-Lm-Brücke, 1 Lm
- ► Reihenbeginn

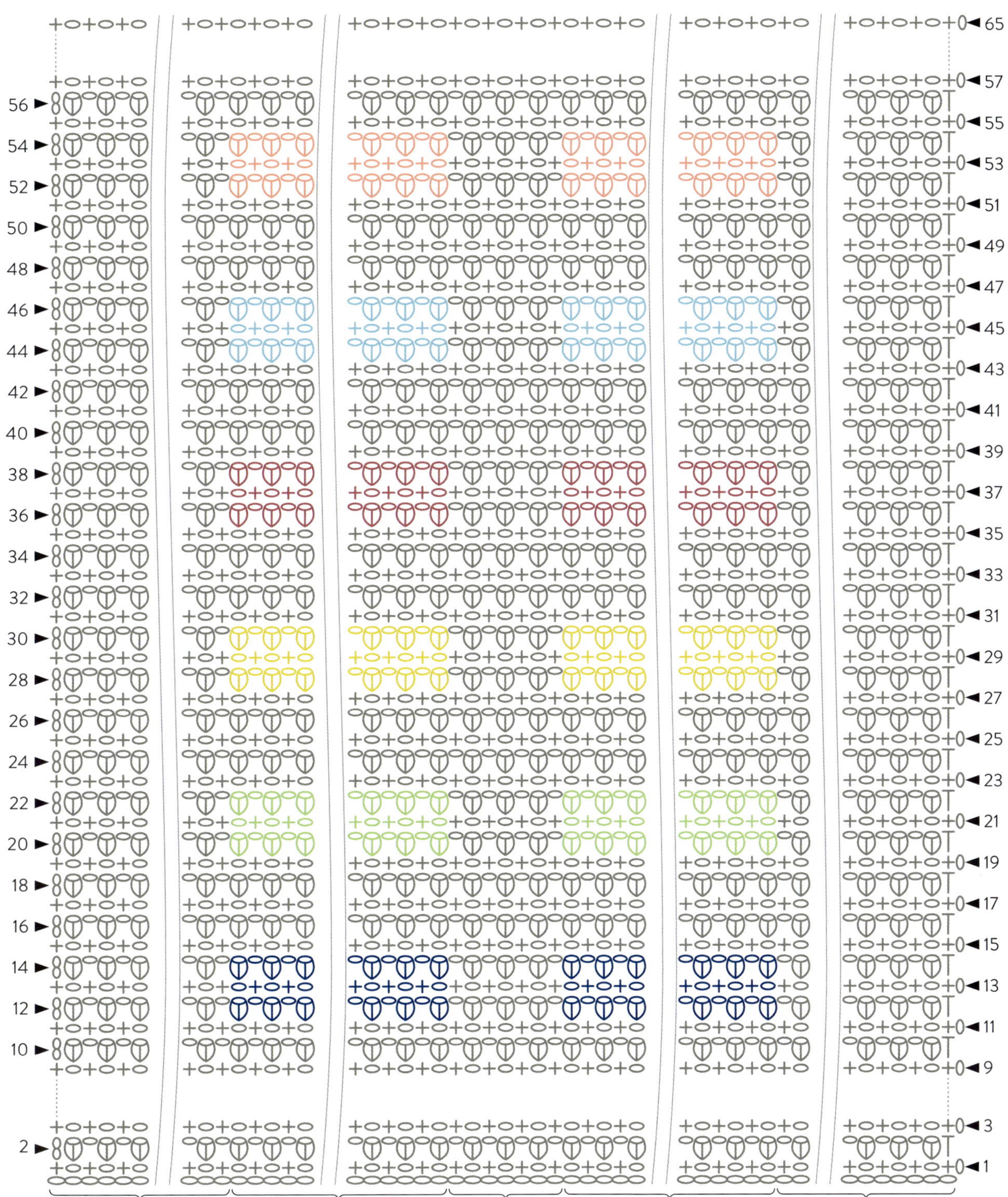

65
57
56
55
54
53
52
51
50
49
48
47
46
45
44
43
42
41
40
39
38
37
36
35
34
33
32
31
30
29
28
27
26
25
24
23
22
21
20
19
18
17
16
15
14
13
12
11
10
9
3
2
1
23 Lm
17 Lm
7 Lm
17 Lm
23 Lm

HAVANNA

Diese Decke ist einer meiner Lieblinge. Sie fällt wunderschön und ist traumhaft gut zu häkeln – keine schwierigen Stiche, aber ein großartiges Ergebnis. Wenn Sie den ersten Farbstreifen gehäkelt haben, sind die übrigen Streifen nur noch simple Wiederholungen.

SCHWIERIGKEITSGRAD

Mittel

GRÖSSE

Ca. 80 x 100 cm (32 x 40 in)

MATERIAL

Baumwollgarn für Nadelstärke 5–6 in 6 Farben:

- Hellgrau – 98 m (107 yd)
- Naturweiß – 98 m (107 yd)
- Beige – 98 m (107 yd)
- Blau – 98 m (107 yd)
- Senf – 98 m (107 yd)
- Dunkelgrau – 98 m (107 yd)

HÄKELNADEL

5,5 mm

6 mm

TIPPS

Für eine einfache Variation arbeiten Sie das Muster so, dass die Farbstreifen längs über die Decke verlaufen. Dafür müssen Sie nur die Länge des Luftmaschenanschlags an die gewünschte Deckenlänge anpassen, und dann so viele Streifen häkeln, bis die gewünschte Deckenbreite erreicht ist.

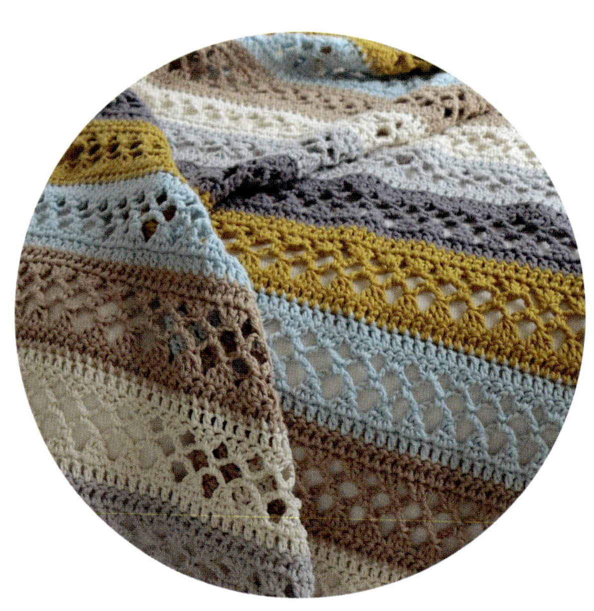

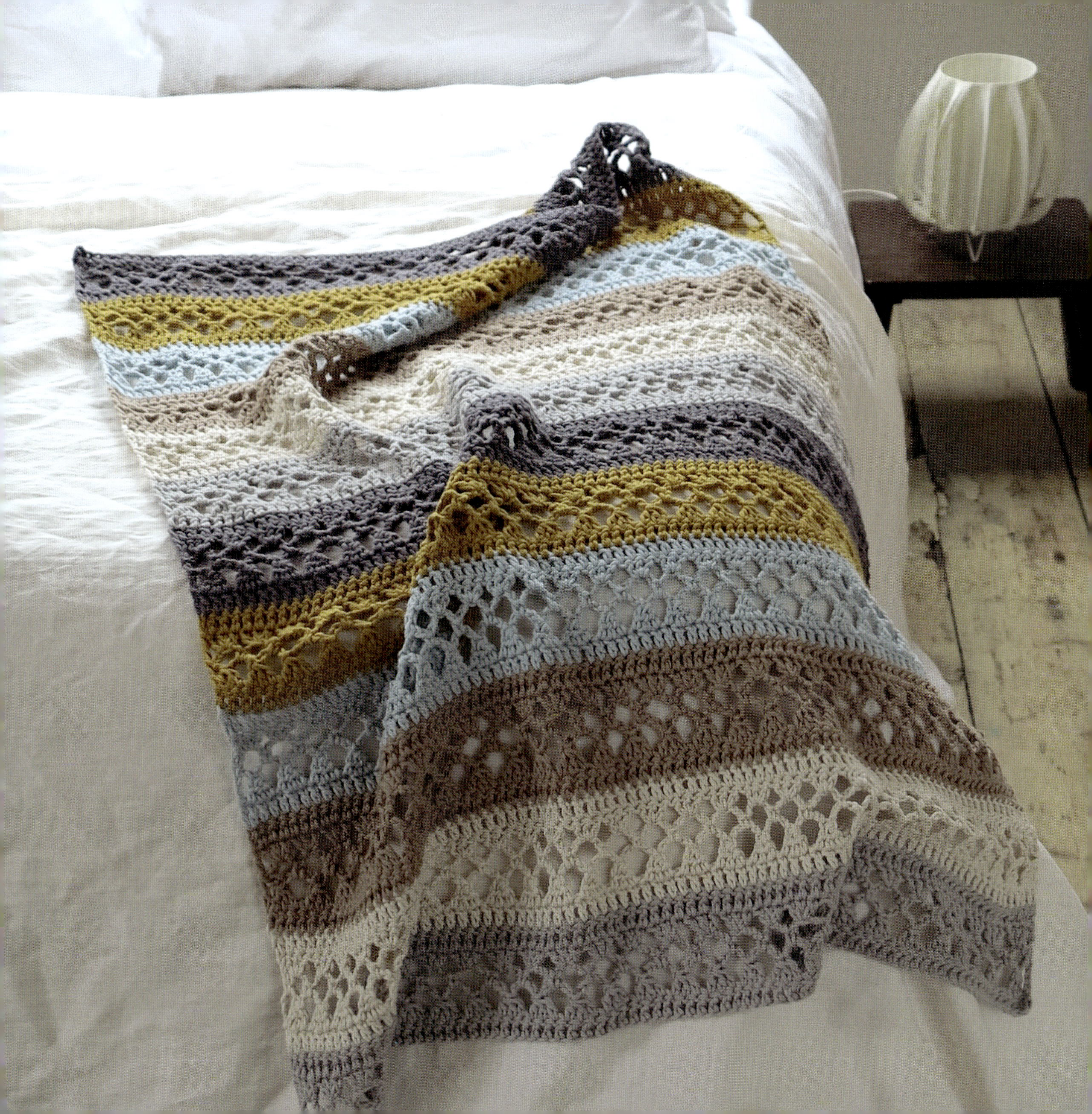

ANLEITUNG

Teilbar durch: 3 M + 2, plus 2 für den Anschlag.

Grundreihe: Mit der dickeren Häkelnadel, 90 Lm + 2 + 2 (oder angepasst an die gewünschte Deckenbreite) anschl. Zur dünneren Häkelnadel wechseln.

Reihe 1: Erste 3 Lm ab der Häkelnadel überspringen (zählt als 1 Stb), 1 Stb in jd Lm bis Reihenende. (92 Stb)

Reihe 2: 5 Lm (zählt als 1 Stb, 3 Lm), erstes Stb überspringen, *3 Stb zus über die nächsten 3 Stb, 5 Lm; ab * bis zu den letzten 4 M wdh, 3 Stb zus über die nächsten 3 M, 3 Lm, 1 Stb in die letzte M.

Reihe 3: 6 Lm (zählt als 1 fM, 5 Lm), [1 fM, 5 Lm] in jd 5-Lm-Brücke bis zur den ersten 5 Lm, 3 Lm überspringen, 1 fM in die nächste Lm.

Reihe 4: 3 Lm (zählt als 1 Stb, 1 Lm), *2 Lm überspringen, 3 Stb in die nächste Lm, 2 Lm überspringen; ab * bis zur letzten Lm wdh, 1 Lm, 1 Stb in die letzte Lm

Reihe 5: 2 Lm (zählt als 1 Stb), erstes Stb überspringen, 1 Stb in jd Stb bis zu den 3 Anfangs-Lm, 1 Lm überspringen, 1 Stb in die nächste Lm. (92 Stb)

Reihe 6: 1 Anfangs-Stb (oder 2 Lm) in das erste Stb, 1 Stb in jd M bis Reihenende.

Reihen 7–10: Reihen 2–5 wiederholen.

Reihen 11–60: Reihen 6–10 wiederholen.

Abketten und Fäden vernähen.

MUSTERSCHLÜSSEL

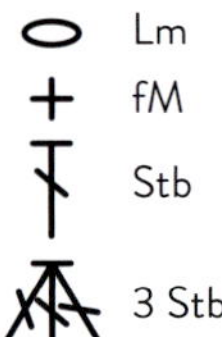

Lm

fM

Stb

3 Stb zus

Reihenbeginn

FARBFOLGE

Grundreihe: Hellgrau.

Reihen 1–5: Hellgrau (5 Reihen).

Reihen 6–10: Naturweiß (5 Reihen).

Reihen 11–15: Beige (5 Reihen).

Reihen 15–20: Blau (5 Reihen).

Reihen 21–25: Senf (5 Reihen).

Reihen 26–30: Dunkelgrau (5 Reihen).

Reihen 31–60: Farbfolge der Reihen 1–30 wiederholen (30 Reihen).

DIAGRAMM

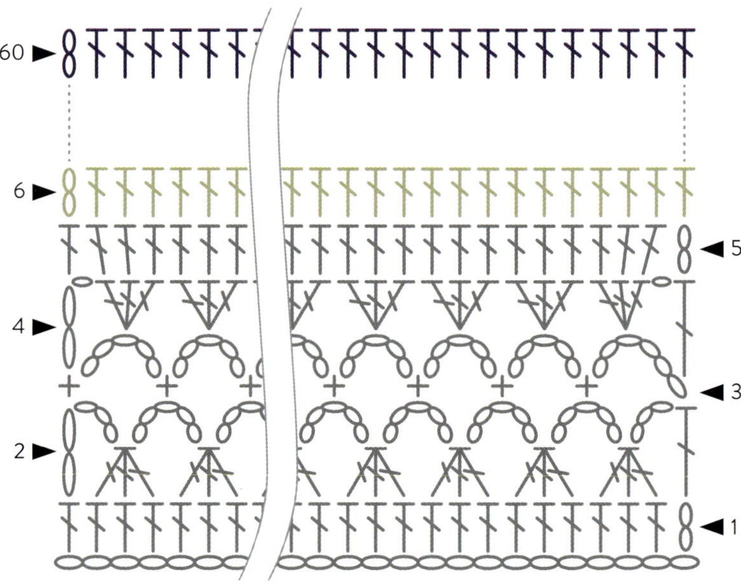

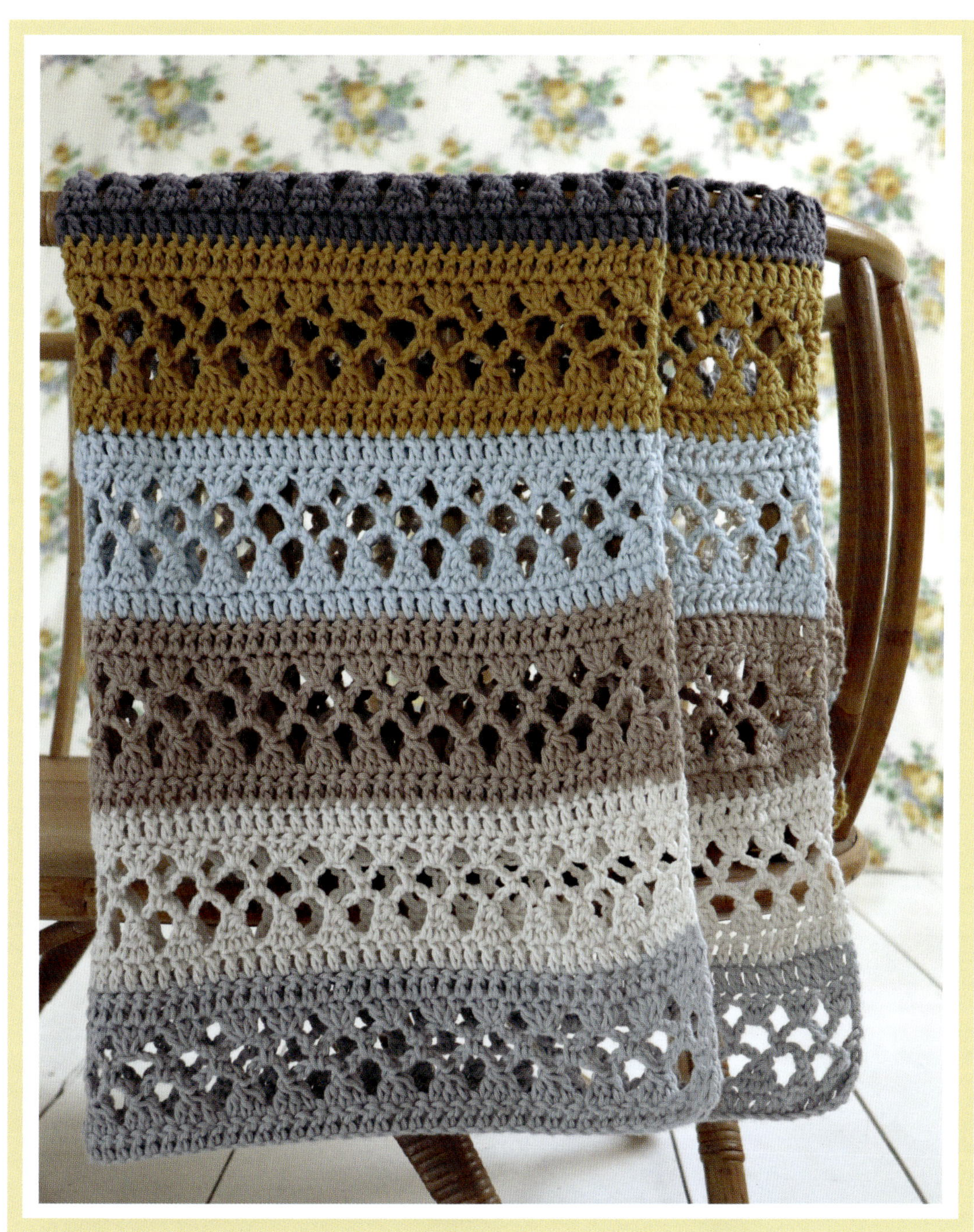

MARRAKESCH

Die intensiven Farben der marokkanischen Königsstadt inspirierten mich zu dieser Decke, aber jedes andere Farbschema ginge auch. Ich verarbeitete vor allem Garnreste in diversen Rotschattierungen und häkelte als peppigen Kontrast ein klares, schwarz-weißes Längsteil in der Mitte.

SCHWIERIGKEITSGRAD

Mittel

GRÖSSE

Ca. 70 x 100 cm (28 x 40 in)

MATERIAL

Baumwollgarn für Nadelstärke 4 in 3 Farben:

- Mehrere Rottöne (ich habe 14 verschiedene Schattierungen benutzt) – 714 m (780 yd) insg.
- Naturweiß – 179 m (195 yd)
- Schwarz – 179 m (195 yd)

HÄKELNADEL

4 mm

4,5 mm

TIPPS

- Sie denken vielleicht, dass bei dieser Decke viele Fadenenden zu vernähen sind. Aber Sie können jeden Farbstreifen mit einem einzigen Stück Garn arbeiten, wenn Sie einen geschickten kleinen Trick nutzt, um die Farbwechsel praktisch unsichtbar zu machen (s. S. 119). Dadurch sind nicht bloß weniger Fäden zu vernähen, die Decke wird auch noch robuster.
- Die Decke besteht aus drei senkrechten Farbteilen – Schwarz/Naturweiß in der Mitte und Rottöne in den beiden äußeren Teilen. Wenn Sie eine breitere Decke möchten, können Sie entweder mehr solcher Teile häkeln oder aber diese drei breiter arbeiten.
- Eine einfache Variation ergibt sich, wenn man eines der senkrechten Teile schmäler als die anderen beiden häkelt.
- Dieses Muster eignet sich auch super für Teppiche wie den Porto-Teppich auf S. 104.

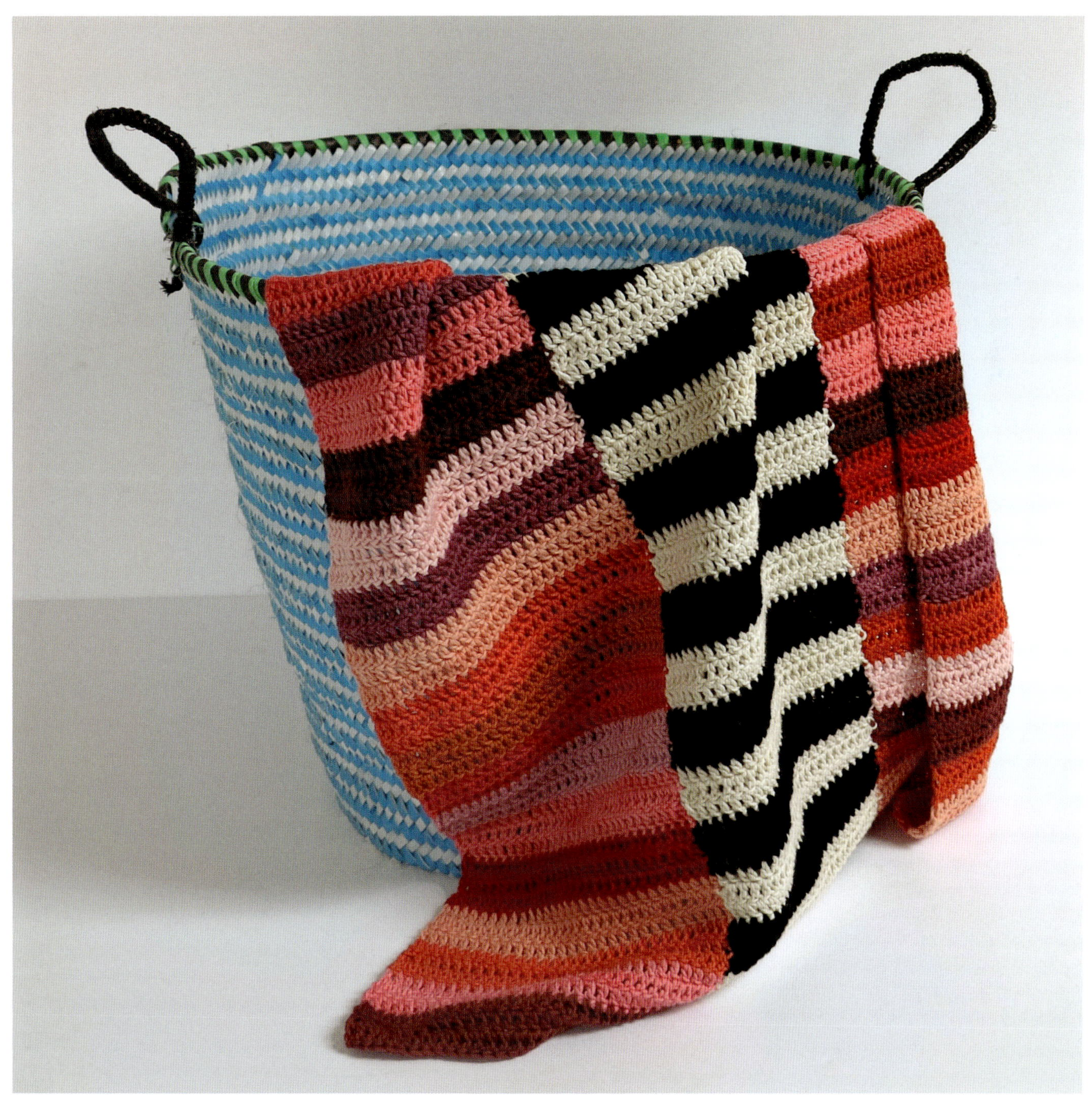

ANLEITUNG

Teilbar durch: Jegliche Maschenzahl, plus 2 für den Anschlag.

Grundreihe: Mit der dickeren Häkelnadel und der korrekten Farbfolge, 90 Lm + 2 (oder angepasst an die gewünschte Deckenbreite) anschl.

Zur dünneren Häkelnadel wechseln.

Reihe 1: Erste 3 Lm ab der Häkelnadel überspringen (zählt als 1 Stb), 1 Stb in jd Lm bis Reihenende. (90 Stb)

Reihe 2: 2 Lm (zählt als 1 Stb), erstes Stb überspringen, 1 Stb in jd Masche bis Reihenende.

Reihen 3–93: Reihe 2 wiederholen.

Anmerkung: Beim Farbwechsel am Reihenbeginn, 1 Anfangs-Stb (oder 2 Lm) in das erste Stb, dann im Muster weiterarbeiten.

Abketten und Fäden vernähen.

FARBFOLGE

Grundreihe: 30 Lm in einem Rotton (A), 30 Lm in Naturweiß (B), 30 Lm in einem anderen Rotton (C).

Reihe 1: 30 Stb in C, 30 Stb in B, 30 Stb in A.

Reihe 2: 30 Stb in A, 30 Stb in B, 30 Stb in C.

Reihe 3: 30 Stb in C, 30 Stb in B, 30 Stb in A.

Anmerkung: Reihen 1–3 vollenden den ersten, horizontalen Streifen. Bei jedem Farbwechsel in der Deckenmitte häkelt man den letzten Umschlag der letzten Masche vor dem Farbwechsel mit der neuen Farbe. S. S. 119 wie die Farbwechsel ordentlich werden.

Horizontale Streifen: Wechseln Sie die Farben alle drei Reihen, in der Mitte abwechselnd Naturweiß und Schwarz, in den Randteilen unterschiedliche Rottöne.

DIAGRAMM

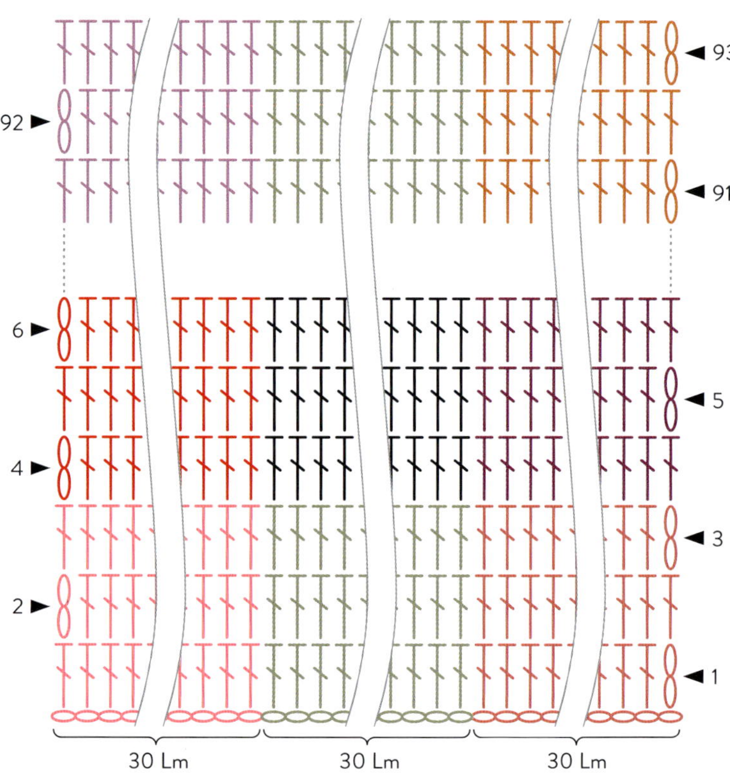

MUSTERSCHLÜSSEL

- Lm
- fM
- ► Reihenbeginn

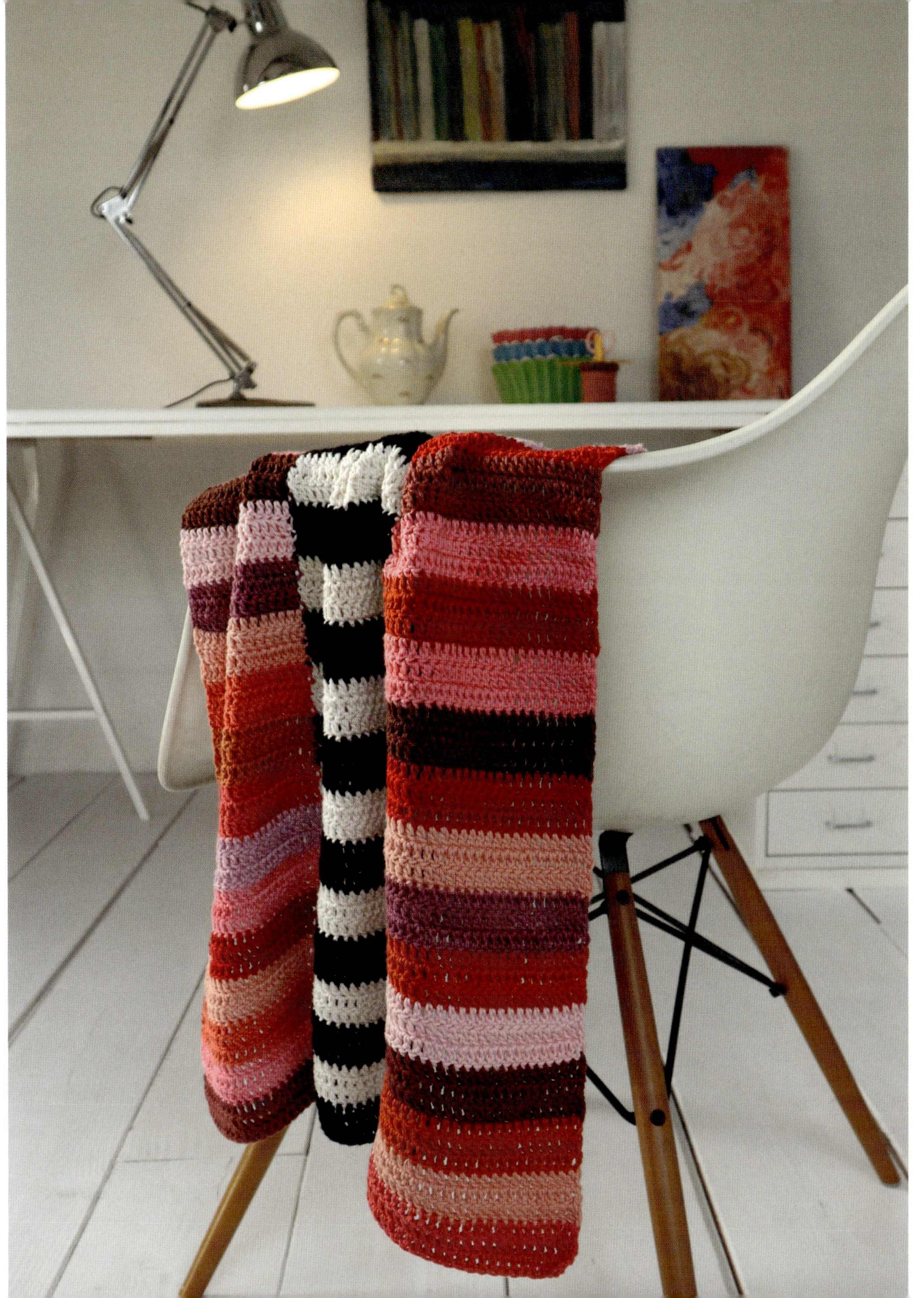

BRÜGGE

Diese Decke ist der Spitzenhauptstadt Belgiens gewidmet und verbindet einfache, dichte Reihen mit einem zarten, blumigen Spitzenmuster. Auch wenn man beim Blumenmuster etwas aufmerksamer sein muss, ist die Decke recht schnell fertig, weil die Spitze mit dichten Reihen kombiniert wird. Die Streifen werden vom Muster klar definiert, daher habe ich mit nur einer Farbe gehäkelt, damit es wie traditionelle Spitze aussieht

SCHWIERIGKEITSGRAD

Fortgeschritten

GRÖSSE

Ca. 65 x 100 cm (25 x 40 in)

MATERIAL

Baumwollgarn für Nadelstärke 2,5–3:

- Naturweiß – 697 m (761 yd)

HÄKELNADEL

4 mm

TIPPS

- Dieses Muster sähe auch bei einem Vorhang toll aus.
- Ich habe mich für eine einzige Farbe entschieden, weil ich an die traditionellen Spitzen erinnern wollte. aber wenn es Ihnen lieber ist, können Sie die Streifen auch in unterschiedlichen Farben häkeln.
- Ich habe jede Runde in der Umrandung mit einer Anfangsmasche begonnen und mit einer unsichtbaren Naht beendet, aber Sie können jede Runde auch mit Wendemaschen beginnen und mit einer Kettmasche schließen, wenn es Ihnen lieber ist (s. S. 124).

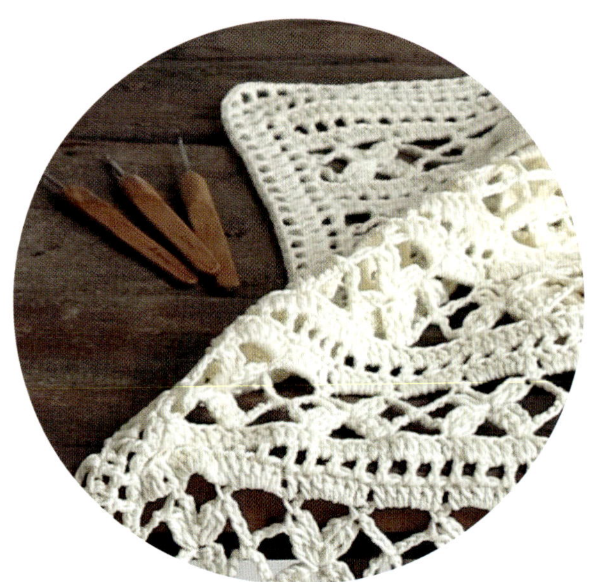

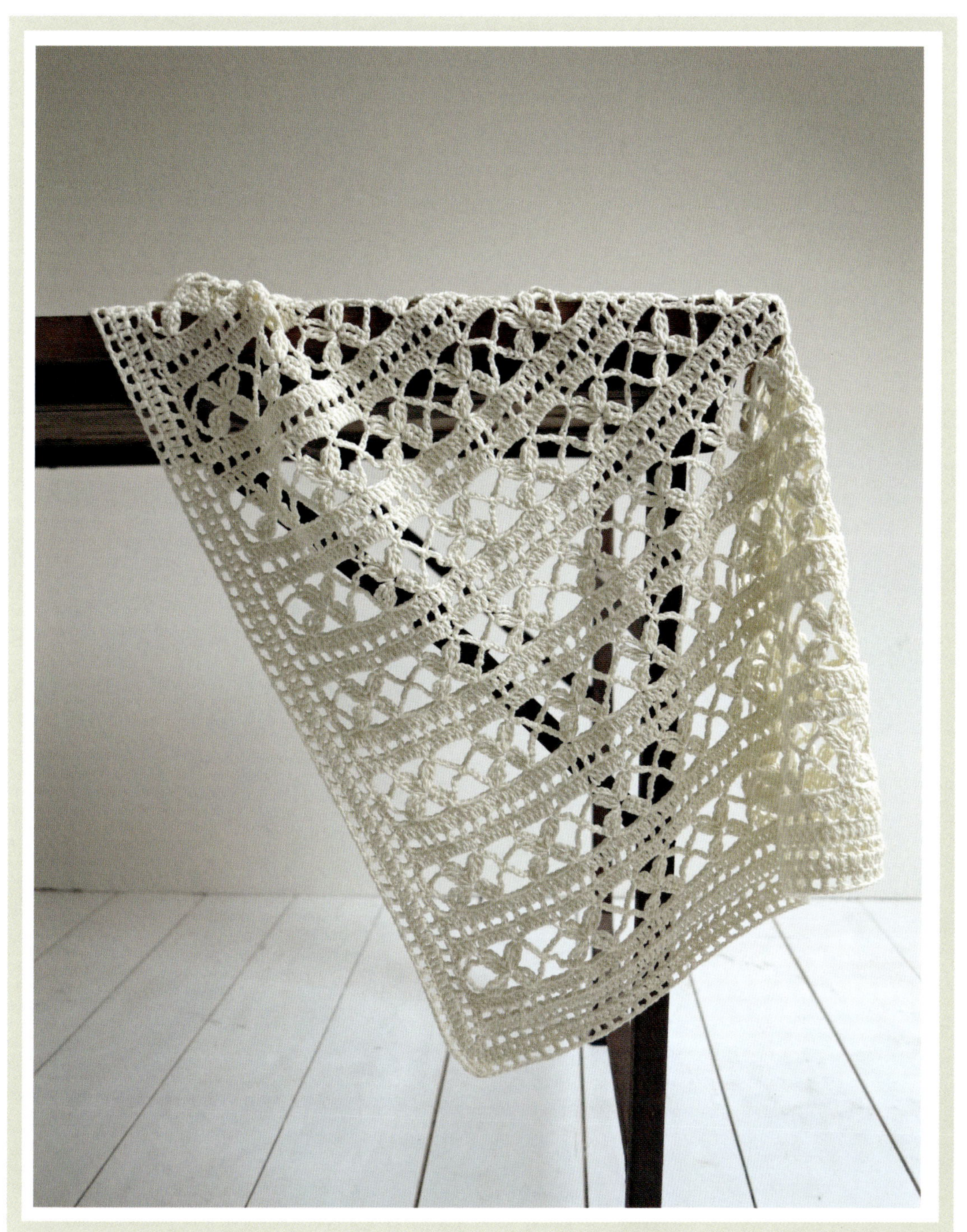

ANLEITUNG

Teilbar durch: 12 M + 1, plus 2 für den Anschlag.

Grundreihe: 108 Lm + 1 + 2 (oder angepasst an die gewünschte Deckenbreite).

Reihe 1: Erste 3 Lm ab der Häkelnadel überspringen (zählt als 1 Stb), 1 Stb in jd Lm bis Reihenende. (109 Stb)

Reihe 2: 3 Lm (zählt als 1 Stb, 1 Lm), die ersten 2 Stb überspringen, *1 Stb in die nächste fM, 1 Lm, 1 Stb überspringen; ab * bis zur letzten M wdh, 1 Stb in die letzte M.

Reihe 3: 2 Lm (zählt als 1 Stb), erstes Stb überspringen, 1 Stb in jd 1-Lm-Brücke und Stb bis zu den 3 Lm am Anfang, 1 Stb in erste 3-Lm-Brücke, 1 Stb in die 2. Wende-Lm

BLUMENSTREIFEN

Reihe 4: 7 Lm (zählt als 1DStb, 4 Lm), die ersten 3 Stb überspringen, *[1 fM, 4 Lm, 2-DStb-Maschengruppe] in das nächste Stb, 5 Stb überspringen, [2-DStb-Maschengruppe, 4 Lm, 1 fM] in die nächste fM**, 9 Lm, 5 Stb überspringen; ab * bis zu den letzten 10 M wdh und dann ab * bis ** noch einmal, 4 Lm, 2 M überspringen, 1 DStb in die letzte M.

Reihe 5: 1 Lm (Wendemasche), 1 fM in das erste DStb, 4 Lm, * Maschengruppe überspringen, [2-DStb-Maschengruppe, 4 Lm, 1 fM, 4 Lm, 2-DStb-Maschengruppe] in die nächste Maschengruppe, 4 Lm**, 1 fM in 9-Lm-Brücke, 4 Lm; ab * bis zu den letzten 2 Maschengruppen wdh und dann von * bis ** noch einmal, 1 fM in die 3. Lm der ersten Lm

Reihe 6: 6 Lm (zählt als 1 DStb, 2 Lm), 1 fM in die erste Maschengruppe, * 5 Lm, 1 fM in die nächste Maschengruppe; ab * bis zur letzten fM wdh, 2 Lm, 1 DStb in die letzte M.

MUSTERSCHLÜSSEL

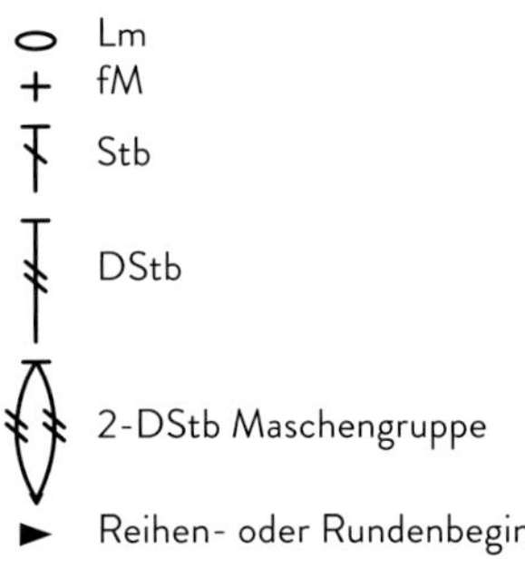

DECKENDIAGRAMM

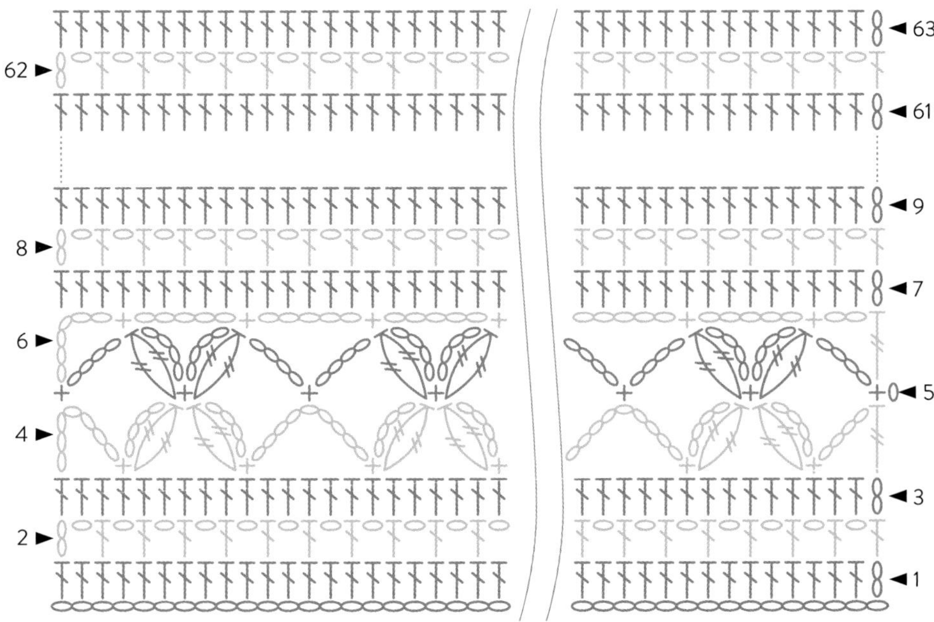

EINFACHE STREIFEN

Reihe 7: 2 Lm (zählt als 1 Stb), erstes DStb überspringen, 2 Stb in 2-Lm-Brücke, *1 Stb in die nächste fM, 5 Stb in 5-Lm-Brücke; ab * bis zur letzten fM wdh, 1 Stb in die letzte fM, 2 Stb in die erste Lm-Brücke, 1 Stb in die 4. Lm vom Anfang.

Reihen 8–9: Reihen 2–3 wiederholen.

AUSARBEITEN

Reihen 10–63: Reihen 4–9 wiederholen.

Abketten und Fäden vernähen.

UMRANDUNG

Seitenrand: Eine Reihe fM entlang der langen Seite der Decke häkeln, dabei 2 fM seitlich in jd Stb und 3 fM seitlich in jd DStb (die Seite jd fM überspringen).

Jetzt weiter in Runden häkeln, in der unteren, rechten Ecke unten an der Reihe 1 beginnen und die rechte Kante entlang arbeiten. Jedes erste Stb jd Runde als Anfangs-Stb (oder 2 Lm) häkeln.

Runde 1: *[1 Stb, 3 Lm, 1 Stb] in die Eck-M, [1 Lm, 1 M überspringen, 1 Stb in die nächste M] bis zur nächsten EckM; 1 Lm; ab * 3-mal. Zur Runde schließen.

Runde 2: [1 Stb, 3 Lm, 1 Stb] in jd 3-Lm-Eckbrücke und 1 Stb in jd 1-Lm-Brücke und jd Stb entlang der Seitenkanten. Runde schließen.

Runde 3: [1 Stb, 3 Lm, 1 Stb] in jd 3-Lm-Eckbrücke und entlang jeder Seitenkante [1 Lm, 1 Stb überspringen, 1 Stb in das nächste Stb] bis zur nächsten Ecke 3-Lm-Brücke, 1 Lm. Runde schließen.

Abketten und Fäden vernähen.

DIAGRAMM UMRANDUNG

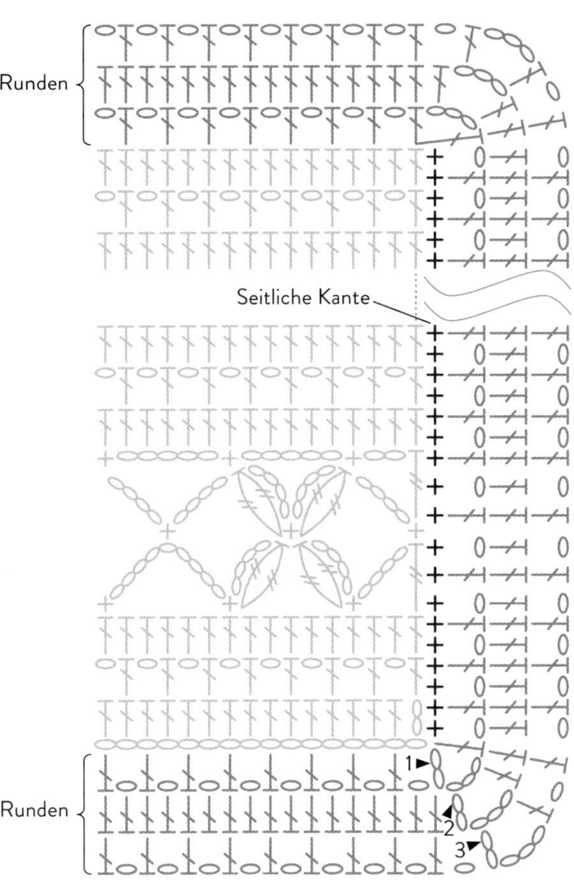

ST GEORGE'S

Ein Zickzackmuster ist natürlich ein Klassiker für Häkeldecken, und ich wollte eine im Retrostil kreieren, als Hommage an St. George's, die pittoreske Hauptstadt von Grenada. Es ist ein einfaches Muster, aber mit ein paar kleinen, besonderen Details. Die extra großen Lücken an den Spitzen sorgen für einen vertikalen Akzent beim Zickzackmuster und gleichzeitig für einen tollen Fall. Jeder Farbstreifen beginnt mit einer Reihe Maschen im hinteren Maschenglied, was einen subtilen Schichteffekt ergibt.

SCHWIERIGKEITSGRAD

Mittel

GRÖSSE

Ca. 85 x 100 cm (34 x 40 in)

MATERIAL

Baumwollgarn für Nadelstärke 4 in 3 Farben:

- Gelb – 476 m (520 yd)
- Aqua – 416 m (455 yd)
- Naturweiß – 179 m (195 yd)

HÄKELNADEL

4 mm

TIPPS

- Für dieses Muster wird eigentlich immer nur dieselbe Reihe Stäbchen wiederholt, die Farben werden nach jeder sechsten und dann nach jeder zweiten Reihe gewechselt. Denken Sie bei jedem Farbwechsel daran, die nächste Reihe Stäbchen nur in das hintere Maschenglied zu häkeln.
- Nutzen Sie dieses Muster für die Salvador-Tagesdecke auf S. 112.

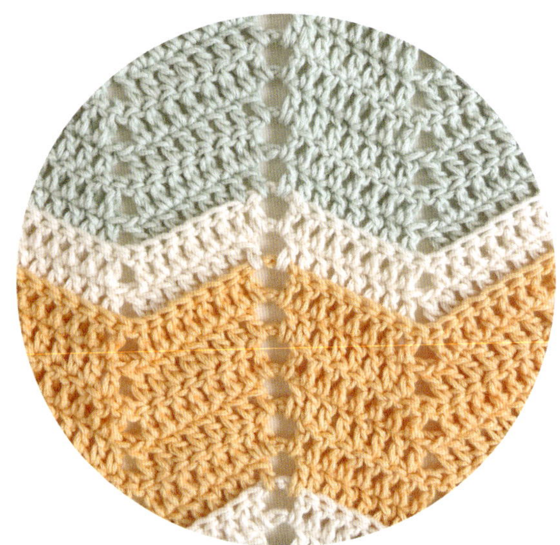

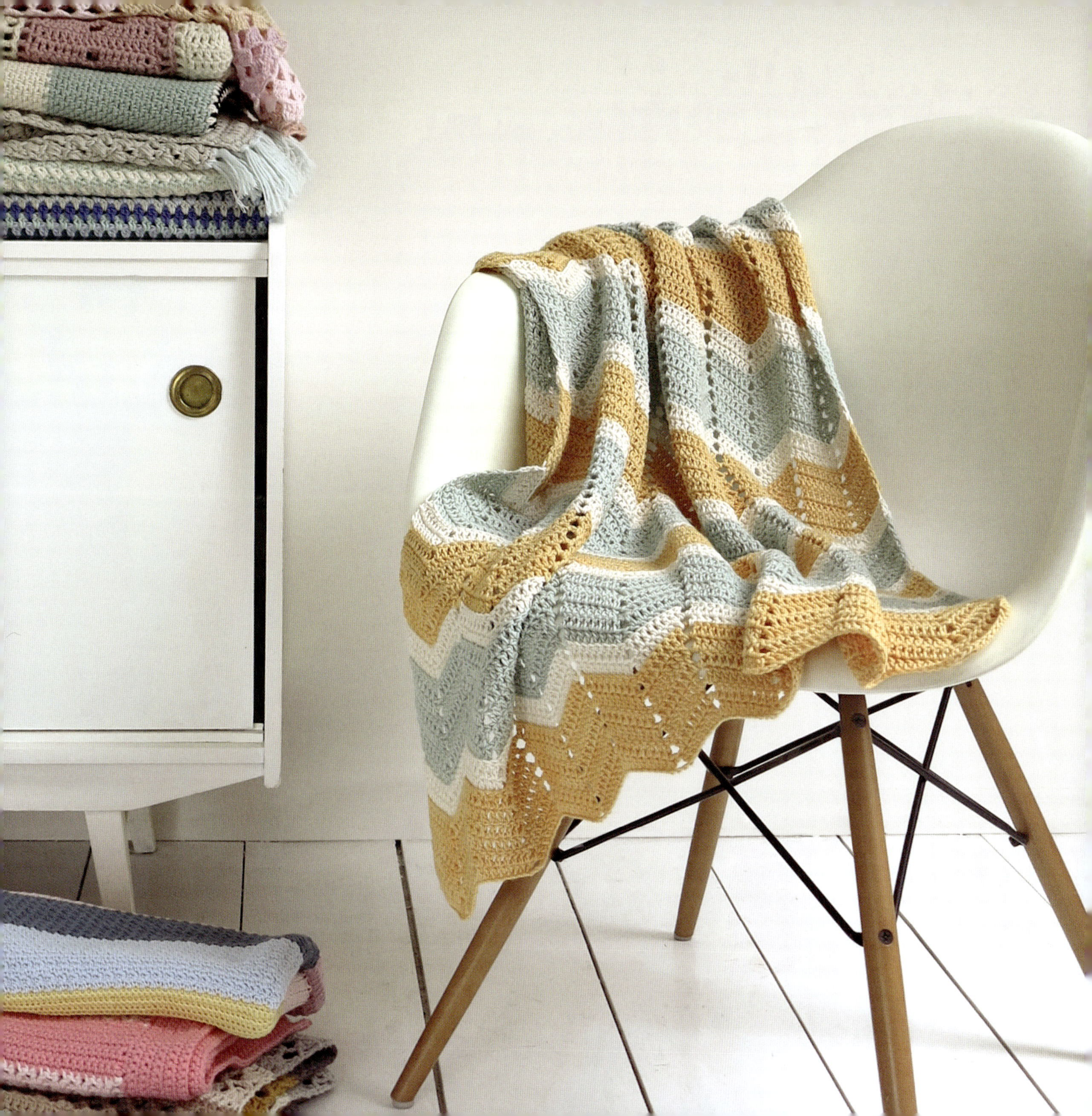

ANLEITUNG

Teilbar durch: 18 M + 1, plus 2 für den Anschlag.

Grundreihe: 144 Lm + 1 + 2 (oder angepasst an die gewünschte Deckenbreite).

Reihe 1: Erste 2 Lm ab der Häkelnadel überspringen (zählt als 1 Stb), 1 Stb in die nächste Lm, *1 Stb in jd der nächsten 7 Lm, 3 Lm überspringen, 1 Stb in jd der nächsten 7 Lm**, [1 Stb, 3 Lm, 1 Stb] in die nächste Lm; ab * bis zu den letzten 18 Lm wdh und dann ab * bis ** noch einmal, 2 Stb in die letzte Lm. (8 Zacken)

Reihe 2: 2 Lm (zählt als 1 Stb), 1 Stb in das erste Stb, *1 Stb in jd der nächsten 7 Stb, 2 Stb überspringen, 1 Stb in jd der nächsten 7 Stb**, [1 Stb, 3 Lm, 1 Stb] in die 3-Lm-Brücke; ab * bis zu den letzten 17 M wdh und dann ab * bis ** noch einmal, 2 Stb in die letzte M.

Reihen 3–6: Reihe 2 wiederholen.

Reihe 7: 1 Anfangs-Stb in hMgl (oder 2 Lm) und 1 Stb in hMgl in das erste Stb, *1 Stb in hMgl in jd der nächsten 7 Stb, 2 Stb überspringen, 1 Stb in hMgl in jd der nächsten 7 Stb**, [1 Stb, 3 Lm, 1 Stb] in die 3-Lm-Brücke; ab * bis zu den letzten 17 M wdh und dann ab * bis ** noch einmal, 2 Stb in hMgl in die letzte M.

Reihen 8–70: Reihe 2 wiederholen, außer bei der ersten Reihe nach jedem Farbwechsel, dann die Reihe 7 wiederholen.

Abketten und Fäden vernähen.

FARBFOLGE

Grundreihe: Gelb.

Reihen 1–6: Gelb (6 Reihen).

Reihen 7–8: Naturweiß (2 Reihen).

Reihen 9–14: Aqua (6 Reihen).

Reihen 15–16: Naturweiß (2 Reihen).

Reihen 17–22: Gelb (6 Reihen).

Reihen 23–70: Dreimal die Farbfolge der Reihen 7–22 wdh (48 Reihen).

DIAGRAMM

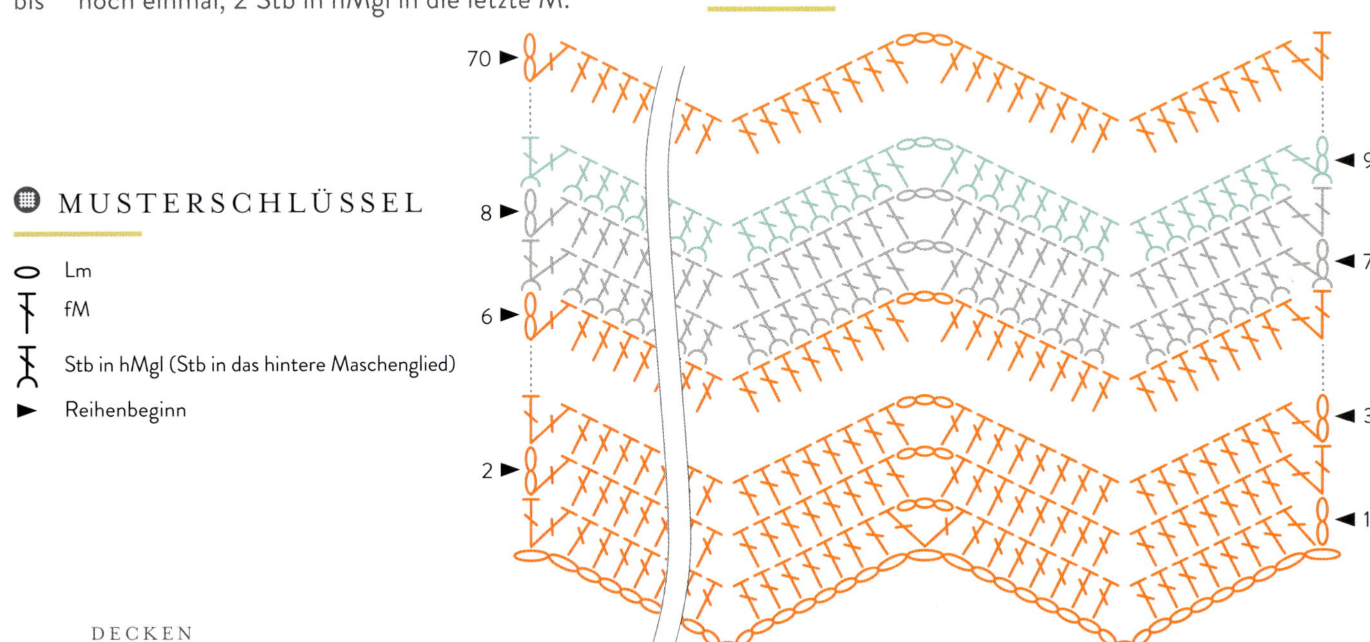

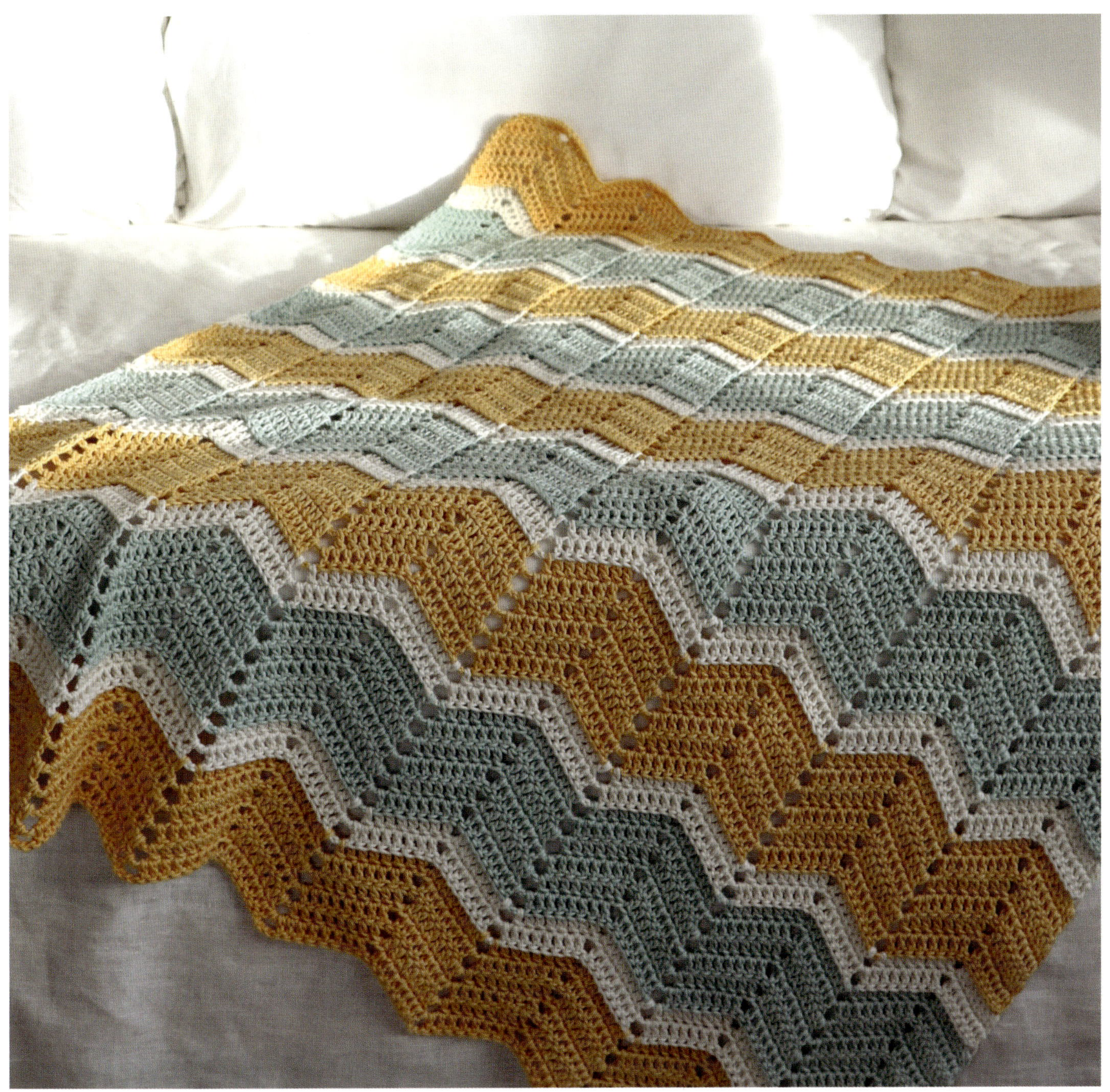

HANOI

Diese Decke ist das perfekte Projekt für unterwegs. Jeder Streifen wird getrennt gehäkelt, und zwar aus einer Farbe: Man kann es also gut auf Reisen mitnehmen, selbst wenn am Ende eine große Decke daraus wird. Wenn Sie die gewünschte Anzahl Streifen gearbeitet haben, verbinden Sie sie einfach, häkeln Sie die Umrandung, und – voilà: Jetzt haben Sie eine Decke, die Sie immer daran erinnern wird, wo und wann Sie sie gehäkelt haben.

SCHWIERIGKEITSGRAD

Fortgeschritten

GRÖSSE

Ca. 80 x 100 cm (32 x 40 in)

MATERIAL

Baumwollgarn für Nadelstärke 5–6 in 3 Farben:

- Naturweiß – 525 m (574 yd)
- Mintgrün – 150 m (164 yd)
- Rosa – 113 m (123 yd)

HÄKELNADEL

5 mm

TIPPS

- Für meine Decke habe ich fünf Streifen aneinandergesetzt, man kann sie daher leicht vergrößern, indem man mehr und längere Streifen häkelt.
- Achten Sie beim Zusammenhäkeln der Streifen darauf, dass Sie immer in dieselbe Richtung arbeiten (entweder von links nach rechts oder von rechts nach links), damit das Ergebnis ordentlich wird.
- Die fünf Streifen werden mit einer Spitzenrunde Stäbchen zusammengehäkelt. Dadurch entstehen zwei Spitzenreihen an der Stelle, wo die Streifen aneinanderstoßen, aber nur eine Spitzenrunde außerhalb der zusammengesetzten Streifen. Es ist wichtig, die Umrandung zu häkeln, um das Design auszubalancieren, weil es eine zweite Reihe Spitzen um die Decke ergänzt und so die doppelten Spitzenreihen zwischen den Streifen spiegelt.
- Ich habe jd Rand/Verbindungs/Bortenrunde mit einer Anfangsmasche begonnen und mit einer unsichtbaren Naht beendet, aber Sie können jede Runde auch mit Wendemaschen beginnen und mit einer Kettmasche schließen, wenn Sie das lieber möchten (s. S. 124).

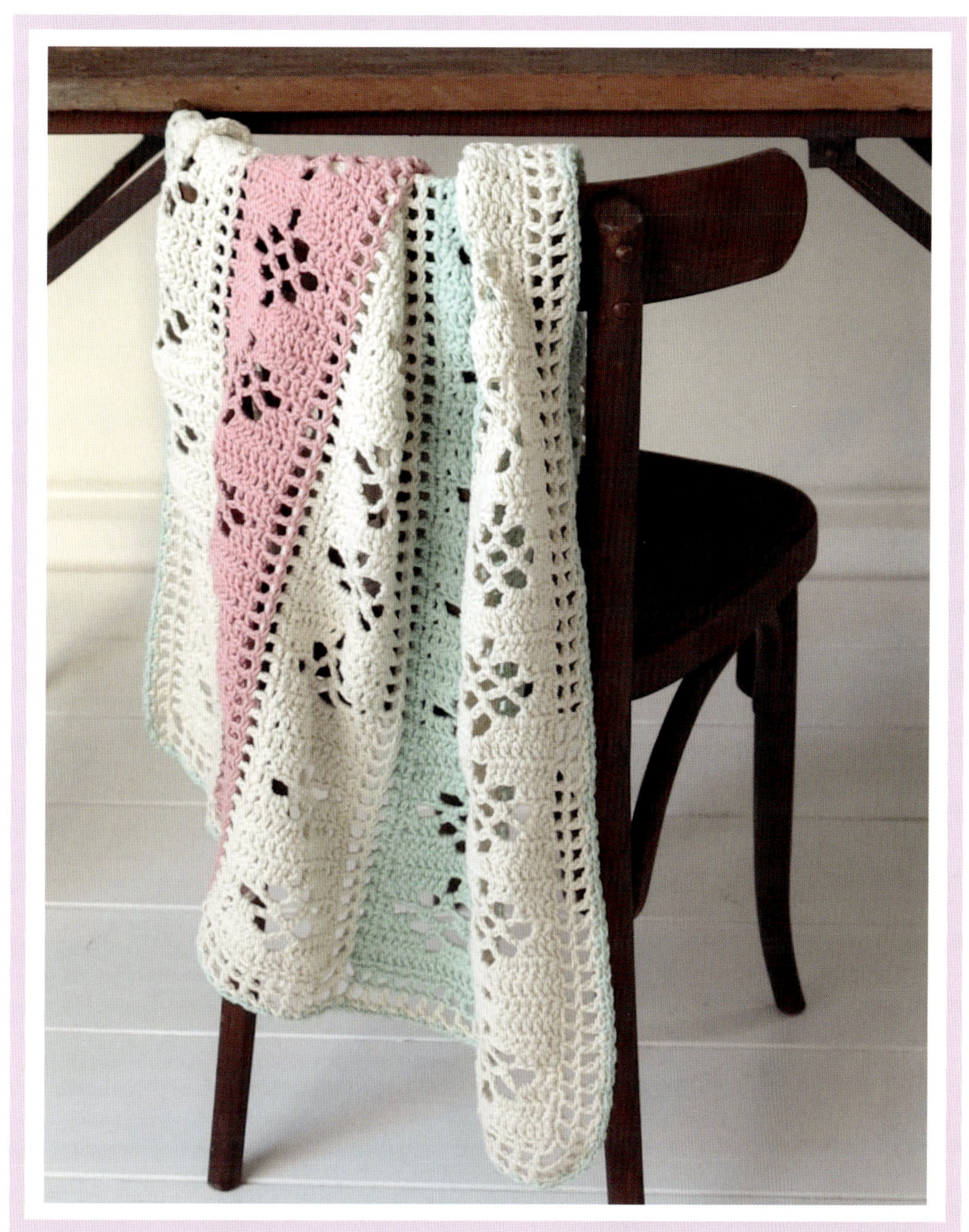

ANLEITUNG

Grundreihe: 18 Lm.

Reihe 1: Erste 3 Lm ab der Häkelnadel überspringen (zählt als 1 Stb), 1 Stb in jd Lm bis Reihenende. (16 Stb)

Reihe 2: 2 Lm (zählt stets als 1 Stb), das erste Stb überspringen, 1 Stb in jd der nächsten 6 Stb, 3 Lm, 2 Stb überspringen, 1 Stb in jd der letzten 7 M.

Reihe 3: 2 Lm, das erste Stb überspringen, 1 Stb in jd der nächsten 3 Stb, 4 Lm, 3 Stb überspringen, 1 fM in 3-Lm-Brücke, 4 Lm, 3 Stb überspringen, 1 Stb in jd der letzten 4 M.

Reihe 4: 2 Lm, das erste Stb überspringen, 1 Stb in die nächste fM, [4 Lm, 1 fM in die nächste 4-Lm-Brücke] zweimal, 4 Lm, 1 Stb in jd der letzten 2 M.

Reihe 5: 2 Lm, das erste Stb überspringen, 1 Stb in die nächste fM, 2 Stb in 4-Lm-Brücke, 4 Lm, 1 fM in die nächste 4-Lm-Brücke, 4 Lm, 2 Stb in die nächste 4-Lm-Brücke, 1 Stb in jd der letzten 2 M.

Reihe 6: 2 Lm, das erste Stb überspringen, 1 Stb in jd der nächsten 3 Stb, 3 Stb in 4-Lm-Brücke, 2 Lm, 3 Stb in die nächste 4-Lm-Brücke, 1 Stb in jd der letzten 4 M.

Reihe 7: 2 Lm, das erste Stb überspringen, 1 Stb in jd der nächsten 6 Stb, 2 Stb in 2-Lm-Brücke, 1 Stb in jd der letzten 7 M.

Reihen 8–61: Reihen 2–7 wiederholen.

Abketten und Fäden vernähen.

JEDEN STREIFEN UMHÄKELN

Diese erste Runde sorgt für ein sauberes Ergebnis, außerdem ist sie die Basis, um später die Streifen zusammenzufügen.

Runde 1: In der oberen linken Ecke beginnen, 1 Anfangs-fM (oder 1 Km, 1 Lm) oben in die Eckmasche, 3 Lm, 1 fM seitlich in dieselbe M (Ecke fertig), [2 Lm, 1 fM] seitlich in jd M bis zur unteren, linken Ecke, 3 Lm, die erste Lm, des Anschlags überspringen, [1 fM in die nächste Lm, 2 Lm, 1 Lm überspringen] siebenmal entlang der Unterkante, 1 fM in die nächste Lm, 3 Lm, 1 fM seitlich in die erste M der Reihe 1, [2 Lm, 1 fM] seitlich in jd M bis zur oberen, rechten Ecke, 3 Lm, die obere Eckmasche überspringen, [1 fM oben in das nächste Stb, 2 Lm, 1 Stb überspringen] siebenmal entlang der Oberkante. Zur Runde schließen.

Abketten und Fäden vernähen.

Insgesamt fünf Streifen häkeln und umhäkeln.

DIE STREIFEN ZUSAMMENFÜGEN

Nun eine zweite Kantenrunde um die Streifen häkeln, die auf der linken Deckenseite sind:

Runde 2: In der ersten fM in der linken, oberen Ecke beginnen, 1 Anfangs-Stb (oder 2 Lm) in Eck-fM, 5 Lm, 1 Stb in die nächste Eck-fM, *[1 Lm, 1 Stb] in jd fM bis zur nächsten Ecke, 5 Lm, [1 Stb in die nächste fM, 1 Lm] siebenmal**, 1 Stb in die nächste fM, 5 Lm, 1 Stb in die nächste Eck-fM; ab * bis ** wdh. Runde schließen.

Abketten und Fäden vernähen.

Jetzt um den nächsten Streifen Runde 2 arbeiten, aber gleichzeitig den ersten Streifen anhäkeln, dafür jd 1 Lm an der Seite ersetzen durch 1 Km in die nebenliegende 1-Lm-Brücke des ersten Streifens. An den aneinanderstoßenden Ecken die mittlere Lm der 5-Lm-Eckbrücke durch eine Km in die 5-Lm-Eckbrücke des ersten Streifens ersetzen. Die restlichen drei Streifen genauso verbinden.

UMRANDUNG

Runde 3: In das erste Stb in der oberen, linken Ecke häkeln, 1 Anfangs-Stb (oder 2 Lm) in das Eck-Stb, *3 Lm, [1 Stb, 3 Lm, 1 Stb] in die 3. Lm der 5-Lm-Eckbrücke, 3 Lm, 1 Stb in das nächste Stb, [2 Lm, 1 Stb] in jd Stb bis zur nächsten 5-Lm-Ecke; ab * bis Rundenbeginn wdh, 1 DStb in die Km-Verbindungen zwischen den Streifen, damit der Rand glatt wird. Runde schließen.

Runde 4: Wie Runde 3 aber beginnen Sie mit einer Anfangs-fM (oder 1 Km, 1 Lm) und häkeln Sie 1 fM anstelle der Stb und DStb bis Rundenende, Runde schließen.

Abketten und Fäden vernähen.

FARBFOLGE

Streifen: 3 Naturweiß, 1 Mintgrün, 1 Rosa.

Kanten und Zusammenhäkeln der Streifen: Dieselbe Farbe wie beim Streifen benutzen, an dem Sie arbeiten.

Kante: Naturweiß (Runde 1) und Mintgrün (Runde 2).

DIAGRAMM

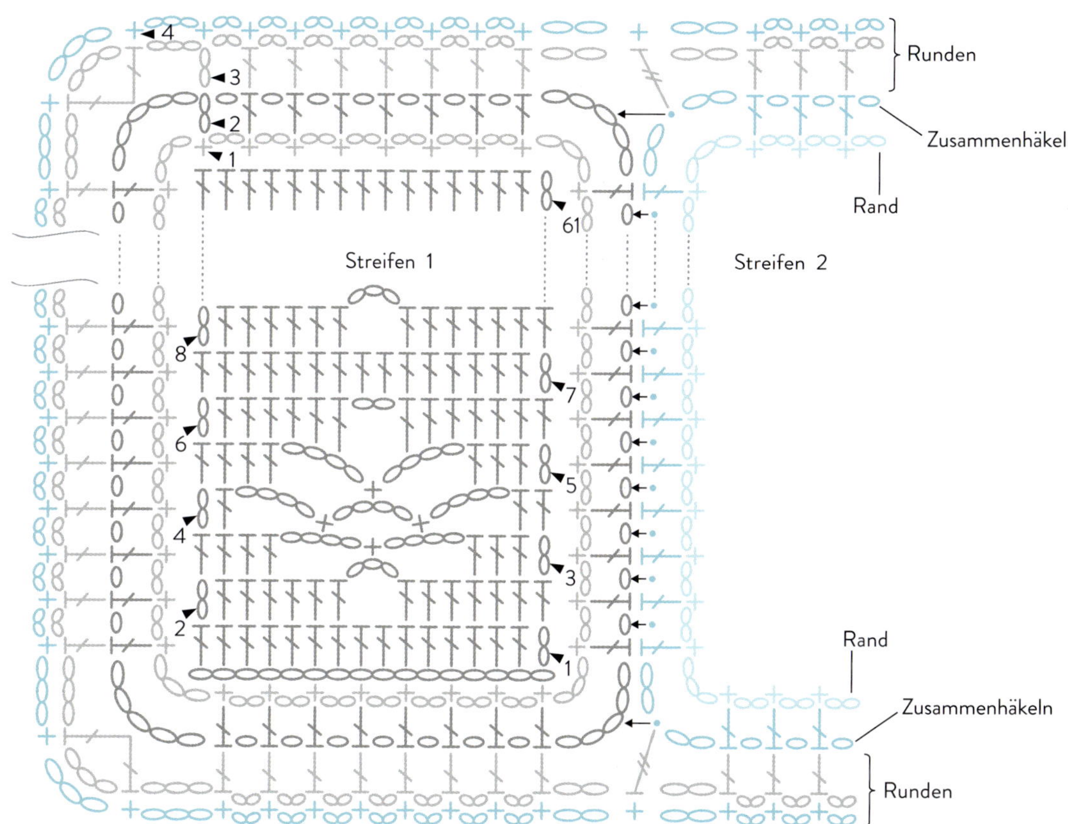

MUSTERSCHLÜSSEL

- Lm
- Km
- fM
- Stb
- DStb
- Hier zusammenhäkeln
- Reihen- oder Rundenbeginn

SEOUL

Einfach, aber raffiniert: Diese Decke ist das Ergebnis einer Kombination der nüchternen festen Masche mit dem seltener genutzten Dreifachstäbchen. Die Verbindung einer kurzen und einer super langen Masche führt zu einer interessanten Struktur, einem wunderbarem Fall und garantiert zu viel Spaß beim Häkeln. Das Muster würde auch für eine Überdecke mit dicker Wolle gearbeitet toll aussehen.

SCHWIERIGKEITSGRAD

Mittel

GRÖSSE

Ca. 65 x 95 cm (25 x 38 in)

MATERIAL

Baumwollgarn für Nadelstärke 4 in so vielen Farben wie Sie wollen:

- Pro Streifen – 50 m (55 y)

HÄKELNADEL

4 mm

TIPPS

- Sie möchten einen noch stärkeren Kontrast zwischen kurzen und langen Stichen? Ersetzen Sie die Dreifachstäbchen (3er-Stb) durch Vierfachstäbchen (4er-Stb) oder Fünffachstäbchen (5er-Stb) oder noch längere Maschen.
- Ich habe jede Reihe von Dreifachstäbchen mit 5 Lm begonnen. Je nach Ihrer Maschenprobe/Ihrem Häkelstil/Ihrer Wolle häkeln Sie vielleicht lieber 6 Lm, wenn Sie glauben, dass mehr Wendemaschen nötig sind. Sie könnten stattdessen auch eine Anfangsmasche häkeln, aber bei einem so langen Stich ist das etwas knifflig.
- Für einen spannenden Farbeffekt kann man in der gesamten Decke jede Mittelreihe aus festen Maschen in einer Kontrastfarbe häkeln.

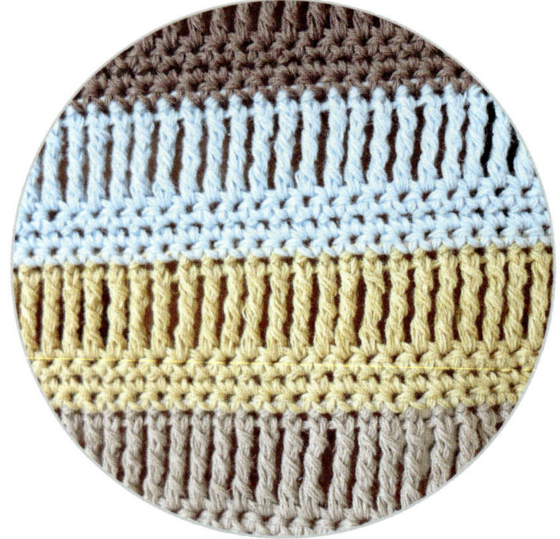

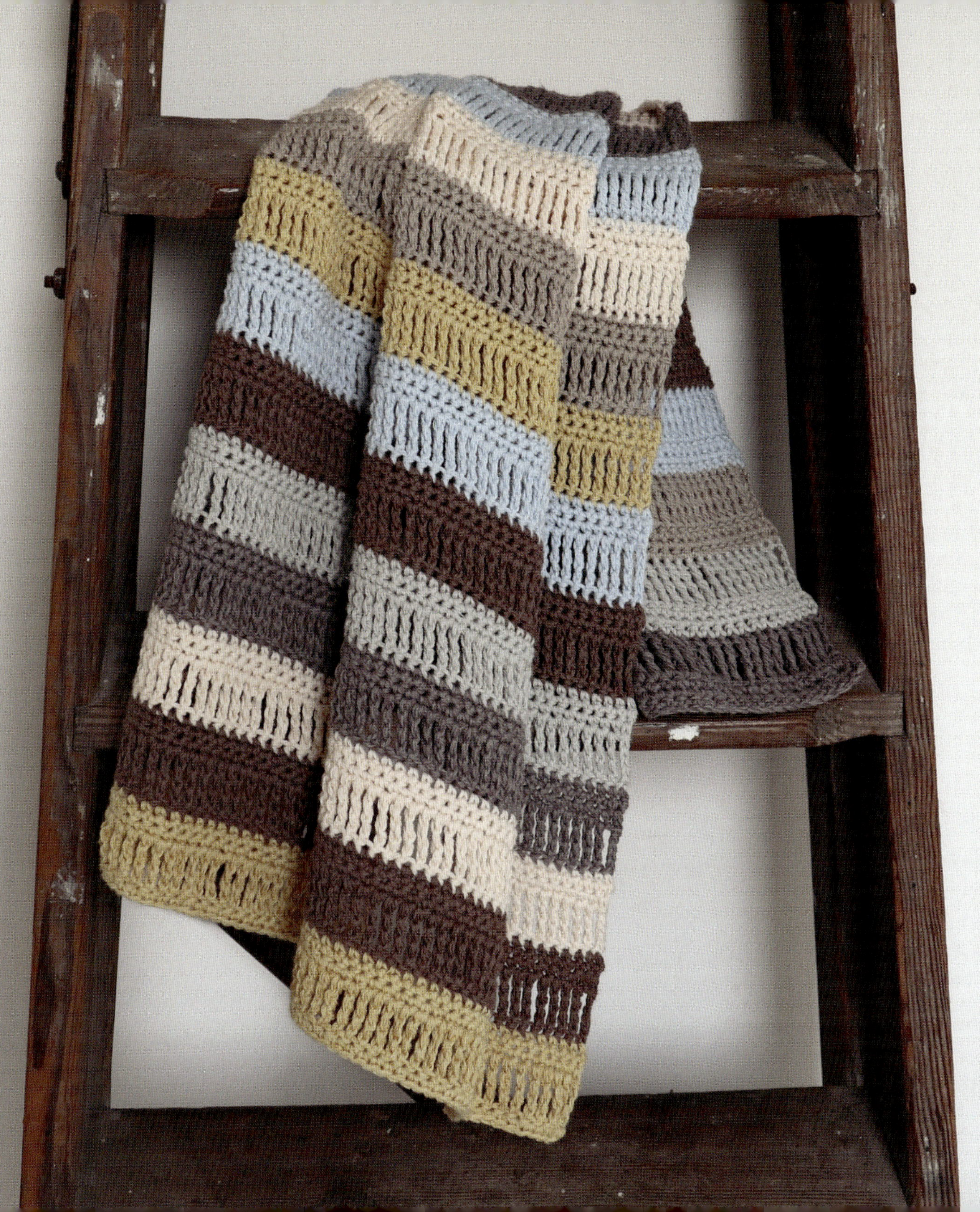

ANLEITUNG

Teilbar durch: Jegliche Maschenzahl, plus 1 für den Luftmaschenanschlag.

Grundreihe: 88 Lm + 1 (oder angepasst an die gewünschte Deckenbreite).

Reihe 1: 1 fM in die 2. Lm ab der Häkelnadel und in jd Lm bis Reihenende. (88 fM)

Reihe 2: 1 Lm (Wendemasche), 1 fM in jd Masche bis Reihenende.

Reihe 3: Reihe 2 wdh.

Reihe 4: 5 Lm (zählt als 1 3er-Stb), erste fM überspringen, 1 3er-Stb in jd fM bis Reihenende. (88 3er-Stb)

Reihe 5: 1 Anfangs-fM (oder 1 Km, 1 Lm) in das erste 3er-Stb, 1 fM in jd M bis Reihenende.

Reihen 6–60: Reihen 2–5 dreizehnmal wiederholen, dann noch einmal Reihen 2–4.

Reihe 61: 1 Lm (Wendemasche), 1 fM in jd 3er-Stb bis Reihenende.

Abketten und Fäden vernähen.

MUSTERSCHLÜSSEL

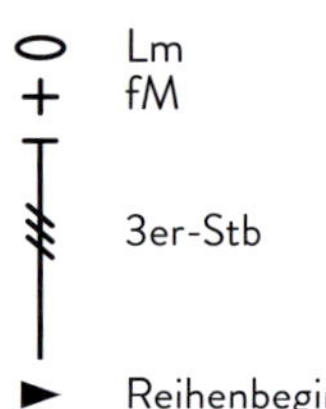

Lm
fM
3er-Stb
Reihenbeginn

FARBFOLGE

4-Reihen-Streifen: Wechseln Sie die Farbe nach jeweils vier Reihen, häkeln Sie jeden Streifen in jeder gewünschten Farbe und Farbkombination. Denken Sie nur daran, nach jeder Reihe mit Dreifachstäbchen die Farbe zu wechseln, außer bei der letzten Reihe Dreifachstäbchen.

Ausarbeiten: Die letzte Reihe fester Maschen in derselben Farbe wie die letzte Reihe Dreifachstäbchen häkeln. Diese letzte Reihe fester Maschen verleiht der oberen Kante der Decke extra Stabilität, sodass sie besser in Form bleibt.

DIAGRAMM

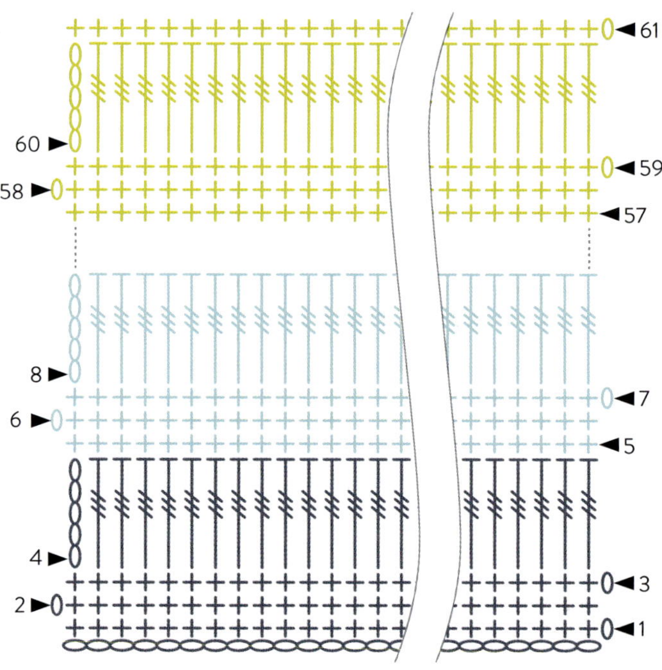

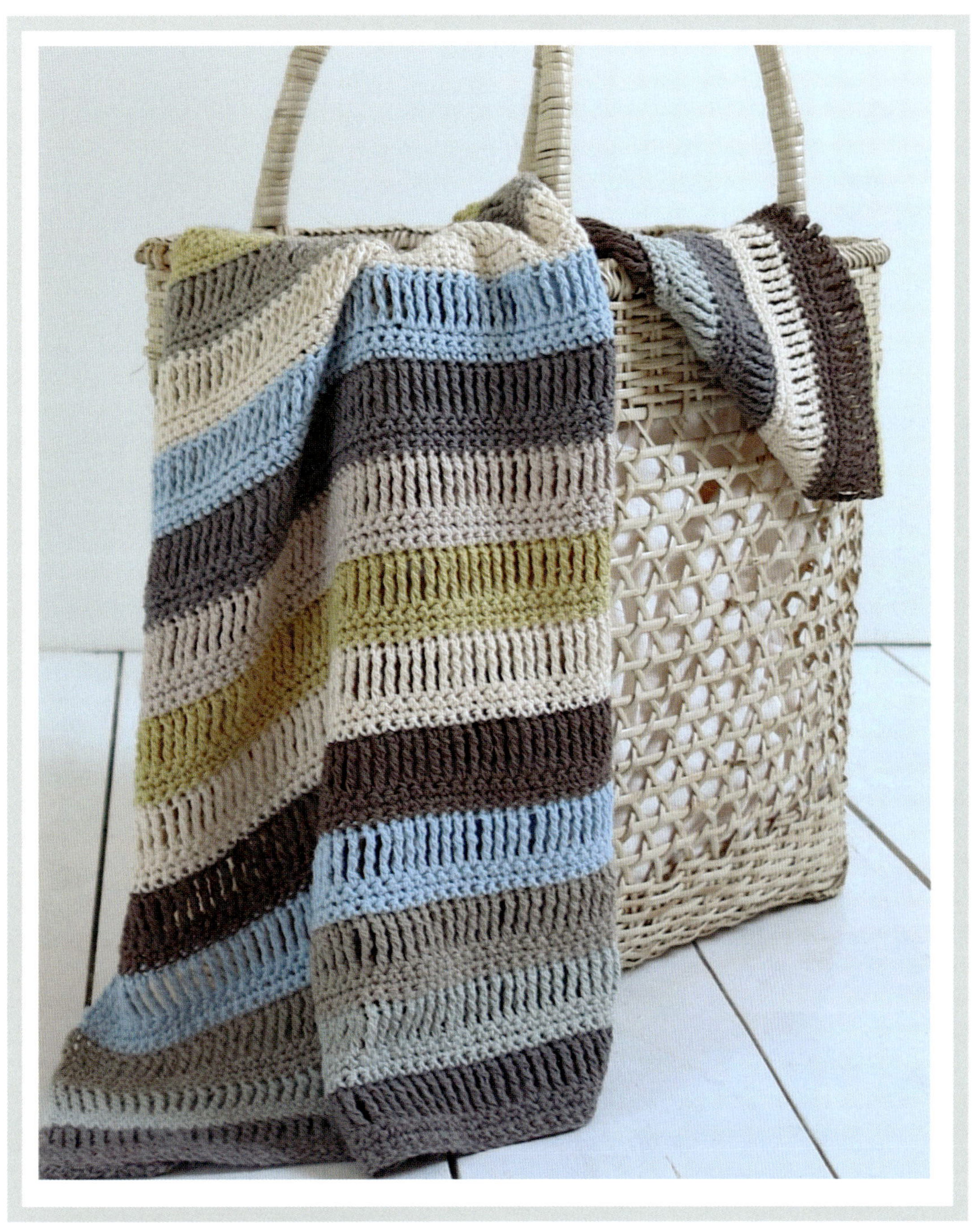

ODESSA

Ich liebe dichte Strukturstiche, weil sie auf eine subtile Weise das Licht einfangen. Es fiel mir schwer, zu entscheiden, welche Muster ins Buch aufgenommen werden, deswegen entwarf ich diese Decke mit sieben meiner Lieblingsmuster – bei jedem Farbstreifen wechselt das Muster. Sie können die gleiche Musterfolge arbeiten wie ich oder einfach diejenigen Muster auswählen, die Ihnen für Ihre Decke am besten gefallen.

SCHWIERIGKEITSGRAD

Fortgeschritten

GRÖSSE

Ca. 90 x 105 cm (35 x 41 in)

MATERIAL

Baumwollgarn für Nadelstärke 2,5–3 in so vielen Farben wie Sie wollen:

- Pro Streifen – 186 m (203 y)

HÄKELNADEL

3,5 mm

HINWEIS/TIPP

- Die Bezeichnungen für Häkelmuster variieren oft regional: Vielleicht kennen Sie ja eines der hier verwendeten Muster unter einem ganz anderen Namen?
- Achten Sie darauf, dass jeder Streifen aus unterschiedlich vielen Reihen besteht. Dadurch werden die Streifen trotz unterschiedlicher Muster alle gleich breit.

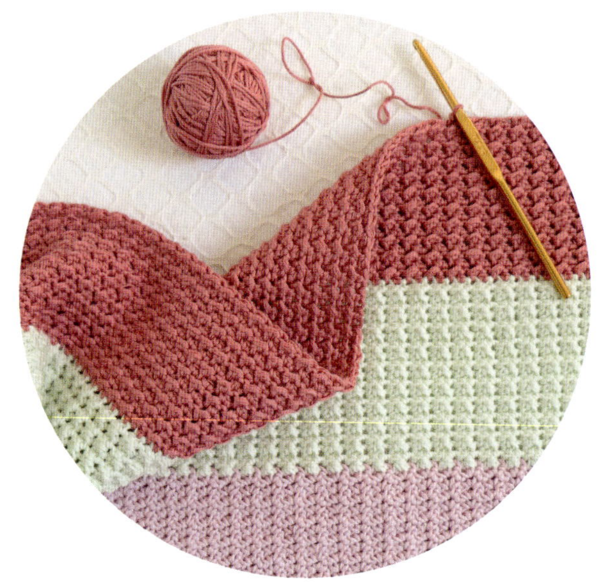

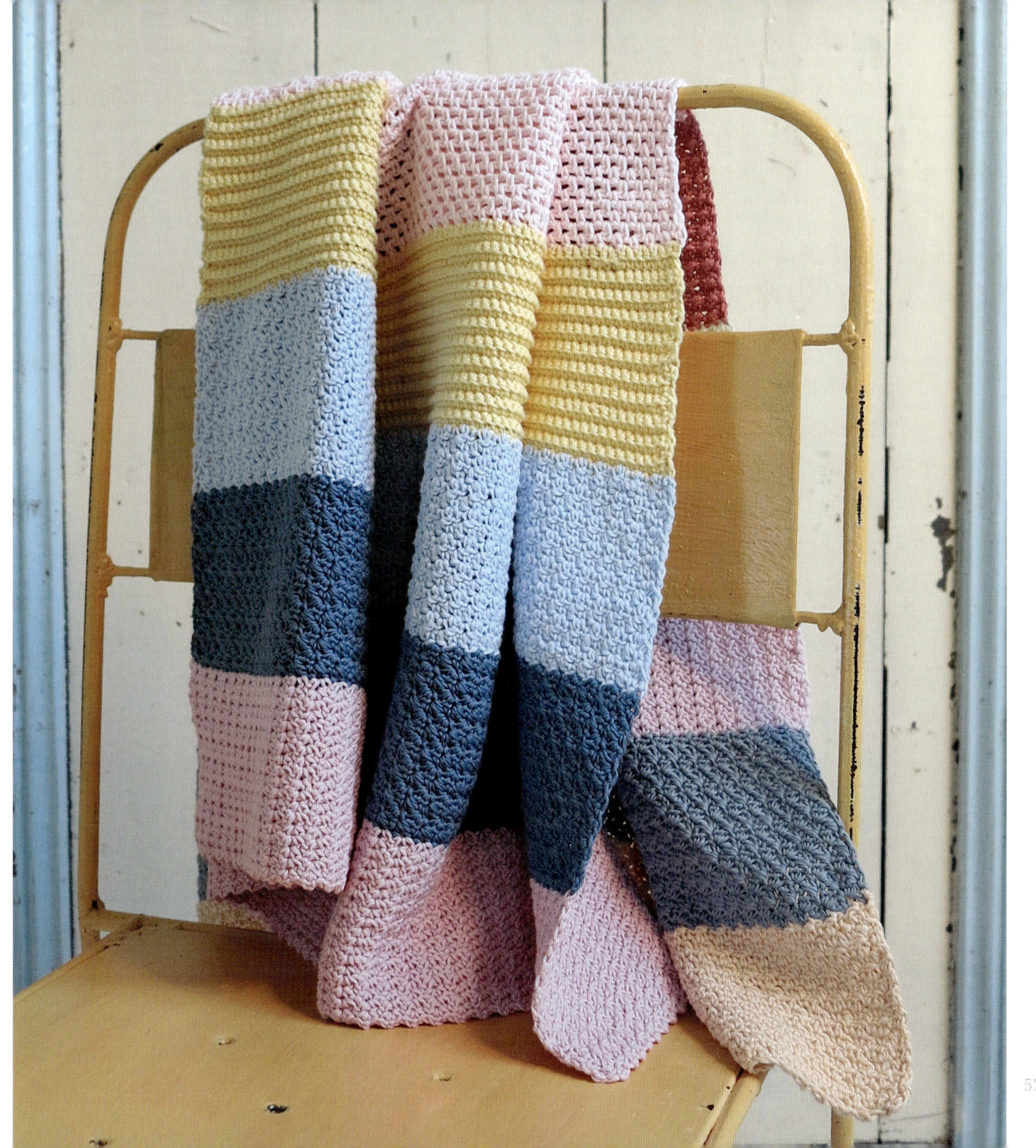

ANLEITUNG

Teilbar durch: M + 1, plus 1 für den Anschlag.

Grundreihe: 90 Lm + 1 + 1 (oder angepasst an die gewünschte Deckenbreite

STREIFEN 1 – WOLKENSTICH (16 REIHEN)

Reihe 1: 1 Stb in die 2. Lm ab der Häkelnadel (erste Lm zählt als 1 fM), *1 fM in die nächste Lm, 1 Stb in die nächste Lm; von * bis zum Ende wdh.

Reihen 2–16: 1 Lm (zählt als 1 fM), das erste Stb überspringen, *1 Stb in die nächste fM, 1 fM in das nächste Stb; ab * bis zur letzten M, 1 Stb in die letzte M.

STREIFEN 2 – ZWEIGMUSTER (16 REIHEN))

Reihe 17: 1 Anfangs-fM (oder 1 Km, 1 Lm) und 1 Stb in das erste Stb, [1 fM, 1 Stb] in jd Stb bis zur letzten fM, 1 fM in die letzte fM.

Reihen 18–32: 1 Lm (zählt als 1 fM), 1 Stb in die erste fM, [1 fM, 1 Stb] in jd fM bis zur letzten M, 1 fM in das letzte Stb.

STREIFEN 3 – SPINNENSTICH (18 REIHEN)

Reihe 33:1 Anfangs-hStb (oder 2 Lm) in die erste fM, [1 fM, 2 Lm, 1 fM] in jd Stb bis zur letzten M, 1 hStb in die letzte M.

Reihen 34–50: 2 Lm (zählt als 1 hStb), [1 fM, 2 Lm, 1 fM] in jd 2-Lm-Brücke bis zur letzten M, 1 hStb in die letzte M.

STREIFEN 4 – DREIERLEI MASCHEN (20 REIHEN)

Reihe 51: 1 Anfangs-fM (oder 1 Km, 1 Lm) in das erste hStb, *1 Lm, 3 fM zus über die nächsten [1 fM, 2-Lm-Brücke, 1 fM]; ab * bis zur letzten M wdh, 1 Lm, 1 fM in die letzte M.

Reihen 52–70: 1 Lm (Wendemasche), 1 fM in die erste fM, *1 Lm, 3 fM zus über die [1-Lm-Brücke, 3 fM zus, 1-Lm-Brücke]; das erste Bein jd 3 fM zus in dieselbe 1-Lm-Brücke häkeln wie das letzte Bein der vorigen 3 fM zus, ab * bis zur letzten M wdh, 1 Lm, 1 fM in die letzte M.

STREIFEN 5 – GLEICHMÄSSIGES MOOSMUSTER (24 REIHEN)

Reihe 71: 1 Anfangs-hStb (oder 2 Lm) in die erste fM, Km in die erste 3 fM zus, *1 hStb in die nächste 1-Lm-Brücke, Km in die nächste fM3zus; ab * bis zur letzten M, 1 hStb in die letzte M.

Reihe 72: Km in das erste hStb, *1 hStb in die nächste Km, Km in das nächste hStb; von * bis zum Ende wdh.

Reihe 73: 2 Lm (zählt als 1 hStb), erste Km überspringen, *Km in das nächste hStb, 1 hStb in die nächste Km; von * bis zum Ende wdh.

Reihen 74–94: Reihen 72–73 wiederholen, mit Reihe 72 enden.

STREIFEN 6 – WEBMUSTER (20 REIHEN)

Reihe 95: (Km, 1 Lm) in die erste Km, 1 fM in das erste hStb, [1 Lm, 1 fM] in jd hStb bis Reihenende, 1 fM in die letzte Km.

Reihe 96: 1 Lm, [1 Lm, 1 fM] in jd 1-Lm-Brücke bis zur letzten fM, 1 Lm, letzte fM überspringen, 1 fM in Wende-Lm

Reihe 97: 1 Lm, [1 fM, 1 Lm] in jd 1-Lm-Brücke bis zur ersten-Lm-Brücke, 1 fM in die erste Lm-Brücke, 1 fM in die erste Lm

Reihen 98–114: Reihen 96–97 wiederholen, mit einer Reihe 96 enden.

STREIFEN 7 – FESTE MASCHE INS HINTERE MASCHENGLIED (20 REIHEN)

Reihe 115: 1 Anfangs-fM (oder 1 Km, 1 Lm) in die erste fM, 1 fM in jd-Lm-Brücke und fM bis Reihenende, 1 fM in die letzte Lm.

Reihen 116–136: 1 Lm (Wendemasche), 1 FM in hMgl in jd fM bis Reihenende.

STREIFEN 8, 9, UND 10

Reihe 137: 1 Anfangs-fM (oder 1 Km, 1 Lm) und 1 Stb in die erste fM, *1 fM in die nächste fM, 1 Stb in die nächste fM; von * bis zum Ende wdh.

Reihen 138–186: Reihen 2–16 der Streifen 1 wiederholen, dann alle Reihen der Streifen 2 und 3.

Abketten und Fäden vernähen.

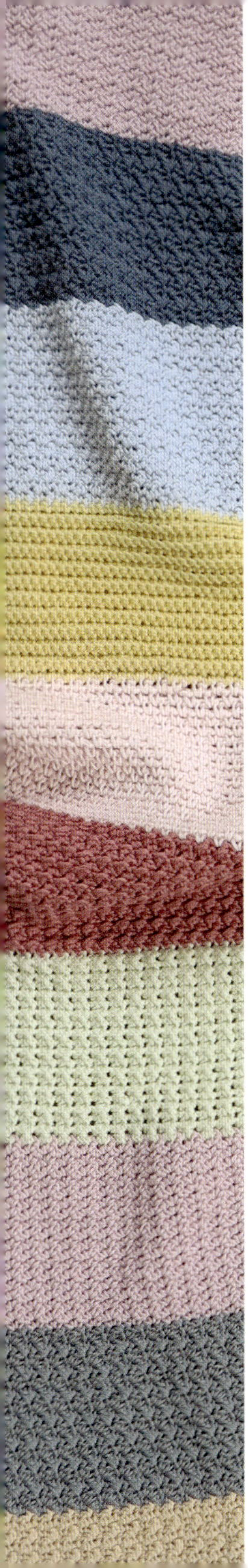

FARBFOLGE

Jeden Streifen in einer anderen Farbe häkeln oder die Farben wie gewünscht wiederholen: entweder in einer festen Reihenfolge oder zufällig. Bei der gezeigten Decke habe ich dieselbe Farbe für Streifen 3 und 10 verwendet und für alle anderen eine andere.

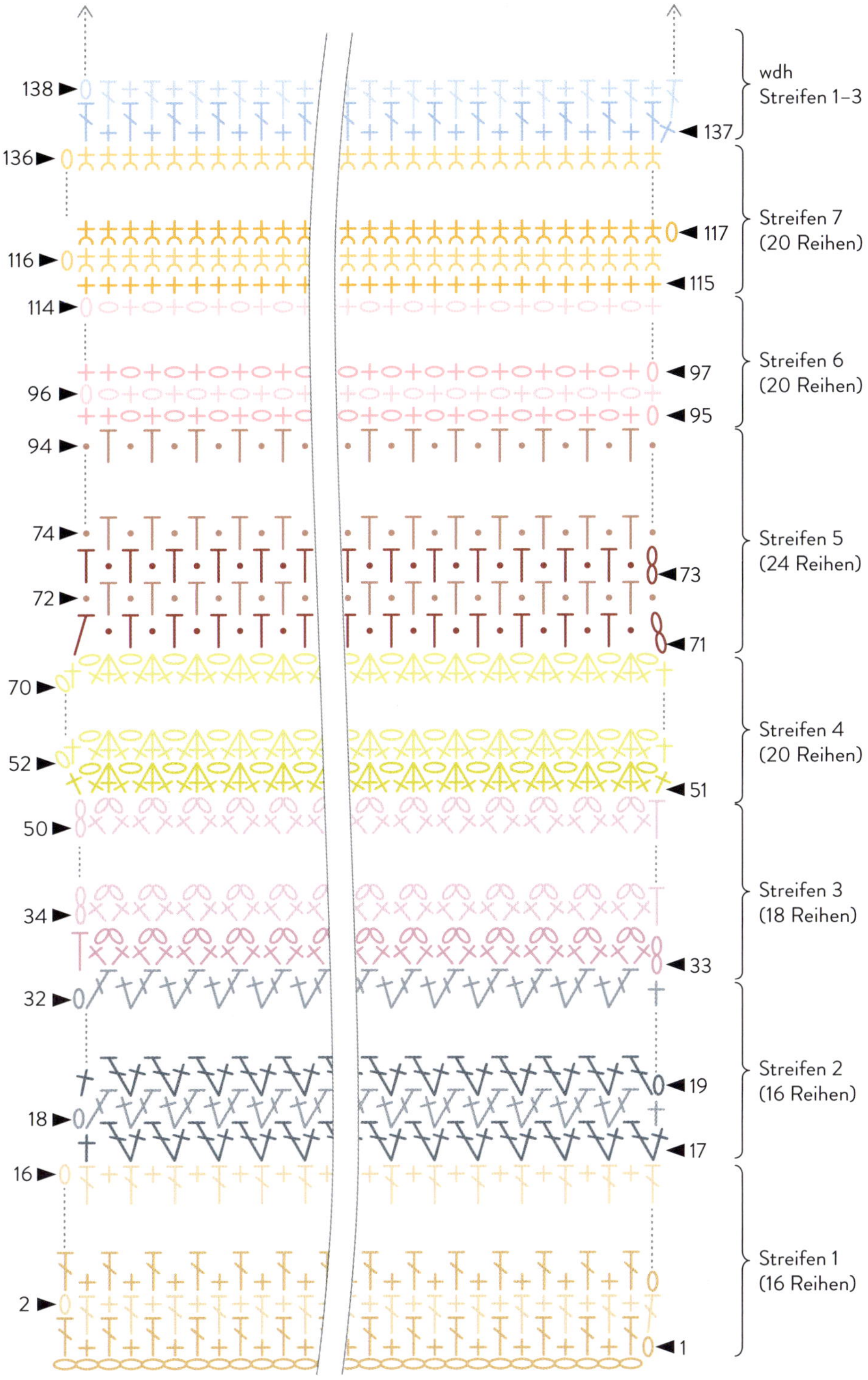

MUSTERSCHLÜSSEL

- Lm
- Km
- fM
- fM in hMgl
- hStb
- Stb
- 3 fM zus
- Reihenbeginn

wdh Streifen 1–3

Streifen 7 (20 Reihen)

Streifen 6 (20 Reihen)

Streifen 5 (24 Reihen)

Streifen 4 (20 Reihen)

Streifen 3 (18 Reihen)

Streifen 2 (16 Reihen)

Streifen 1 (16 Reihen)

LISSABON

Diese Decke habe ich nach einer meiner Lieblingsstädte benannt. Sie ist in jenen Pastellfarben gehalten, die ich mit der portugiesischen Hauptstadt verbinde, und sie erinnert ein bisschen an den Stil der 1950er-Jahre. Ihr geometrisches Muster sieht aber auch in Schwarz-Weiß gut aus. Die Decke ist einfach umzusetzen. Wenn man einmal den Rhythmus des Musters verinnerlicht hat, arbeiten sich die Reihen wie von selbst. Durch die abwechselnd kurzen und langen Stiche entsteht eine sehr angenehm anzufassende Oberfläche.

SCHWIERIGKEITSGRAD

Mittel

GRÖSSE

Ca. 75 x 110 cm (30 x 43 in)

MATERIAL

Baumwollgarn für Nadelstärke 5–6 in 2 Farben:

- Mintgrün – 637m (697 yd)
- Naturweiß – 563m (615 yd)

HÄKELNADEL

5,5 mm

6 mm

TIPPS

- Dieses Muster ist perfekt, um es an kleinere Projekte anzupassen, wie die Chiang-Mai-Topflappen und das Geschirrtuch auf S. 106.
- Ich habe jede Runde der Einfassung mit einer Anfangsmasche begonnen und mit einer unsichtbaren Naht beendet, aber Sie können auch jede Runde mit Wendemaschen beginnen und mit einer Kettmasche schließen, wenn Ihnen das lieber ist (s. S. 124).

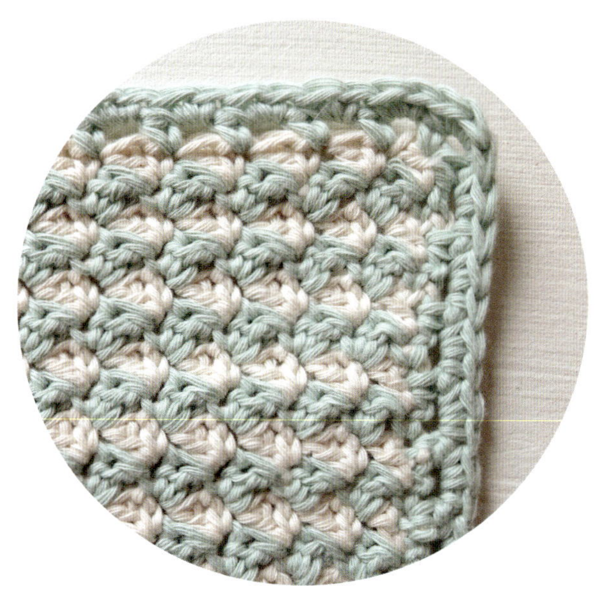

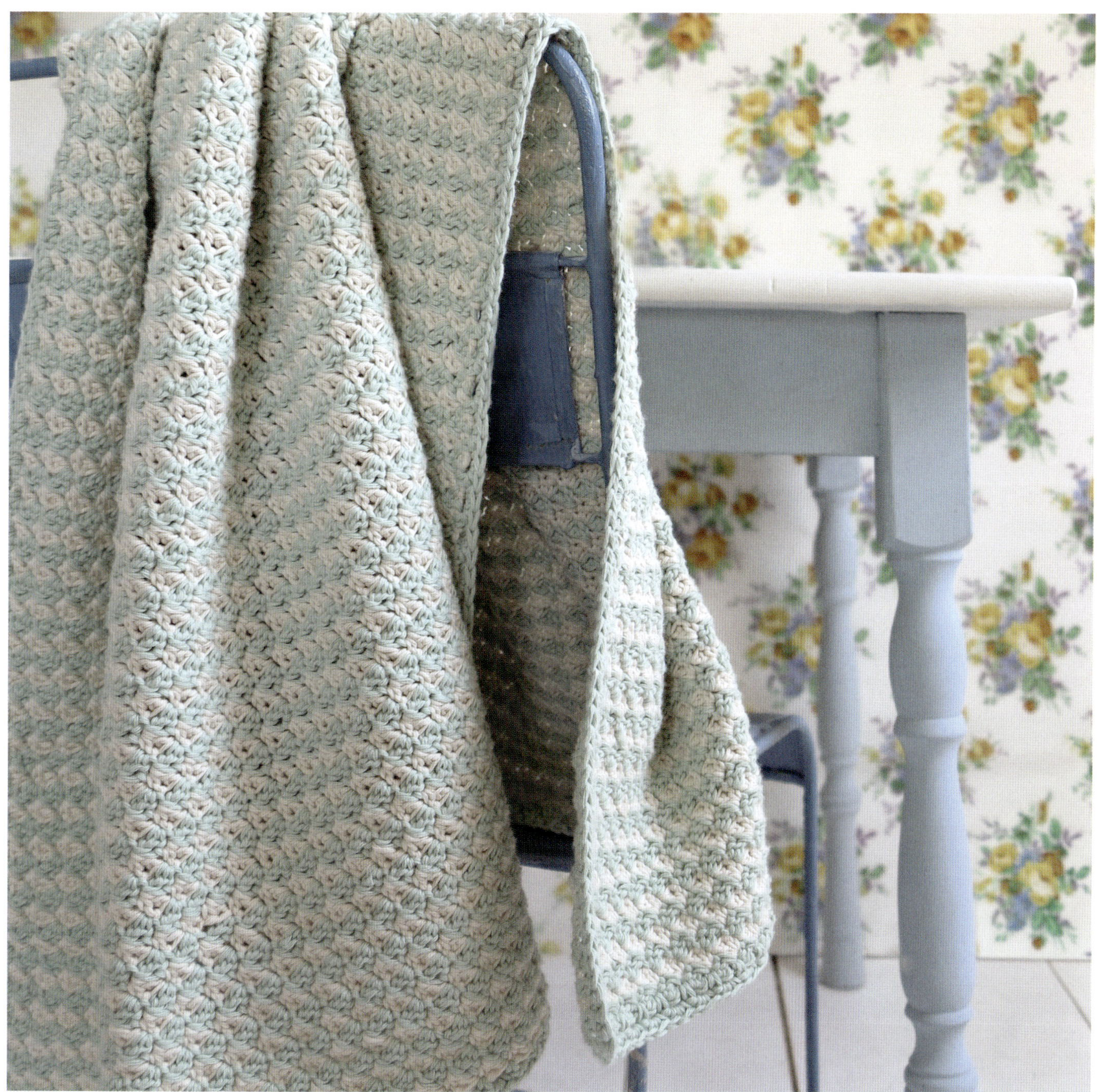

ANLEITUNG

Teilbar durch: 2 M + 1, plus 1 für den Anschlag.

Grundreihe: Mit der dickeren Häkelnadel 84 Lm + 1 + 1 (oder angepasst an die gewünschte Deckenbreite) anschl.

Zur dünneren Häkelnadel wechseln.

Reihe 1: Die erste Lm ab der Häkelnadel überspringen (zählt als 1 fM), 1 Stb in die nächste Lm, 1 Lm überspringen, *[1 fM, 1 Stb] in die nächste Lm, 1 Lm überspringen; ab * bis zur letzten Lm wdh, 1 fM in die letzte Lm. (42 [1 fM, 1 Stb] M-Gruppen)

Reihe 2: 1 Anfangs-fM (oder 1 Km, 1 Lm) und 1 Stb in die erste fM, *1 M überspringen, [1 fM, 1 Stb] in die nächste fM; ab * bis zu den letzten 2 M wdh, 1 M überspringen, 1 fM in die letzte M.

Reihen 3–118: Reihe 2 wiederholen.

Abketten und Fäden vernähen.

UMRANDUNG

In der oberen, rechten Eckmasche beginnen und die erste M jd Runde als Anfangs-fM (oder 1 Km, 1 Lm) häkeln.

Runde 1: [1 fM, 3 Lm, 1 fM] in die Eck-M, [2 Lm, 1 fM] in jd fM entlang der Oberkante bis zur nächsten Ecke, [3 Lm, 1 fM] in dieselbe Eckmasche, [2 Lm, 1 Reihe überspringen, 1 fM seitlich in die nächste Reihe] an der linken Seiten nach unten häkeln bis zur nächsten Ecke (Sie arbeiten 1 fM seitlich in jd gerade Reihe aus naturweißem Garn), 2 Lm, [1 fM, 3 Lm, 1 fM] in die untere, linke Eckmasche, [2 Lm, 1 fM] in jd Stb der Reihe 1 entlang der Unterkante bis zur nächsten Ecke, 2 Lm, [1 fM, 3 Lm, 1 fM] in die untere, rechte Eckmasche; die rechte Seite genauso häkeln wie die linke. Zur Runde schließen.

Runde 2: 3 fM in jd 3-Lm-Eckbrücke und 2 fM in jd 2-Lm-Brücke rundherum. Runde schließen.

Abketten und Fäden vernähen.

FARBFOLGE

Grundreihe: Mintgrün.

Reihe 1: Mintgrün (1 Reihe).

Reihe 2: Naturweiß (1 Reihe).

Reihen 3–118: Abwechselnd 1 Reihe Mintgrün und 1 Reihe Naturweiß (116 Reihen).

Umrandung: Mintgrün (2 Runden).

DECKENDIAGRAMM

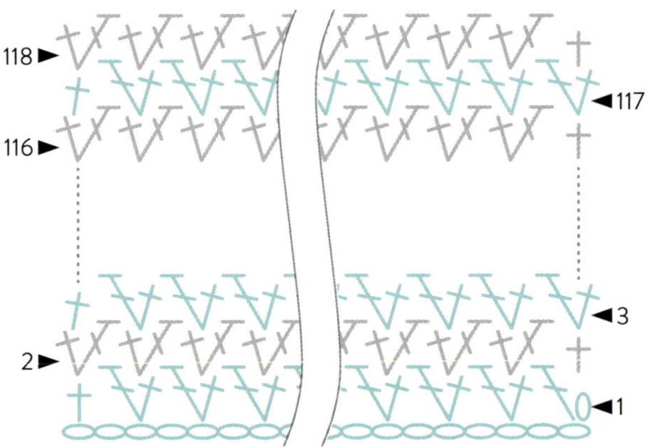

MUSTERSCHLÜSSEL

- ○ Lm
- + fM
- Stb
- ◄ Reihen- oder Rundenbeginn

DIAGRAMM UMRANDUNG

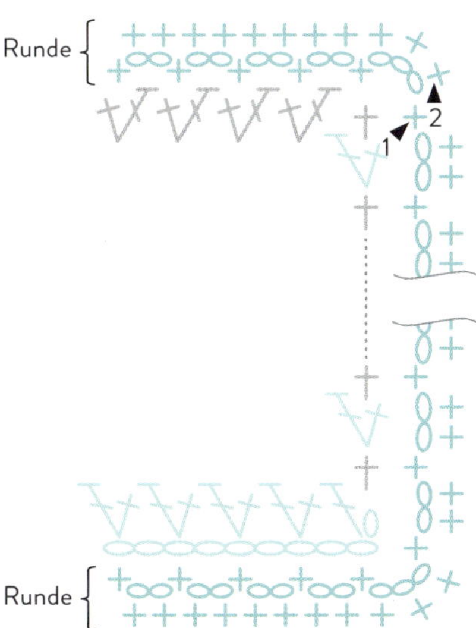

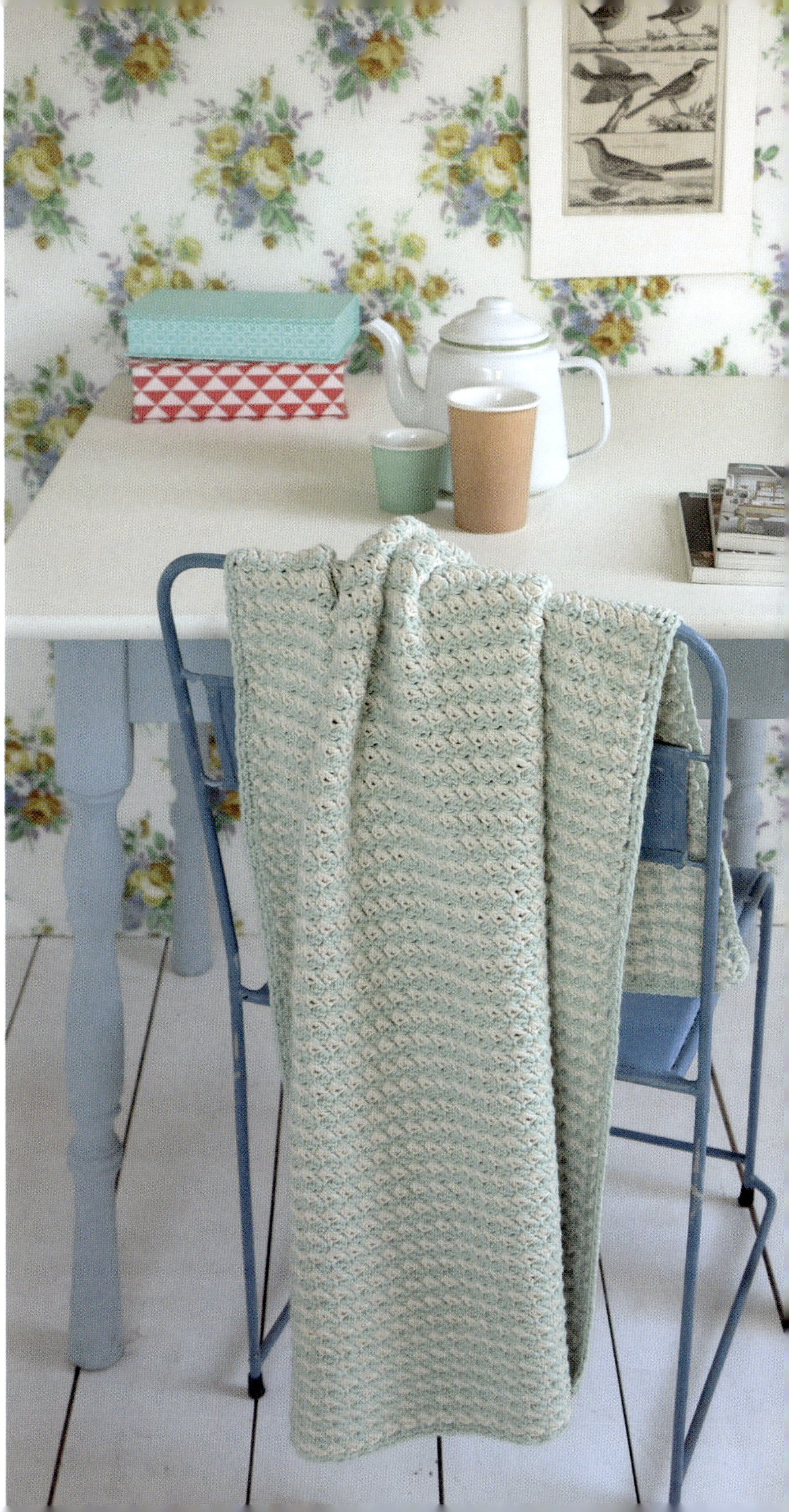

ISTANBUL

Diese eleganten Zackenreihen erinnern ein bisschen an Lorbeeren und haben eine tolle Struktur. Die Rückseite der Decke sieht völlig anders aus als die Vorderseite, hat aber eine genauso schöne Struktur. Das Farbmuster ist ebenfalls faszinierend: Jede neue Farbe kündigt sich mit einer bescheidenen Reihe innerhalb der vorigen Farbe an.

SCHWIERIGKEITSGRAD

Fortgeschritten

GRÖSSE

Ca. 65 x 95 cm (25 x 38 in)

MATERIAL

Baumwollgarn für Nadelstärke 5–6 in 5 Farben:

- Dunkelblau – 150m (164 yd)
- Beige – 150m (164 yd)
- Grün – 75m (82 yd)
- Rosa – 300m (328 yd)
- Hellblau – 75m (82 yd)

HÄKELNADEL

5,5 mm

TIPPS

- Jeder Hauptstreifen besteht aus 14 Reihen, mit einer Kontrastfarbe in der 12. Reihe. Diese Kontrastfarbe wird dann im nächsten Streifen die Hauptfarbe.
- Die Zacken entstehen durch Luftmaschenketten, die mit einer Kettmasche in die Mitte einer Kette zwei Reihen tiefer gehäkelt werden. Die Luftmaschenketten in der Reihe 4 werden also in die der Reihe 2 gehäkelt, die in der Reihe 6 in die Reihe 4 und so weiter.
- In jeder Rückreihe nach einer Zackenreihe werden Stäbchen gehäkelt und zwar ebenfalls in die Maschen zwei Reihen tiefer, sodass die Stäbchen in der Reihe 5 in die Reihe 3 gehäkelt werden, die in der Reihe 7 in die Reihe 5 und so weiter. Achten Sie darauf, die Stäbchen vor die Zackenketten der vorigen Reihe zu häkeln, sodass die Zacken auf der rechten Seite der Decke liegen.
- Ich habe jede Runde mit einer Anfangsmasche begonnen und mit einer unsichtbaren Naht beendet, aber Sie können auch jede Runde mit Wendemaschen beginnen und mit einer Kettmasche schließen, wenn Ihnen das lieber ist (s. S. 124).

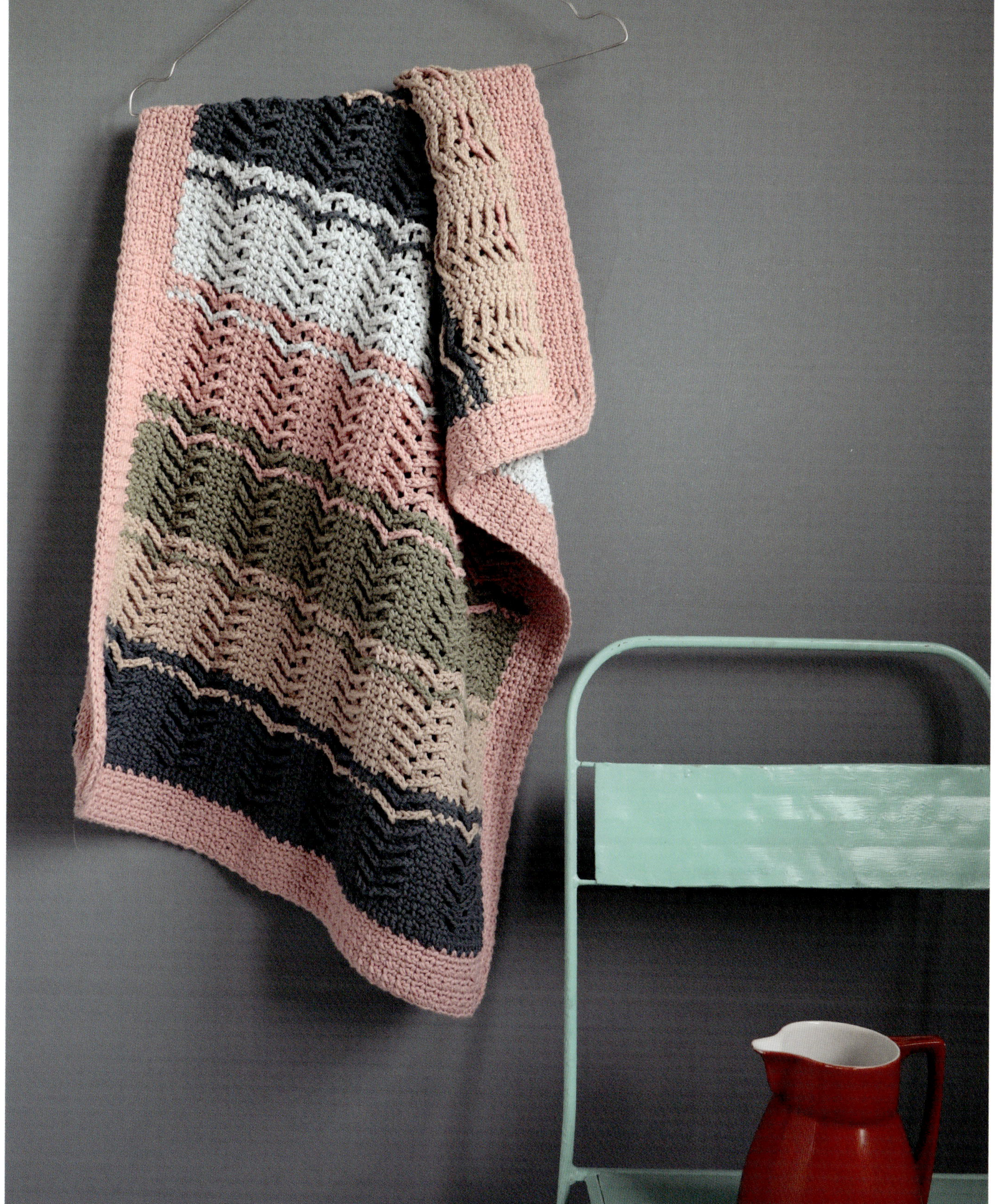

ANLEITUNG

Teilbar durch: 14 M + 5, plus 1 für den Anschlag.

Grundreihe: 84 Lm + 5 + 1 (oder angepasst an die gewünschte Deckenbreite).

Reihe 1 (RückR): 1 fM in die 2. Lm ab der Häkelnadel und in jd Lm bis Reihenende. (89 fM)

Reihe 2: 1 Lm (stets Wendemasche), 1 fM in die erste fM, *1 Lm, 1 fM überspringen, 1 fM in die nächste fM; von * bis zum Ende wdh.

Reihe 3: 1 Lm, 1 fM in die erste fM, *1 Lm, 1 Lm überspringen, 1 fM in die nächste fM; von * bis zum Ende wdh.

Reihe 4: 1 Lm, 1 fM in die erste fM, [1 Lm, 1 Lm überspringen, 1 fM in die nächste fM] zweimal, * 5 Lm, [1 Lm, 1 M, 1 Lm, 1 M] überspringen, 1 Km in die nächste 1-Lm-Brücke zwei Reihen tiefer, 5 Lm, [1 M, 1 Lm, 1 M, 1 Lm] überspringen, 1 fM in die nächste fM, [1 Lm, 1 Lm überspringen, 1 fM in die nächste fM] zweimal; von * bis zum Ende wdh. (6 Luftmaschenkettenzacken)

Reihe 5: 1 Lm, 1 fM in die erste fM, [1 Lm, 1 Lm überspringen, 1 fM in die nächste fM] zweimal, *1 Lm, [vor die 5-Lm-Brücke der vorigen Reihe häkeln: 1 Stb in die nächste M zwei Reihen tiefer, 1 Lm, 1 Lm überspringen] viermal, 1 fM in die nächste fM, [1 Lm, 1 Lm überspringen, 1 fM in die nächste fM] zweimal; von * bis zum Ende wdh.

Reihen 6–100: Reihen 4–5 wiederholen, mit einer Reihe 4 enden.

Anmerkung: Beim Farbwechsel oder am Reihenanfang, 1 Anfangs-fM (oder 1 Km, 1 Lm) in die erste fM, dann im Muster weiterhäkeln. Die letzte M der nächsten Reihe in die Anfangs-fM häkeln (oder 1 Lm).

Reihe 101: 1 Lm, 1 fM in die erste fM, [1 Lm, 1 Lm überspringen, 1 fM in die nächste fM] zweimal, *1 Lm, [vorn in die 5-Lm-Brücke der vorigen Reihe häkeln: 1 fM in die nächste fM zwei Reihen tiefer, 1 Lm, 1 Lm überspringen] viermal, 1 fM in die nächste fM, [1 Lm, 1 Lm überspringen, 1 fM in die nächste fM] zweimal; von * bis zum Ende wdh.

Reihe 102: 1 Lm, 1 fM in jd fM und-Lm-Brücke bis Reihenende.

Abketten und Fäden vernähen.

UMRANDUNG

In irgendeiner fM an einer Ecke beginnen, die erste Masche jd Runde als Anfangs-fM häkeln (oder 1 Km, 1 Lm).

Runde 1: [1 fM, 1 Lm, 1 fM] in die fM an der Ecke (Ecke fertig), *1 Lm, 1 fM überspringen, 1 fM in die nächste fM; ab * bis zur nächsten Ecke wdh, die restliche Decke ebenso umhäkeln. Zur Runde schließen und wenden.

Anmerkung: Wenn man in Runden häkelt, wendet man die Arbeit in der Regel nicht – hier aber doch, weil die Struktur der Umrandung aus festen und Luftmaschen anders aussähe als im Hauptteil der Decke, wodurch der visuelle Effekt geschmälert würde.

Runde 2: An jd Ecke 1 fM in die erste fM der Ecke, 3 Lm, 1 fM in die fM an der nächsten Ecke. Wie bei Runde 1 ganz rundherum häkeln, 1 fM in jd fM und 1 Lm über jd Lm. Runde schließen und wenden.

Runden 3–9: Runde 2 wdh, dabei die Anzahl der Lm in jd Ecke in jd neuen Runde um 1 erhöhen. In Runde 9 gibt es dann also 10 Lm in jd Ecke (oder passen Sie die Anzahl an Ihre Maschenprobe an und/oder daran, ob Sie eine breitere Ecke möchten).

Abketten und Fäden vernähen.

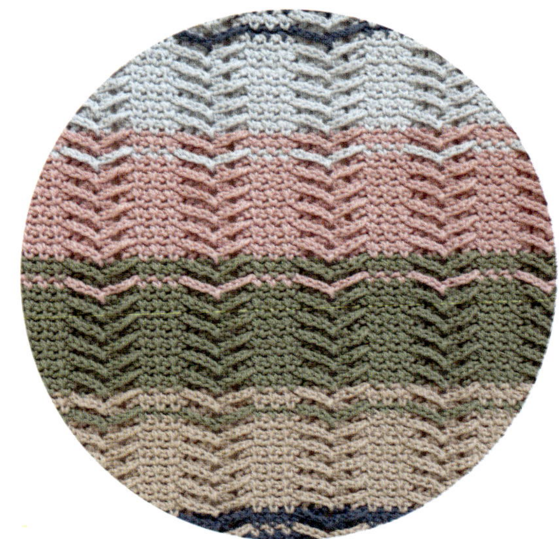

FARBFOLGE

Grundreihe: Hauptfarbe (Dunkelblau).

Reihen 1–2: Hauptfarbe (Dunkelblau).

Streifen 1 (Reihen 3–16): 11 Reihen Hauptfarbe (Dunkelblau – Reihen 2–13), 1 Reihe Kontrastfarbe (Beige – Reihe 14), 2 Reihen Hauptfarbe (Dunkelblau – Reihen 15–16).

Restliche Streifen (Reihen 17–100): Jeden der 14-Reihen breiten Streifen in jeder gewünschten Farbe häkeln, nutzen Sie die Kontrastfarbe des vorigen Streifens als Hauptfarbe für jeden neuen Streifen. Bei der gezeigten Decke sind die Hauptfarben für die restlichen sechs Streifen: Beige, Grün, Rosa, Hellblau, Dunkelblau, Beige.

Reihen 101–102: Letzte Hauptfarbe (Beige).

Umrandung: Hauptfarbe des mittleren Streifens (Rosa).

MUSTERSCHLÜSSEL

- Lm
- Km
- fM
- Stb
- Reihen- oder Rundenbeginn

DIAGRAMM UMRANDUNG

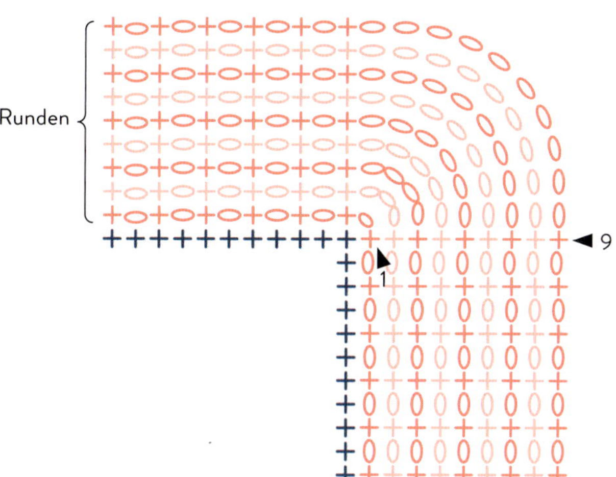

DECKENDIAGRAMM

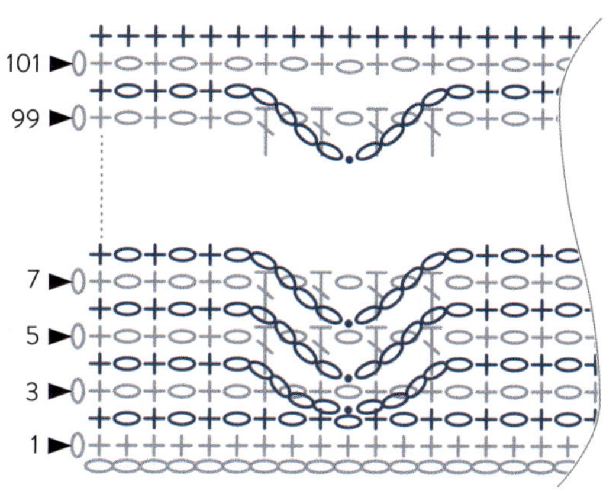

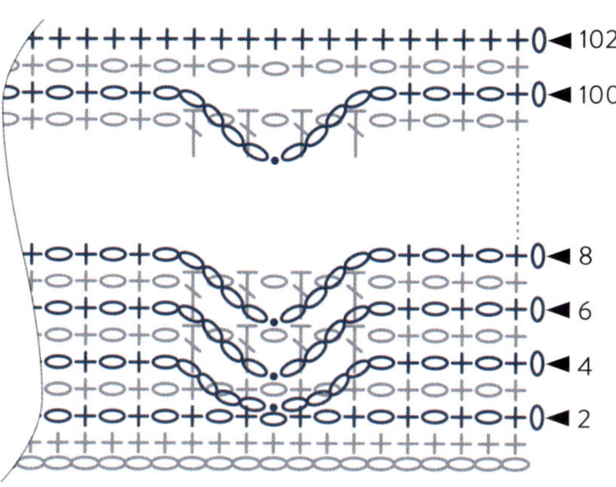

NAIROBI

Diagonale Streifen, die von einer Ecke zur schräg gegenüberliegenden Ecke gearbeitet werden, sind eine willkommene Abwechslung von Quer- und Längsstreifen. Ich wollte eine luftige Decke machen – die einfachen Doppelstäbchen lassen die Decke schnell wachsen. In der ersten Hälfte des Musters nimmt man zu, um ein Dreieck entstehen zu lassen, in der zweiten Hälfte nimmt man für ein passendes Dreieck ab. Ergebnis: eine quadratische Decke.

SCHWIERIGKEITSGRAD

Einfach

GRÖSSE

Ca. 100 x 100 cm (40 x 40 in)

MATERIAL

Baumwollgarn für Nadelstärke 2,5–3 in 4 Farben:

- Hellrosa – 310 m (339 yd)
- Mittelrosa – 310 m (339 yd)
- Rauchig Rosa – 310 m (339 yd)
- Hellpfirsisch – 310 m (339 yd)

HÄKELNADEL

4 mm

TIPPS

- Ich habe alle fünf Reihen die Farben gewechselt und dabei zufällig zwischen vier Farben abgewechselt. Sie können aber auch mehr oder weniger Farben benutzen, wenn Sie das möchten, und die Streifen breiter oder schmäler arbeiten, indem Sie die Farben nach einer anderen Reihenzahl wechseln.
- Auch wenn diese Anleitung mit einem Grundring beginnt, wird die Decke in Reihen gehäkelt. Denken Sie also daran, die Arbeit am Ende jeder Reihe zu wenden.
- Die Decke besteht aus 79 Reihen. Man nimmt in den ersten 40 Reihen in jeder Reihe zu. Reihe 40 ist die breiteste der gesamten Decke, in den restlichen 39 Reihen wird abgenommen. Wenn Sie eine größere Decke möchten, nehmen Sie einfach weiter bis zur gewünschten Größe zu und beginnen dann mit den Abnahmen. Für eine kleinere Decke häkeln Sie weniger als 40 Reihen, bis die gewünschte Größe erreicht ist, und beginnen dann mit den Abnahmen.

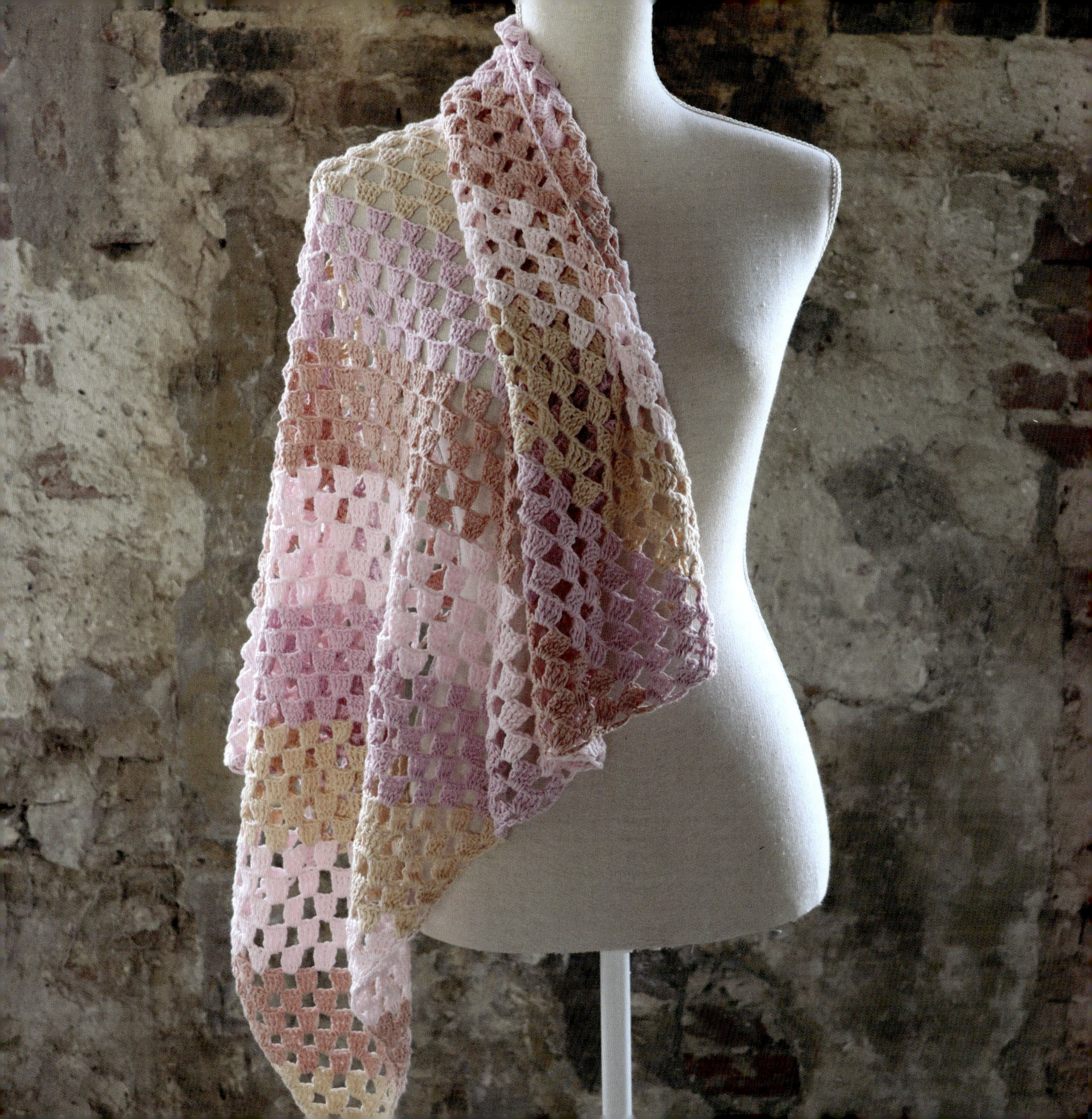

ANLEITUNG

Grundring: 4 Lm und mit 1 Km zum Ring schließen.

Reihe 1: 6 Lm (zählt als 1 DStb, 2 Lm in jd Reihe bis zur letzten Reihe), [4 DStb, 2 Lm, 1 DStb] in den Ring.

Reihe 2: 6 Lm, [4 DStb, 2 Lm] in die erste Lm-Brücke, [4 DStb, 2 Lm, 1 DStb] in die nächste-Lm-Brücke.

Reihen 3–40: 6 Lm, [4 DStb, 2 Lm] in jd Lm-Brücke bis zur letzten Lm-Brücke, [4 DStb, 2 Lm, 1 DStb] in die letzte Lm-Brücke. – Ab jetzt wird abgenommen.

Reihen 41–78: 6 Lm, die erste Lm-Brücke überspringen, [4 DStb, 2 Lm] in jd-Lm-Brücke bis zur letzten Lm-Brücke, 1 DStb in die letzte Lm-Brücke.

Reihe 79: 6 Lm, die erste Lm-Brücke überspringen, 4 DStb zus in die nächste-Lm-Brücke, 6 Lm, 4 Stb und 2 Lm überspringen, 1 Km in die nächste Lm.

Abketten und Fäden vernähen.

DIAGRAMM

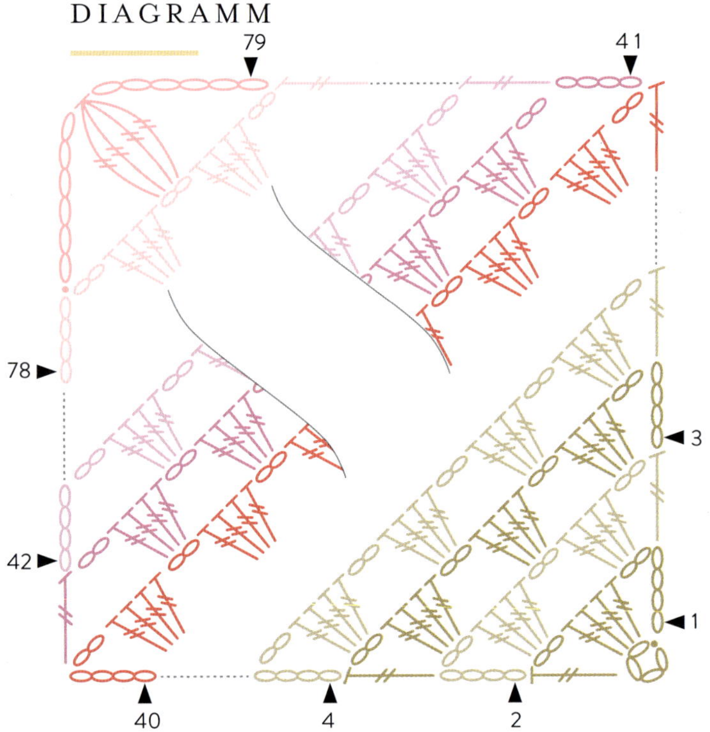

FARBFOLGE

Grundring: Hellpfirsisch.

Reihen 1–5: Hellpfirsisch (5 Reihen).

Reihen 6–10: Rauchig Rosa (5 Reihen).

Reihen 11–15: Hellrosa (5 Reihen).

Reihen 16–20: Hellpfirsisch (5 Reihen).

Reihen 21–25: Mittelrosa (5 Reihen).

Reihen 26–30: Hellrosa (5 Reihen).

Reihen 31–35: Rauchig Rosa (5 Reihen).

Reihen 36–40: Mittelrosa (5 Reihen).

Reihen 41–45: Hellpfirsisch (5 Reihen).

Reihen 46–50: Hellrosa (5 Reihen).

Reihen 51–55: Rauchig Rosa (5 Reihen).

Reihen 56–60: Mittelrosa (5 Reihen).

Reihen 61–65: Hellrosa (5 Reihen).

Reihen 66–70: Hellpfirsisch (5 Reihen).

Reihen 71–75: Mittelrosa (5 Reihen).

Reihen 76–79: Hellrosa (4 Reihen).

MUSTERSCHLÜSSEL

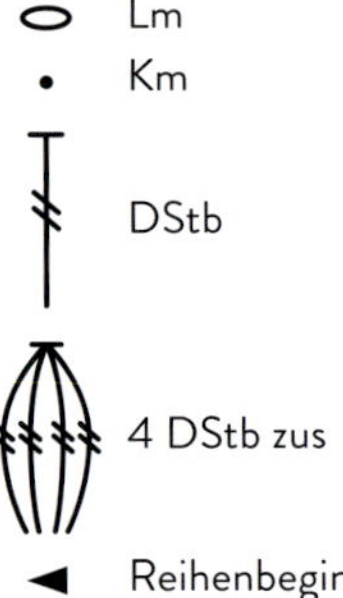

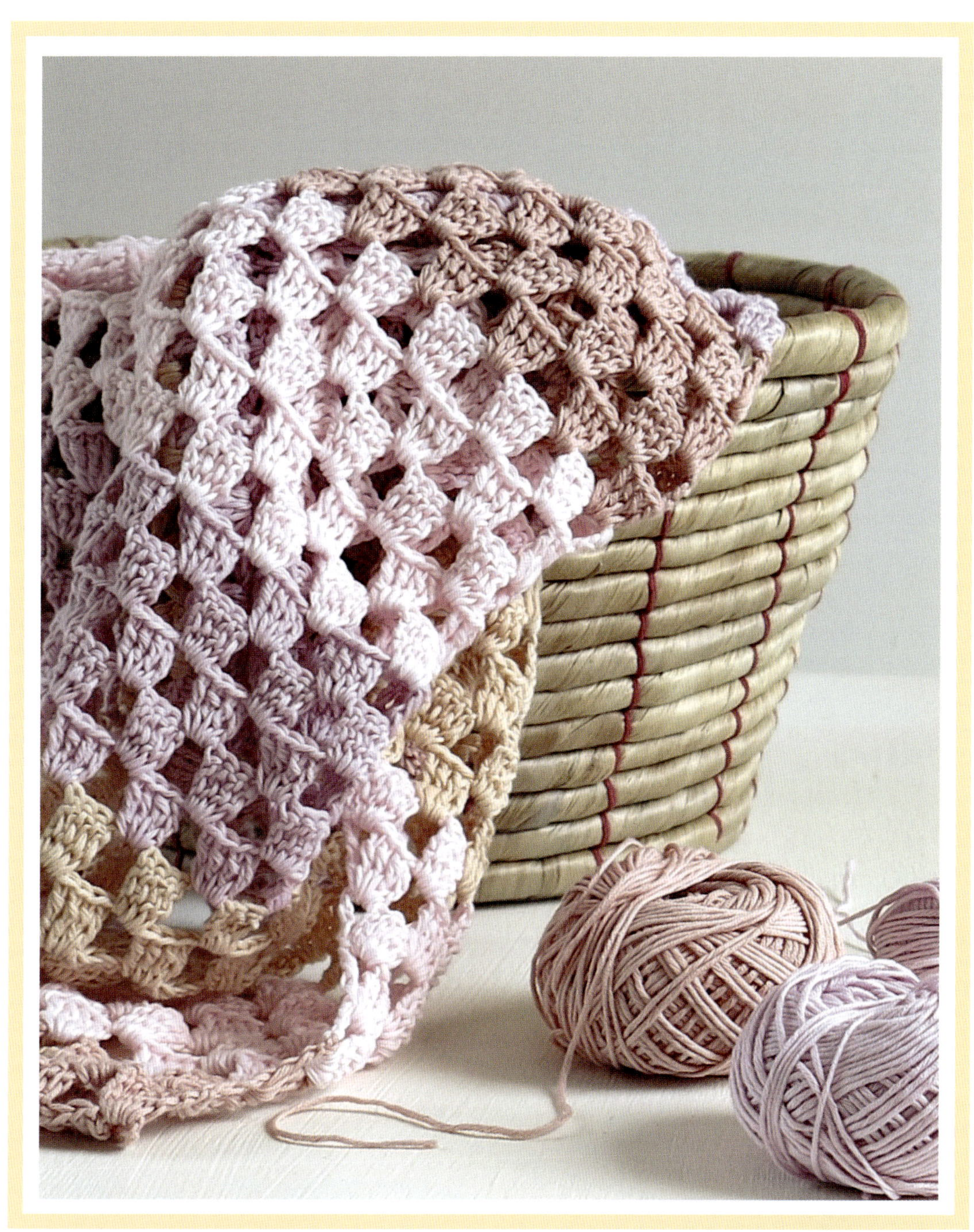

CASABLANCA

Ich bewundere die bunten Berberteppiche aus Marokko sehr. Für mich haben sie einen etwas rauen Charme, der durch die klaren geometrischen Muster noch verstärkt wird. Daher beschloss ich, eine Decke in diesem Stil zu kreieren – und bin vom Ergebnis begeistert. Dabei muss man kaum Fäden vernähen, weil man sie nutzt, um die Decke zusammenzusetzen.

SCHWIERIGKEITSGRAD

Mittel

GRÖSSE

Ca. 90 x 110 cm (35 x 43 in)

MATERIAL

Baumwollgarn für Nadelstärke 5–6 in so vielen Farben wie Sie wollen:

- Insgesamt 900 m (984 yd)

HÄKELNADEL

6 mm

TIPPS

- Diese Anleitung ist ein Rezept nach dem Sie Ihre eigene Decke im »organisierten Chaos« häkeln können. Das Diagramm für den Mittelteil zeigt Beispiele, wie man die unterschiedlichen Mustervariationen kombinieren kann – aber Sie allein entscheiden, wo genau sie »landen« und wie viele dieser Variationen Sie einsetzen; Sie können sie so mischen, wie es Ihnen gefällt.
- Für einen echten Berberteppicheffekt sollte man möglichst viele kräftige Farben und Pastelltöne verarbeiten, dazu großzügig Naturweiß einsetzen und für den Kontrast etwas Schwarz oder andere dunkle Farben.
- Um den typischen Flickenteppich-Look zu erzielen, wählt man eine dickere Häkelnadel, als man sonst für dieses Garn verwenden würde. Ich häkle diese Wolle eigentlich mit einer 5 mm dicken Häkelnadel, aber für diese Decke benutzte ich 6 mm dicke.
- Wie wäre es, wenn Sie noch ein zu dieser Decke passendes Berberkissen häkeln würden? Beispielsweise nach der Anleitung für das Shiraz-Kissen auf S. 108?

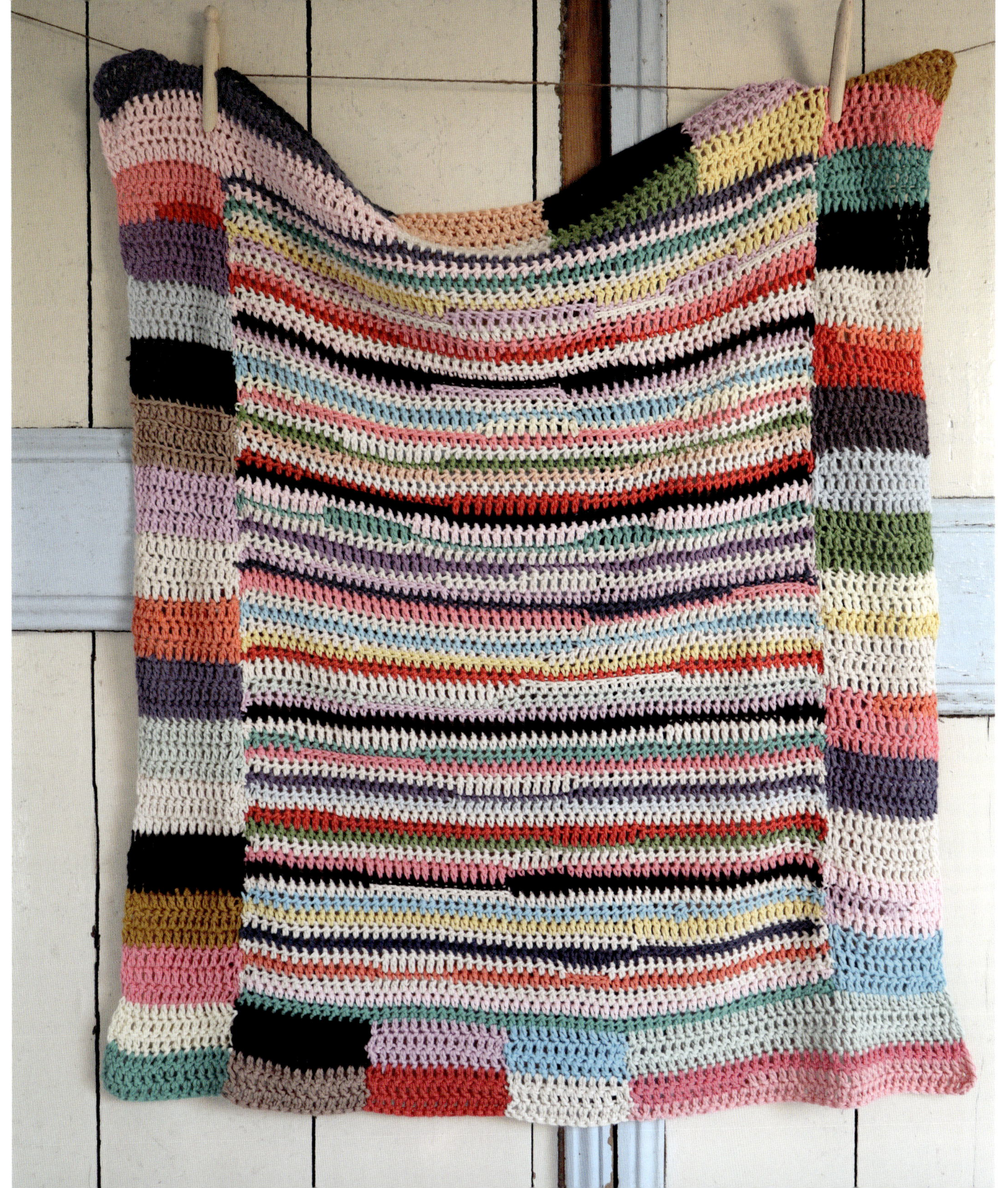

ANLEITUNG

Anmerkung: Mittelteil und Seitenteile werden getrennt gearbeitet. Lassen Sie bei jedem Farbwechsel einen langen Faden stehen, damit werden die Teile zusammengeknotet – nur die Fäden am äußeren Rand müssen vernäht werden. Wenn Mittel- und Seitenteile zusammengesetzt wurden, werden die oberen und unteren Teile direkt an die Decke angehäkelt.

MITTELTEIL

Teilbar durch: Jegliche Maschenzahl plus 2 für den Anschlag.

Grundreihe: 60 Lm + 2 (oder angepasst an die gewünschte Deckenbreite).

Reihe 1: Die ersten 3 Lm ab der Häkelnadel überspringen (zählt als 1 hStb), 1 hStb in jd Lm bis Reihenende. (60 hStb)

Reihe 2: 1 Anfangs-hStb (oder 2 Lm) in das erste hStb, 1 hStb in jd Masche bis Reihenende.

Reihen 3–65: Reihe 2 wiederholen, aber für den Flickenteppicheffekt wie folgt variieren:

- Ersetzen Sie ab und zu eine Gruppe hStb entweder durch fM oder Stb.
- Spielen Sie mit der Struktur und häkeln Sie diese Gruppen aus fM und Stb entweder nur in das hintere Maschenglied oder nur in das vordere.
- Damit die Decke gerade Kanten bekommt und nicht schief wird, häkeln Sie nach einer Gruppe Stb in einer Reihe, in der nächsten Reihe fM darauf. Ebenso häkeln Sie nach einer Gruppe fM in einer Reihe, in der nächsten Reihe Stb darauf. In der folgenden Reihe können Sie wie üblich hStb häkeln.

Abketten, aber keine Fäden vernähen.

SEITENTEILE

Teilbar durch: Jegliche Maschenzahl, plus 2 für den Anschlag.

Grundreihe: 14 Lm + 2.

Reihe 1: Die ersten 3 Lm ab der Häkelnadel überspringen (zählt als 1 Stb), 1 Stb in jede Lm bis Reihenende. (14 Stb)

Reihe 2: 2 Lm (zählt als 1 Stb), erstes Stb überspringen, 1 Stb in jede Masche bis Reihenende.

Reihen 3–32: Reihe 2 wiederholen.

Anmerkung: Bei Farbwechsel am Reihenbeginn, ein Anfangs-Stb (oder 2 Lm) in das erste Stb häkeln, dann im Muster weiterarbeiten.

Abketten, aber keine Fäden vernähen.

MITTEL- UND SEITENTEILE VERBINDEN

Einfacher geht's nicht! Legen Sie die drei Teile vor sich hin und ordnen Sie die Fäden an den inneren Kanten der Seitenteile, die verbunden werden sollen. Nutzen Sie jetzt die Fäden, um die Seitenteile behutsam an den Hauptteil zu knoten. Es sollte genügend Fäden für eine feste Verbindung geben, aber Sie können auch zusätzliche Wolle verwenden, falls nötig. Achten Sie darauf, dass alle Fäden auf derselben Seite der Decke verknotet werden (Vorder- oder Rückseite: Das hängt davon ab, wie stark Sie den Flickenlook betonen möchten). Nötigenfalls schneiden Sie die Fäden *zurecht*, aber nicht *ab* – sie gehören zum Design.

OBER- UND UNTERKANTE

Beginnen Sie an der oberen, rechten Ecke.

Reihe 1: 2 Lm (zählt als 1 Stb), erste Masche überspringen, 1 Stb in jd Masche bis Reihenende.

Reihen 2–6: Reihe 1 wiederholen.

Abketten und Fäden vernähen.

An der unteren Deckenkante wiederholen.

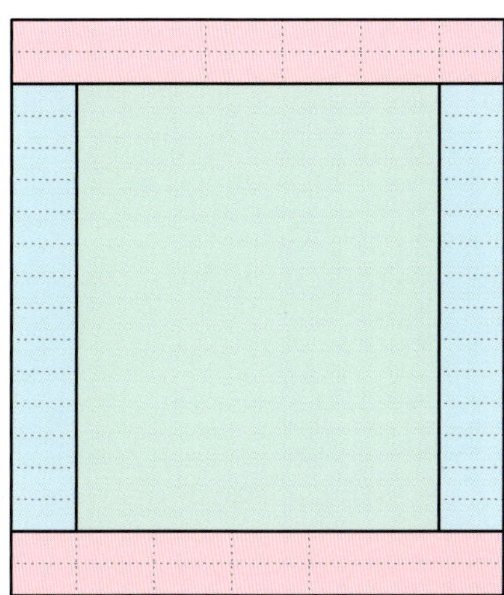

FARBFOLGE

Mittelteil: In jeder Reihe die Farbe wechseln.

Seitenteile: Die Farbe nach jeder 3. Reihe wechseln. Verwenden Sie ab und zu zwei unterschiedliche Farbtöne einer Farbe im selben 3-Reihe-Streifen – ideal, wenn Sie Wollreste verwerten, außerdem verstärkt das den Berberlook.

Obere und untere Kante: Benutzen Sie 5 Farben pro Reihe, sodass Farbblöcke jeglicher Breite entstehen. Nutzen Sie dabei die gleiche Methode für den Farbwechsel wie bei der Decke Marrakesch (s. S. 119).

DIAGRAMME

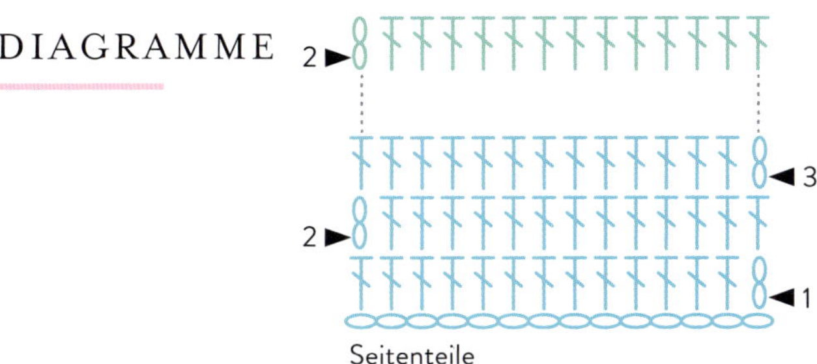

Seitenteile

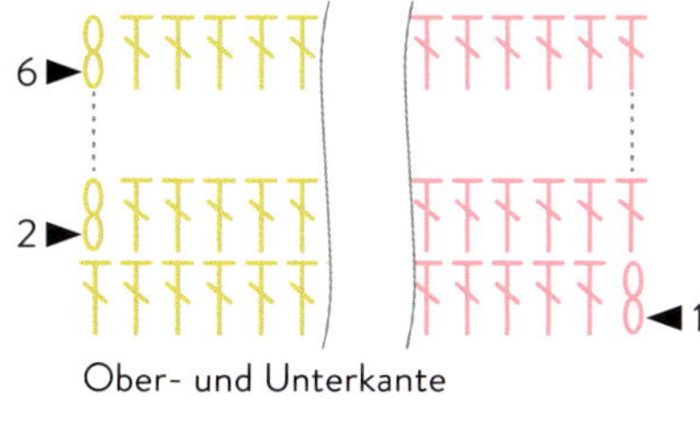

Ober- und Unterkante

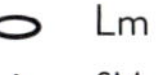

MUSTERSCHLÜSSEL

- Lm
- fM
- FM in vMgl
- FM in hMgl
- hStb
- Stb
- Reihenbeginn

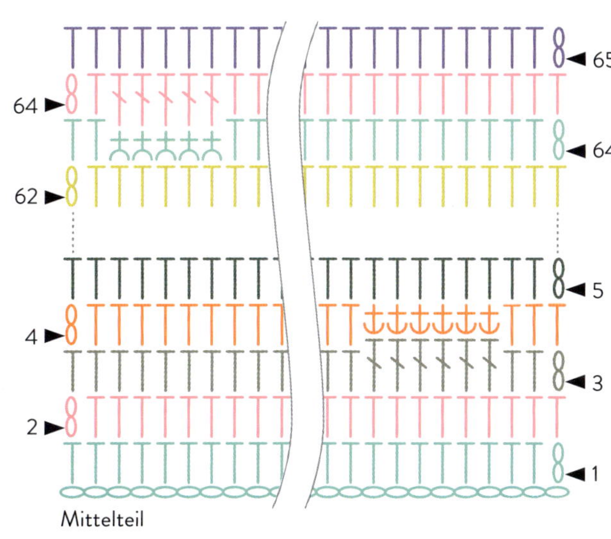

Mittelteil

OSLO

Manche Textilien haben eine so hübsche Oberfläche, dass man sie einfach berühren muss. Der lange Picotstich und Schlingmaschen, die bei dieser Decke genutzt wurden, wollen auf jeden Fall angefasst werden. Blättern Sie zum Kapitel Projekte vor, dort sehen Sie, wie man mit diesem Muster schöne Fez-Wandbehänge häkeln kann (S. 110).

SCHWIERIGKEITSGRAD

Fortgeschritten

GRÖSSE

Ca. 65 x 100 cm (25 x 40 in)

MATERIAL

Baumwollgarn für Nadelstärke 5–6 in 1 neutralen Farbe und 5 Akzentfarben:

- Grau – 375 m (410 yd)
- Rauchig Rosa (oberster und unterster Streifen) – 150 m (164 yd)
- 4 weitere Rosa/Pfirsichschattierungen – je 75 m (82 yd)

HÄKELNADEL

5,5 mm

TIPPS

- Bei diesem Muster ist es ratsam, eine etwas dickere Häkelnadel zu benutzen. Ich häkle diese Wolle normalerweise mit einer 5 mm Häkelnadel, aber bei dieser Decke habe ich 5,5 mm verwendet.
- Schlingmaschen sind im Grunde nur eine feste Masche mit einer kleinen Änderung, um die Schlaufen zu erhalten. Wichtig ist, dass auf der Rückseite gehäkelt wird, da die Schlaufen auf der anderen (rechten) Seite auftauchen. Denken Sie daran, sollten Sie die Reihenzahl in Ihrer Decke ändern!
- Es gibt zwei aufeinanderfolgende Reihen Schlingmaschen, sodass man den Faden abschneiden muss, um die zweite Reihe an derselben Seite wie die vorige Reihe zu beginnen. Dadurch erscheinen die Schlaufen der beiden Reihen auf der Vorderseite und zeigen einen dichten Schlaufenstreifen.
- Auch wenn die Anleitung mit ungeraden Reihen für die rechte Seite und geraden Reihen für die linke Seite beginnt, verändert sich das im Laufe der Arbeit, wegen der zwei Schlaufenreihen, die zweimal in Folge in einer Rückreihe gearbeitet werden. Denken Sie nur daran, dass bei allen Schlingmaschen die linke Seite vorne sein muss und bei allen Picotmaschen die rechte.
- Alle Maschen, die in das vordere Maschenglied gehäkelt werden, sollten in das Maschenglied gearbeitet werden, das Ihnen am nächsten ist, egal ob in der Hin- oder Rückreihe.

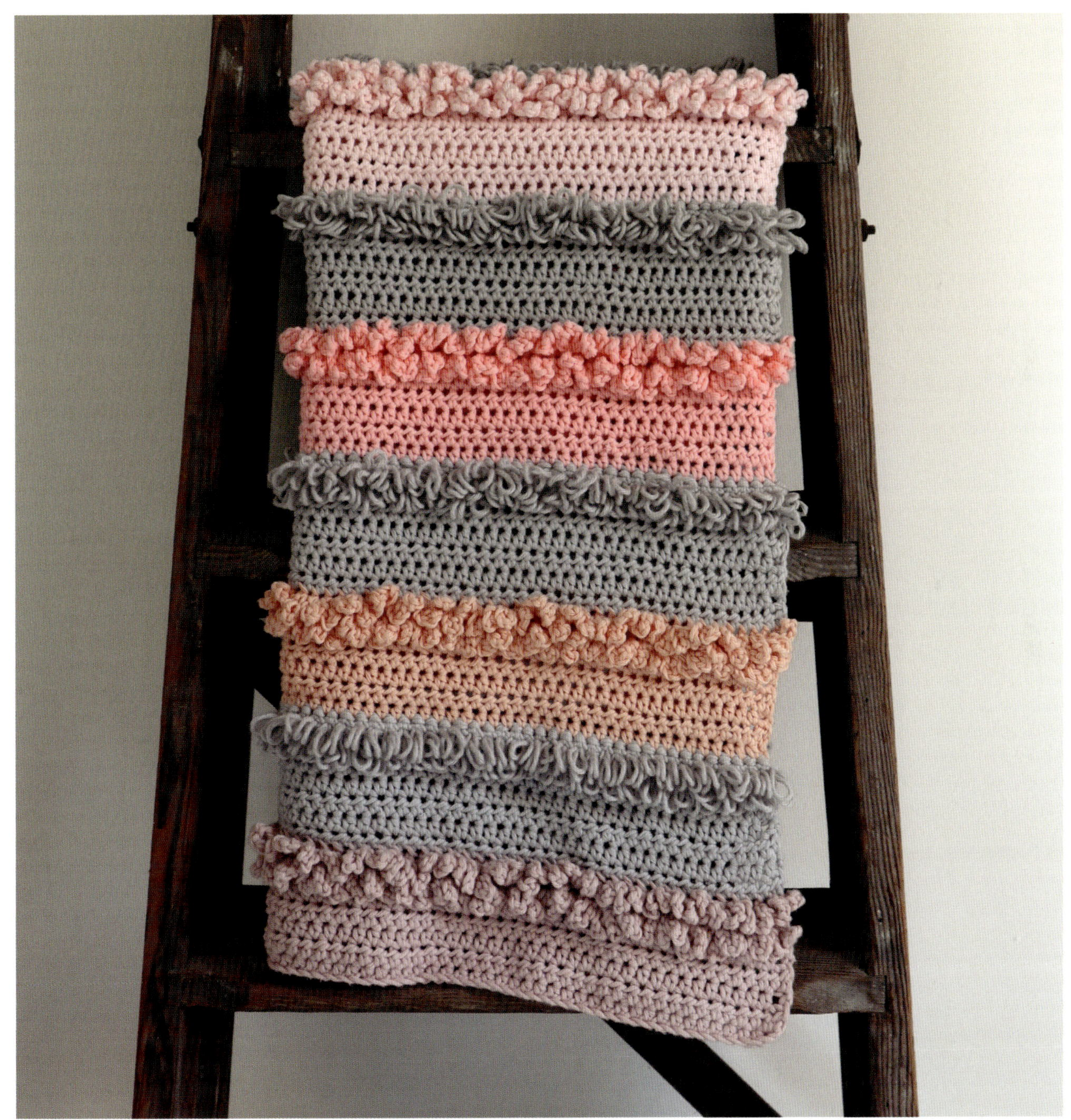

MUSTERSCHLÜSSEL

- Lm
- Km
- hStb
- hStb in vMgl
- 6er-Picot = 6 Lm, 1 Km in das vordere Maschenglied der nächsten Masche
- Schlingmasche (s. unten)
- in die M zwei Reihen tiefer stechen
- Reihenbeginn

SCHLINGMASCHE

Wickeln Sie den Faden zweimal um den Zeigefinger der linken Hand (wenn Sie Rechtshänder sind). Die Häkelnadel in die nächste Masche stechen und in der umgekehrten Richtung wie üblich die Häkelnadel um den Arbeitsfaden winden (gegen den Uhrzeigersinn). Die Häkelnadel hinter zwei Fäden auf Ihrem Finger einstechen und von hinter Ihrem Finger durchziehen; dann die Schlaufen und den Arbeitsfaden (insgesamt 3 Umschläge) durch die Masche ziehen. Vier Schlaufen auf der Häkelnadel. Wie bei einer normalen fM weiterarbeiten: Umschlag und durch alle Schlaufen auf der Häkelnadel ziehen. Die Schlaufenfäden vom Zeigefinger rutschen lassen.

DIAGRAMM

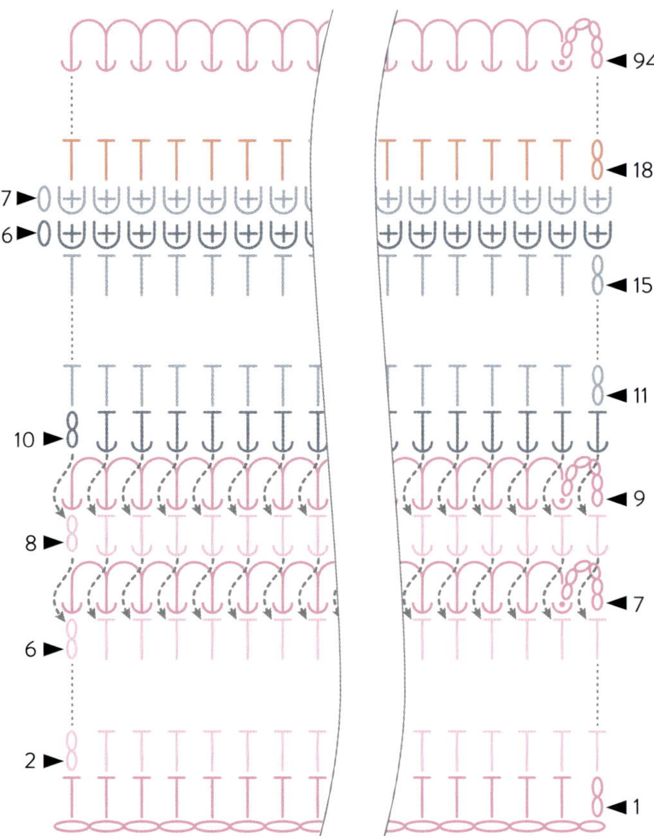

ANLEITUNG

Teilbar durch: Jegliche Maschenzahl, plus 2 für den Anschlag.

Grundreihe: 75 Lm + 2 (oder angepasst an die gewünschte Deckenbreite).

6ER-PICOT-STREIFEN

Reihe 1: : Die ersten 3 Lm ab der Häkelnadel überspringen (zählt als 1 hStb), 1 hStb in jd Lm bis Reihenende. (75 hStb)

Reihe 2: 2 Lm (zählt als 1 hStb), erstes hStb überspringen, 1 hStb in jd M bis Reihenende.

Reihen 3–6: Reihe 2 wiederholen.

Reihe 7 (HinR) (6er Picot): Erstes hStb überspringen, * 6 Lm, 1 Km in das vordere Mgl der nächsten Masche; von * bis zum Ende wdh.

Reihe 8: In die vorderen (ungehäkelten) Mgl jd hStb zwei Reihen tiefer arbeiten, 2 Lm (zählt als 1 hStb in vMgl), erste M überspringen, *1 hStb in vMgl in jd Masche bis Reihenende.

Reihe 9 (HinR) (6er Picot): Reihe 7 wiederholen.

SCHLINGMASCHENSTREIFEN

Reihe 10: In die vorderen (ungehäkelten) Mgl jd hStb zwei Reihen tiefer arbeiten, 1 Anfangs-hStb in vMgl (oder 2 Lm) in die erste Masche, *1 hStb in vMgl in jd Masche bis Reihenende.

Reihen 11–15: Reihe 2 wdh.

Reihe 16 (RückR) (Schlingmaschen): 1 Lm (Wendemasche), 1 Schlingmasche in jd Masche bis Reihenende.

Abketten. **Nicht** wenden.

An der rechten Kante beginnen, sodass man die Reihe 17 an derselben Kante beginnt wie die Reihe 16.

Reihe 17 (RückR) (Schlingmaschen): Reihe 16 wdh, aber dieses Mal am Reihenende die Arbeit wenden.

DIE STREIFEN BEENDEN

Reihe 18: 1 Anfangs-hStb (oder 2 Lm) in die erste Schlingmasche, 1 hStb in jd Schlingmasche bis Reihenende.

Reihen 19–86: Reihen 2–18 viermal wiederholen.

Reihen 87–94: Reihen 2–9 wiederholen.

Abketten und Fäden vernähen.

FARBFOLGE

Grundreihe: Akzentfarbe (Rauchig Rosa).

6er-Picot-Streifen: Häkeln Sie jeden 6er Picot-Streifen in einer Akzentfarbe, beginnen und beenden Sie einen Streifen mit derselben Farbe (Rauchig Rosa) und verwenden Sie eine andere Farbe für jeden der restlichen vier Streifen (Rosa/Pfirsichtöne).

Schlingmaschen-Streifen: Benutzen Sie bei allen fünf Streifen dieselbe, neutrale Farbe (Grau).

Anmerkung: Die Farbe wird nach jeder Wiederholung der Reihe 9 (die zweite Reihe im 6er-Picot) gewechselt und nach jeder Wiederholung der Reihe 17 (die zweite Reihe Schlingmaschen).

STOCKHOLM

Ein Farbverlauf von Hell zu Dunkel passt perfekt zu Decken. Ich finde, dass es am besten in einem repetitiven Muster wirkt, deshalb habe ich hier das Kräuselwellenmuster genutzt, das immer eine einfache, aber sehr imposante Oberfläche ergibt.

SCHWIERIGKEITSGRAD

Mittel

GRÖSSE

Ca. 60 x 100 cm (24 x 40 in)

MATERIAL

Baumwollgarn für Nadelstärke 5–6 in 6 abgestuften Farbschattierungen:

- Naturweiß – 188 m (205 yd)
- Hellgrau – 188 m (205 yd)
- Hellblau – 188 m (205 yd)
- Dunkelblau – 188 m (205 yd)
- Dunkelgrau – 188 m (205 yd)

HÄKELNADEL

5 mm

TIPPS

- Für den Farbverlaufseffekt sollten Sie Farbtöne einer Farbe auswählen, die sich langsam von Hell zu Dunkel verändern.
- Als Variation des Farbmusters probieren Sie doch mal von einem sehr breiten zu einem sehr dünnen Streifen zu häkeln, indem Sie jeden neuen Streifen etwas schmaler als den vorigen arbeiten.

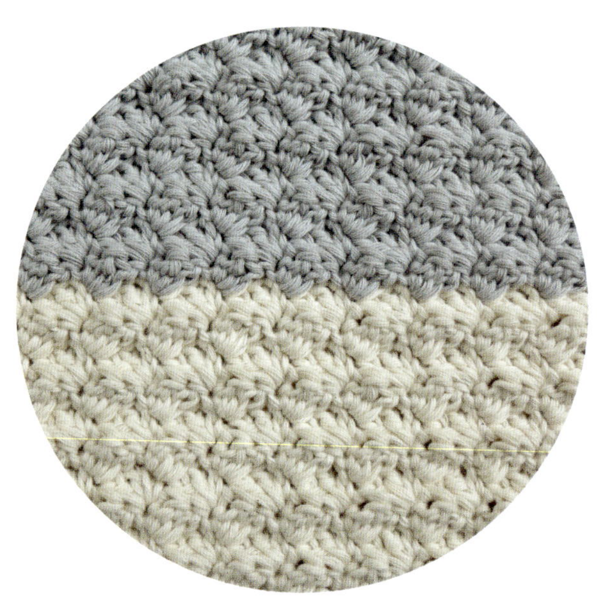

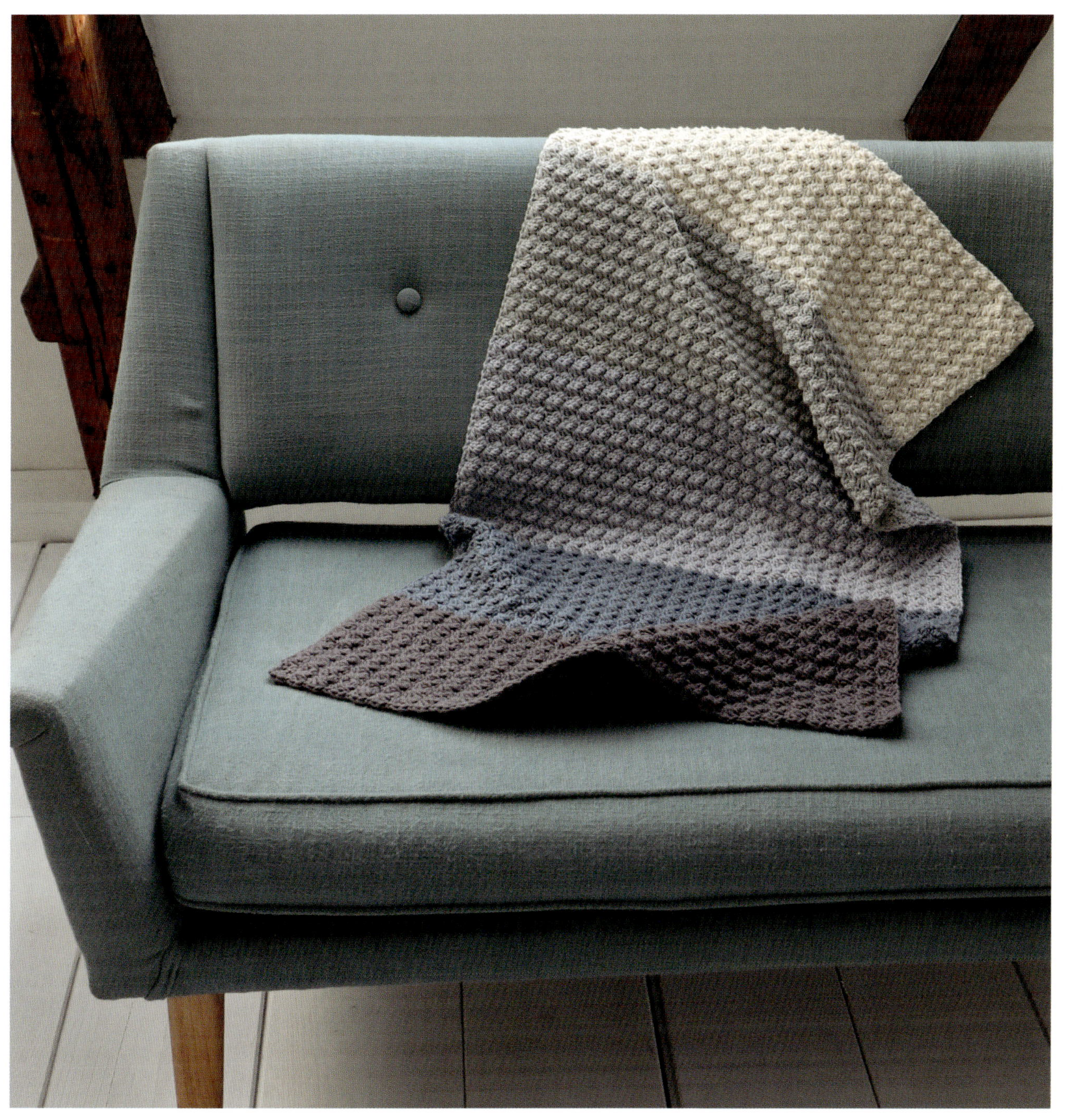

ANLEITUNG

Teilbar durch: 3 M + 1, plus 2 für den Anschlag.

Grundreihe: 90 Lm + 1 + 2 (oder angepasst an die gewünschte Deckenbreite).

Reihe 1: Erste 2 Lm ab der Häkelnadel überspringen (zählt als 1 fM), 2 Stb in die nächste Lm, 2 Lm überspringen, *[1 fM, 2 Stb] in die nächste Lm, 2 Lm überspringen; ab * bis zur letzten Lm wiederholen, 1 fM in die letzte Lm. (30 [1 fM, 2 Stb] Maschengruppen)

Reihe 2: 2 Lm (zählt als 1 fM), 2 Stb in die erste fM, *2 Stb überspringen, [1 fM, 2 Stb] in die nächste fM; ab * bis zu den letzten 3 M wiederholen, 2 M überspringen, 1 fM in die letzte M.

Reihen 3–100: Reihe 2 wiederholen.

Anmerkung: Wenn die Farbe am Anfang der Reihe gewechselt wird, 1 Anfangs-fM (oder Km, 2 Lm) häkeln und 2 Stb in die erste fM, dann im Muster weiterarbeiten.

Abketten und Fäden vernähen.

FARBFOLGE

Nach jeweils 20 Reihen die Farbe wechseln, den Anschlag und den ersten Streifen in der hellsten Farbe häkeln und mit einem Streifen in der dunkelsten Farbe enden. Hier wurde folgende Farbfolge gehäkelt:

Grundreihe: Naturweiß.

Reihen 1–20: Naturweiß (20 Reihen).

Reihen 21–40: Hellgrau (20 Reihen).

Reihen 41–60: Hellblau (20 Reihen).

Reihen 61–80: Dunkelblau (20 Reihen).

Reihen 81–100: Dunkelgrau (20 Reihen).

DIAGRAMM

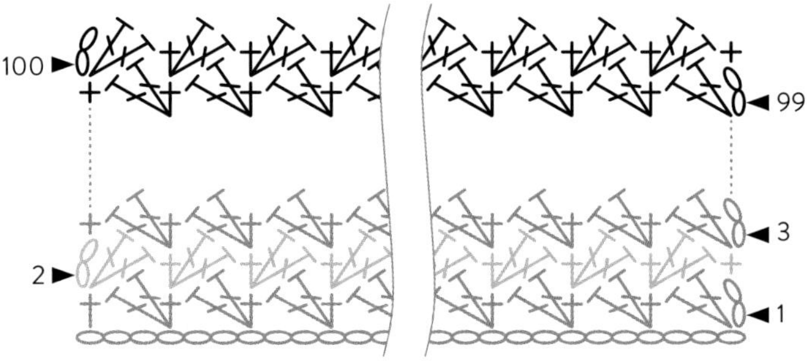

MUSTERSCHLÜSSEL

- Lm
- fM
- Stb
- Reihenbeginn

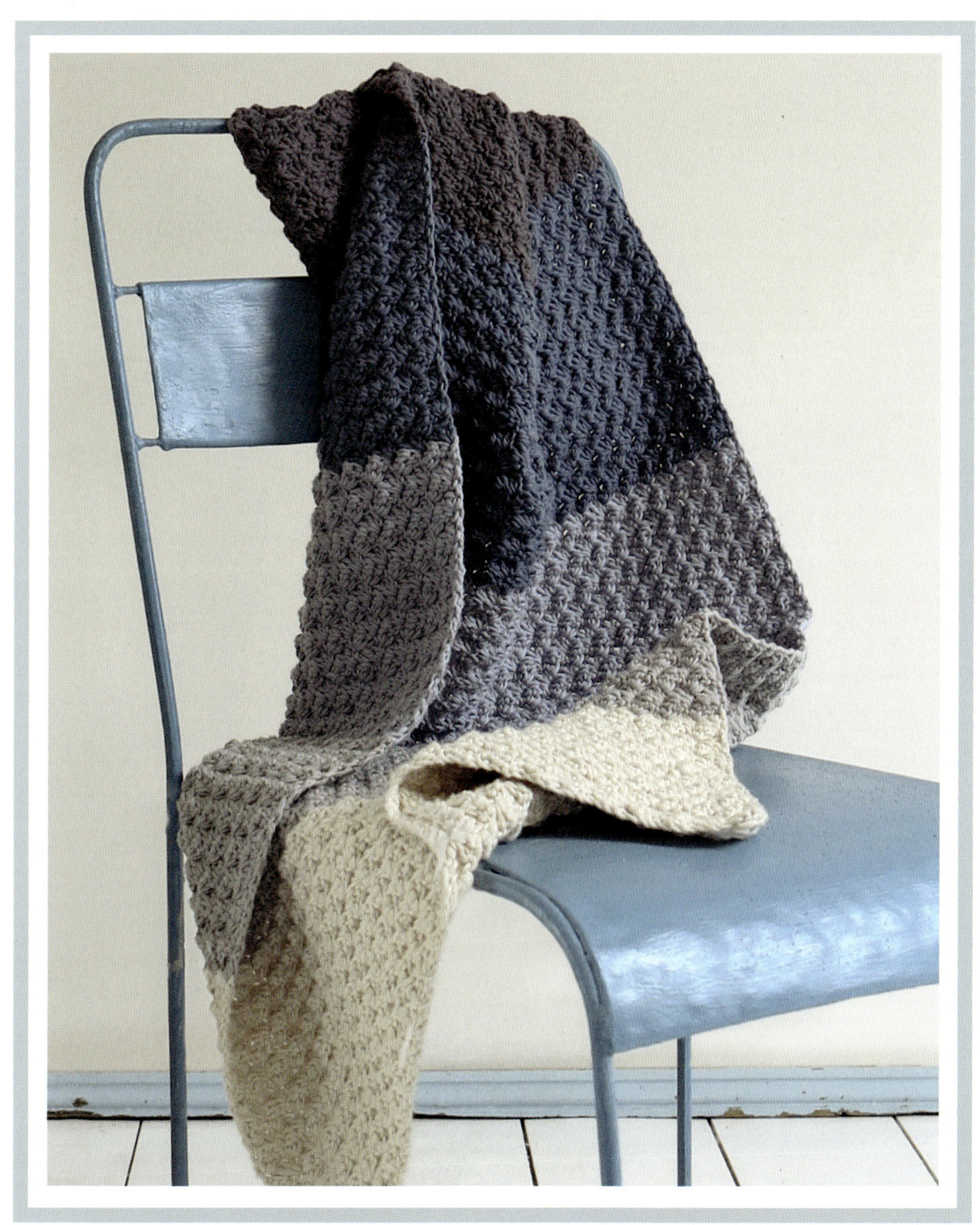

ST. PETERSBURG

Die meisten Leute, die dieses (Arkaden-)Muster sehen, verlieben sich darin – und das aus gutem Grund: Es erinnert an ein Muschelmuster, hat aber einen ganz eigenen Charakter, dicht und löchrig zugleich. Nach einer kleinen Eingewöhnungsphase macht es großen Spaß, das Muster zu häkeln.

SCHWIERIGKEITSGRAD

Einfach

GRÖSSE

Ca. 60 x 90 cm (24 x 35 in)

MATERIAL

Baumwollgarn für Nadelstärke 5–6 in 1 neutralen Farbe und 4 Akzentfarben:

- Naturweiß – 300 m (328 yd)
- Senf – 75 m (82 yd)
- Beige – 75 m (82 yd)
- Grün – 75 m (82 yd)
- Braun – 75 m (82 yd)

HÄKELNADEL

5 mm

TIPPS

Statt mit einer Umrandung endet diese Decke mit einer extra Reihe Arkadenmuster an der unteren Kante, damit die obere und untere Kante muschelförmig sind. Anstatt nur eine Bortenreihe zu häkeln, könnten Sie die Grundreihe so platzieren, dass sie in der Deckenmitte liegt und sich ein Spiegelmuster ergibt, indem man die gleiche Reihenzahl zu beiden Seiten der Grundreihe häkelt.

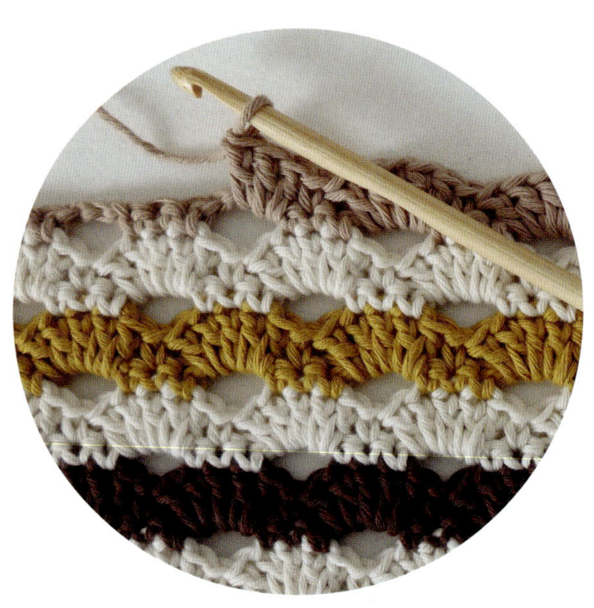

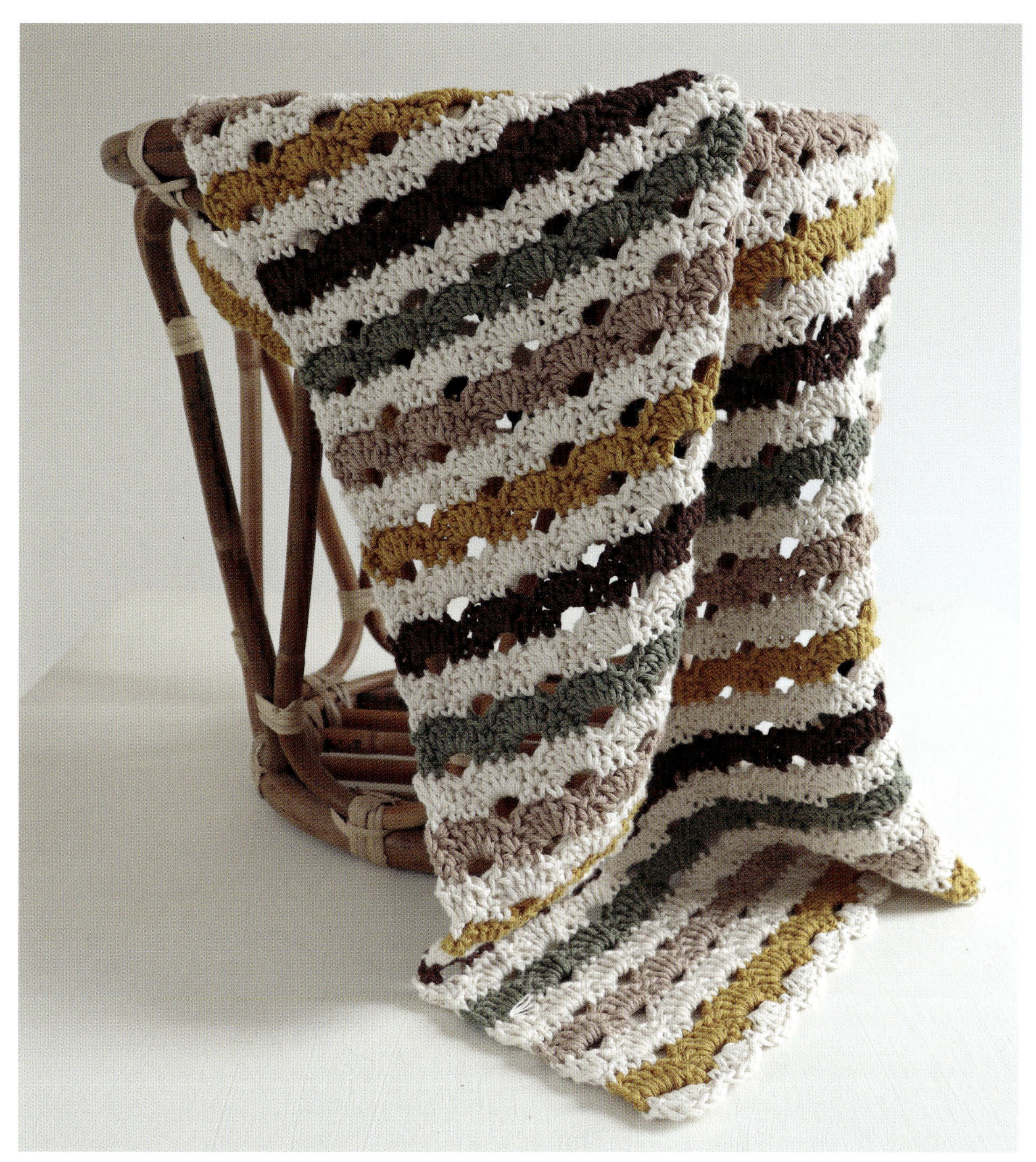

DIAGRAMM

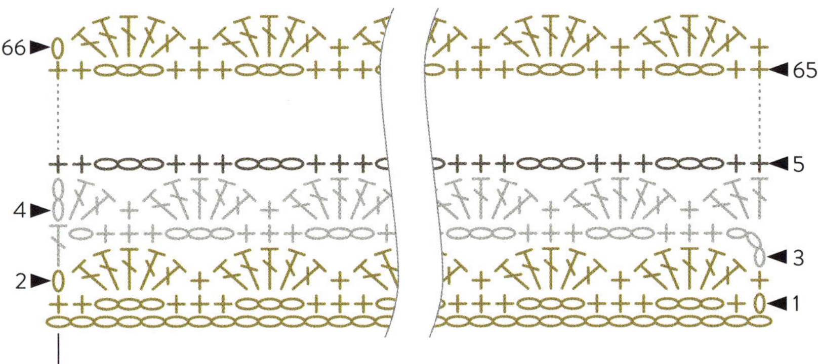

Drehen Sie die Decke um 180 Grad und beginnen Sie die Umrandung unten an dieser Ecke.

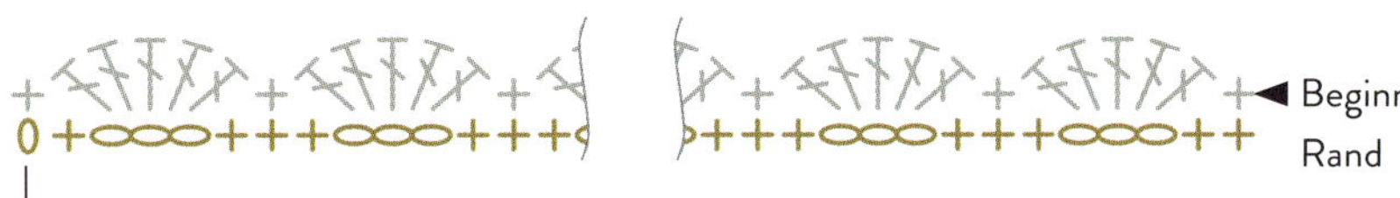

Reihe 1 der oberen Deckenhälfte (um 180 Grad gedreht)

MUSTERSCHLÜSSEL

- ○ Lm
- + fM
- Stb
- ◄ Reihenbeginn

ANLEITUNG

Teilbar durch: 6 M + 1, plus 1 für den Anschlag.

Grundreihe: 90 Lm + 1 + 1 (oder angepasst an die gewünschte Deckenbreite).

Reihe 1: Erste 2 Lm ab der Häkelnadel überspringen (zählt als 1 fM), 1 fM in die nächste Lm, 3 Lm, 3 Lm überspringen, *1 fM in jd der nächsten 3 Lm, 3 Lm, 3 Lm überspringen; ab * bis zu den letzten 2 Lm wdh, 1 fM in jd der letzten 2 Lm (15 3-Lm-Brücken)

Reihe 2: 1 Lm (zählt als 1 fM), erste fM überspringen, *1 fM überspringen, 5 Stb in 3-Lm-Brücke (1 Bogen), 1 fM überspringen, 1 fM in die nächste fM; von * bis zum Ende wdh. (15 Bögen)

Reihe 3: 1 Anfangs-Stb (oder 2 Lm) in die erste fM, 1 Lm, *1 fM in jd der 3 Stb in der nächsten Bogenmitte, 3 Lm; ab * bis zum letzten Bogen wdh, 1 fM in jd der 3 Stb des letzten Bogens, letztes Stb überspringen, 1 Lm, 1 Stb in die letzte M.

Reihe 4: 2 Lm (zählt als 1 Stb) und 2 Stb in das erste Stb (1 halber Bogen), die erste Lm und fM überspringen, 1 fM in die nächste fM, *1 fM überspringen, 5 Stb in 3-Lm-Brücke (1 Bogen), 1 fM überspringen, 1 fM in die nächste fM; ab * bis zur letzten fM wdh, letzte fM und nächste Lm überspringen, 3 Stb in die nächste M (1 halber Bogen). (14 Bögen und 2 halbe Bögen)

Reihe 5: 1 Anfangs-fM (oder 1 Km, 1 Lm) in das erste Stb, 1 fM in die nächste fM, 3 Lm, *1 fM in jd 3 Stb in der nächsten Bogenmitte, 3 Lm; ab * bis zum letzten, halben Bogen wdh, das erste Stb des letzten, halben Bogens überspringen, 1 fM in jd der letzten 2 M.

Reihe 6–66: Reihen 2–5 wiederholen, mit einer Reihe 2 enden.

Abketten und Fäden vernähen.

UNTERKANTE

Drehen Sie die Decke so, dass die Reihe 1 ganz oben liegt, und beginnen Sie mit fM in der oberen, rechten Ecke.

Wiederholen Sie die Reihe 2, beginnen Sie mit 1 Anfangs-fM (oder 1 Km, 1 Lm) und arbeiten Sie über die Grundreihe und in die fM und 3-Lm-Brücken der Reihe 1.

Abketten und Fäden vernähen.

FARBFOLGE

Grundreihe: Akzentfarbe.

Reihen 1–2: Akzentfarbe (2 Reihen).

Reihen 3–4: Neutrale Farbe (2 Reihen).

Wechseln Sie stets nach 2 Reihen die Farbe, sodass sich zwei Reihen in der Akzentfarbe mit zwei Reihen der neutralen Farbe abwechseln. Verwenden Sie jede der 4 Akzentfarben in einer Reihenfolge – hier: Senf, Beige, Grün und Braun. Enden Sie mit einem letzten Streifen in Senf.

Unterkante: Neutrale Farbe (1 Reihe).

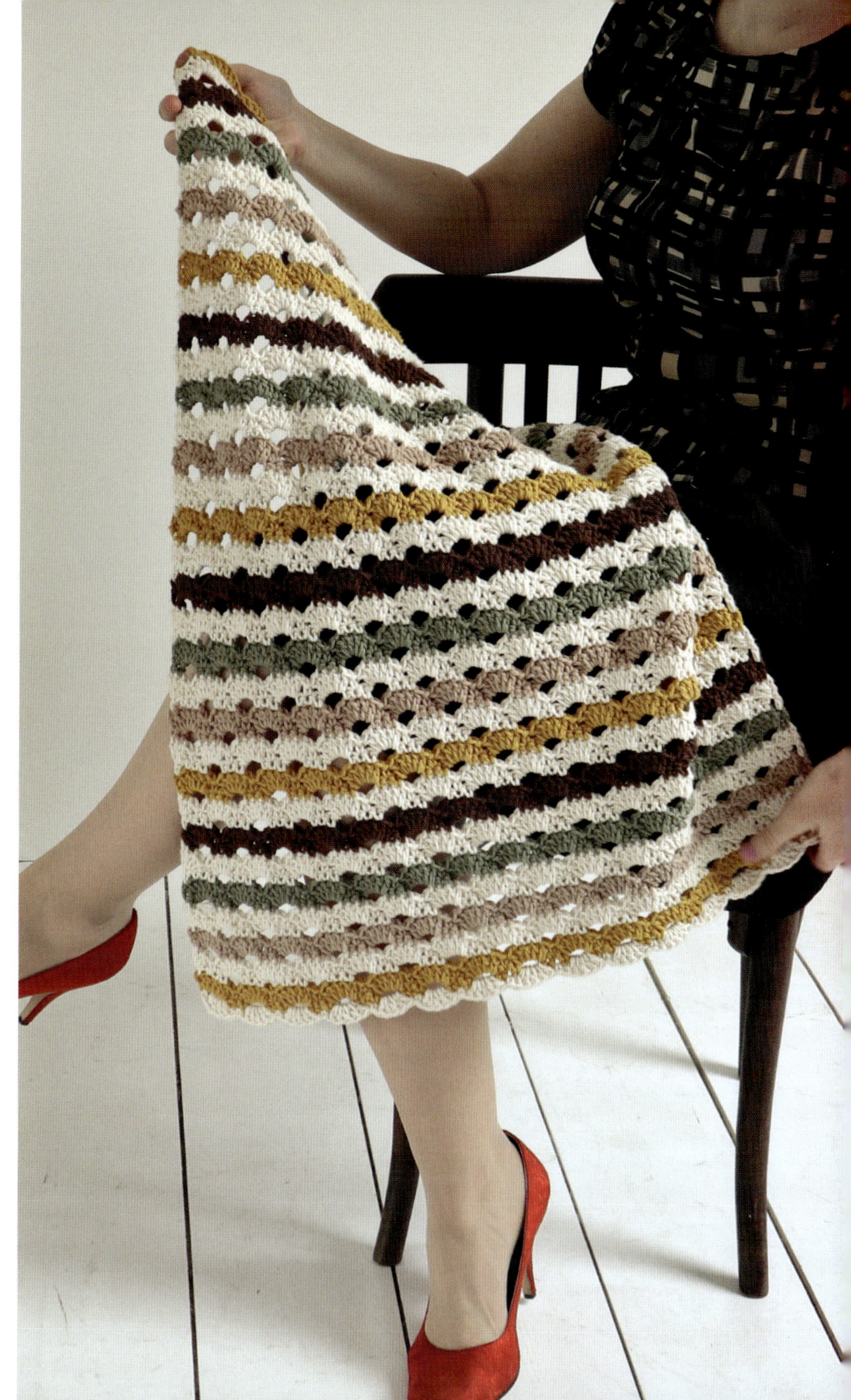

BUENOS AIRES

Das ist ein ganz unkompliziertes Muster mit einer überraschend spannenden Struktur. Die bunten Fransen sorgen für etwas Originalität und Fröhlichkeit.

SCHWIERIGKEITSGRAD

Einfach

GRÖSSE

Ca. 65 x 90 cm (25 x 35 in), ohne Fransen

MATERIAL

Baumwollgarn für Nadelstärke 5–6 in 1 neutralen Farbe und beliebig vielen Akzentfarben:

- Naturweiß – 600 m (656 yd)
- Akzentfarben – 375 m (410 yd) insg.

HÄKELNADEL

5 mm

TIPPS

- Wenn Sie noch mehr Struktur möchten, experimentieren Sie doch mal damit, 3-Lm-Brücken anstelle von 2-Lm-Brücken in den Streifen in Akzentfarbe zu häkeln.
- Dieses Muster würde gut mit einem subtilen Farbverlaufsschema harmonieren. Häkeln Sie alle breiten Streifen (Stb-Reihen) in einer Farbe (genau wie die naturweißen Streifen bei der Decke auf dem Foto), aber die schmalen Streifen in abgestuften Farbtönen von sehr hell bis sehr dunkel – zum Beispiel viele Grau- oder Blautöne.

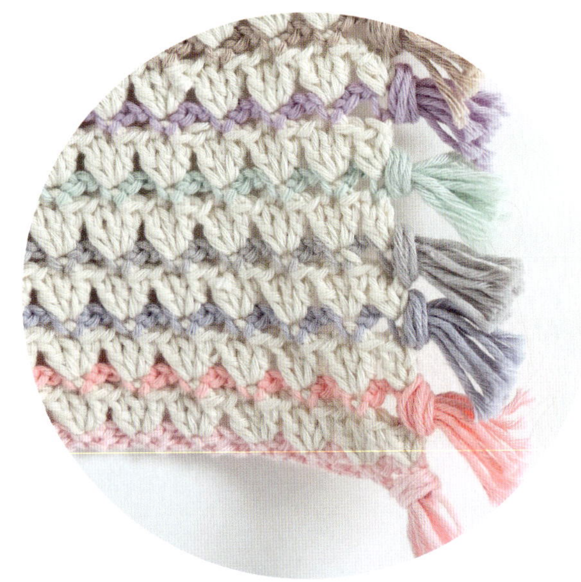

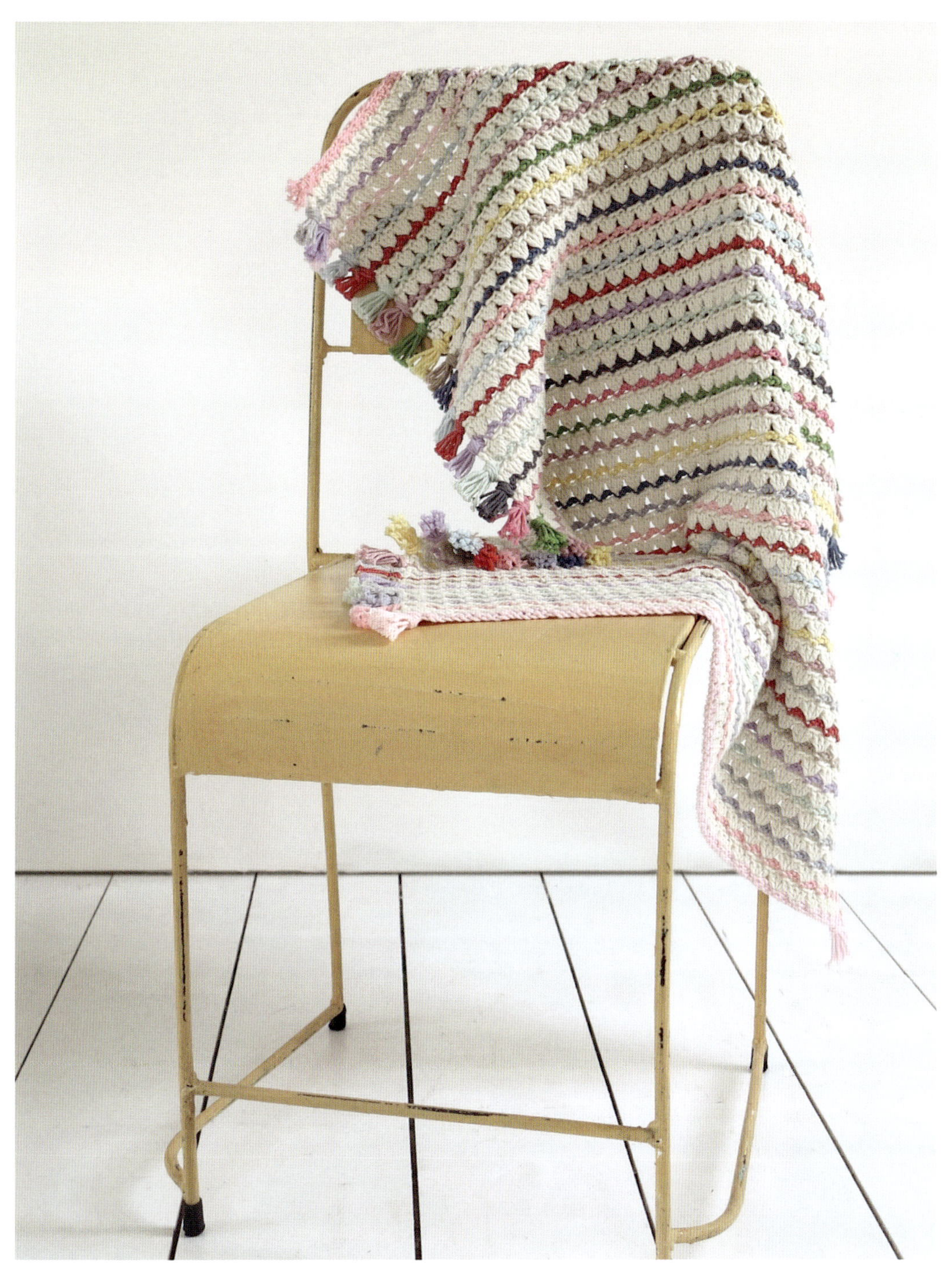

DIAGRAMM

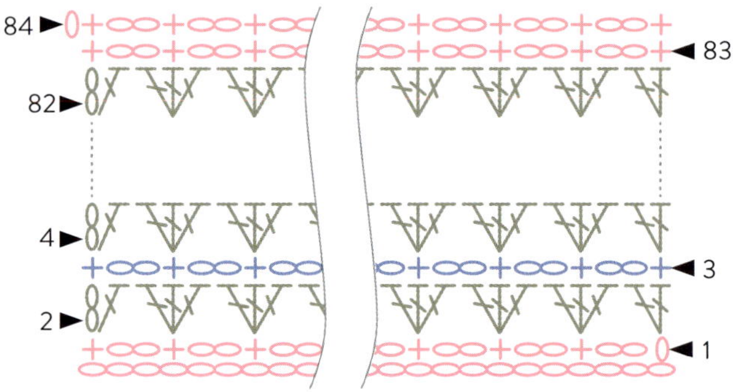

MUSTERSCHLÜSSEL

- Lm
- Km
- fM
- Stb
- Reihenbeginn

ANLEITUNG

Teilbar durch: 3 M + 1, plus 1 für den Anschlag.

Grundreihe: 108 Lm + 1 + 1 (oder angepasst an die gewünschte Deckengröße).

Reihe 1: 1 fM in die 7. Lm ab der Häkelnadel, *2 Lm, 2 Lm überspringen, 1 fM in die nächste Lm; von * bis zum Ende wdh.

Reihe 2: 1 Anfangs-Stb (oder 2 Lm) und 1 Stb in die erste fM, 3 Stb in jd fM bis zur Lm-Brücke vom Anfang, 2 Lm überspringen, 2 Stb in die nächste Lm. (35 3-Stb M-Gruppen)

Reihe 3: 1 Anfangs-fM (oder 1 Km, 1 Lm) in das erste Stb, *2 Lm, 2 M überspringen, 1 fM in die nächste M; von * bis zum Ende wdh.

Reihe 4: 1 Anfangs-Stb (oder 2 Lm) und 1 Stb in die erste fM, 3 Stb in jd fM bis zur letzten M, 2 Stb in die letzte M.

Reihen 5–83: Reihen 3–4 wiederholen, mit einer Reihe 3 enden.

Reihe 84: 1 Lm (Wendemasche), 1 fM in die erste fM, *2 Lm, 2 Lm überspringen, 1 fM in die nächste M; von * bis zum Ende wdh.

Abketten und nur die Fäden der Stb-Reihen (neutrale Farbe) vernähen.

FRANSEN

Knüpfen Sie in jeden Faden am Rand jedes schmalen Streifens (die Reihen in Akzentfarben) einen Knoten, damit diese auf keinen Fall aufgehen. Knüpfen Sie ans Ende jedes schmalen Streifens eine Franse, nehmen Sie dafür auch die Fadenenden von den Farbwechseln. Die Fransen an jeder Seite auf dieselbe Länge stutzen.

FARBFOLGE

Bunte Streifen: Dieselbe Akzentfarbe für die Grundreihe und die Reihe 1 benutzen, dann eine andere Akzentfarbe für jeden schmalen Streifen (fM und Lm Reihen). Die letzten zwei Reihen mit derselben Akzentfarbe häkeln.

Neutrale Streifen: Benutzen Sie Naturweiß für alle breiteren Streifen (Stb Reihen).

Fransen: Die Farbe der Fransen soll zur Streifenfarbe passen.

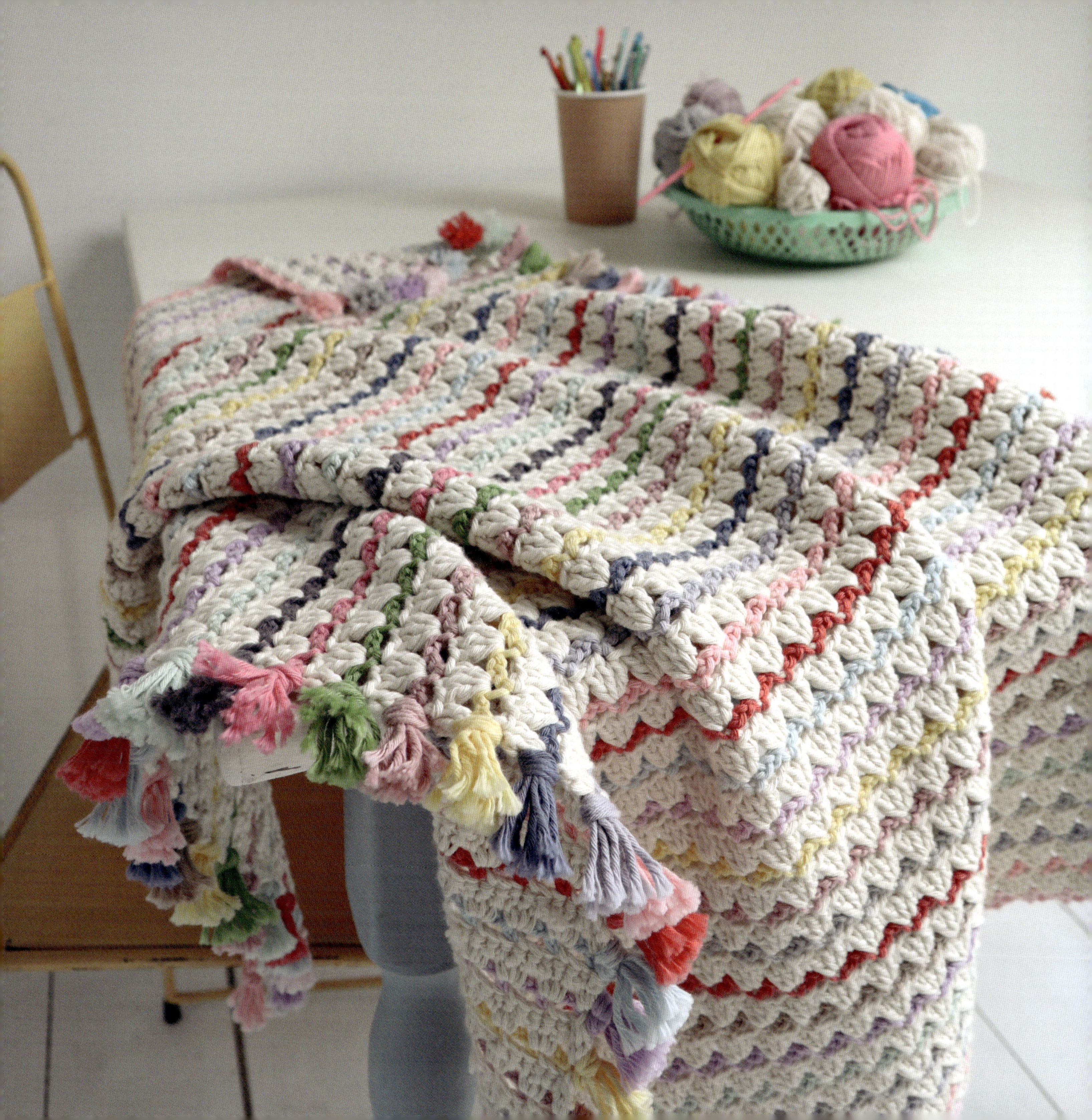

ACAPULCO

Hier kommen viele Häkelmuster zusammen, deshalb habe ich die Farben ganz klassisch und simpel gehalten: Schwarz und Weiß mit einer minzgrünen Umrandung als kleinem Farbklecks. Der starke Farbkontrast betont die geometrischen Muster sehr schön. Als überraschendes Detail wird das Muster gespiegelt: Die obere und untere Hälfte der Decke wird von jeweils einer Seite der Grundreihe in der Mitte der Decke gearbeitet.

SCHWIERIGKEITSGRAD

Fortgeschritten

GRÖSSE

Ca. 60 x 90 cm (24 x 35 in)

MATERIAL

Baumwollgarn für Nadelstärke 5–6 in 3 Farben:

- Schwarz – 300 m (328 yd)
- Naturweiß – 300 m (328 yd)
- Mintgrün – 150 m (164 yd)

HÄKELNADEL

5 mm

TIPPS

- Das hier ist ein gespiegeltes Muster, das am schwarzen Mittelstreifen anfängt. Man häkelt zuerst die obere Hälfte der Decke, dann wiederholt man das Muster auf der anderen Seite der Grundreihe, sodass die untere Hälfte genauso aussieht wie die obere.
- Auch wenn in der Decke Streifen mit mehreren unterschiedlichen Häkelmustern vorkommen, kann man sich die Farbfolge leicht merken. Einfach 4 Reihen Weiß, 4 Reihen Schwarz und 4 Reihen Weiß auf jeder Seite des schwarzen Mittelstreifens häkeln, dann abwechselnd 1 Reihe Schwarz und 1 Reihe Weiß, um die Decke fertigzustellen.
- Ich habe jede Runde der Einfassung mit einer Anfangsmasche begonnen und mit einer unsichtbaren Naht beendet, aber Sie können jede Runde auch mit Wendemaschen beginnen und mit einer Kettmasche schließen, wenn Ihnen das lieber ist.

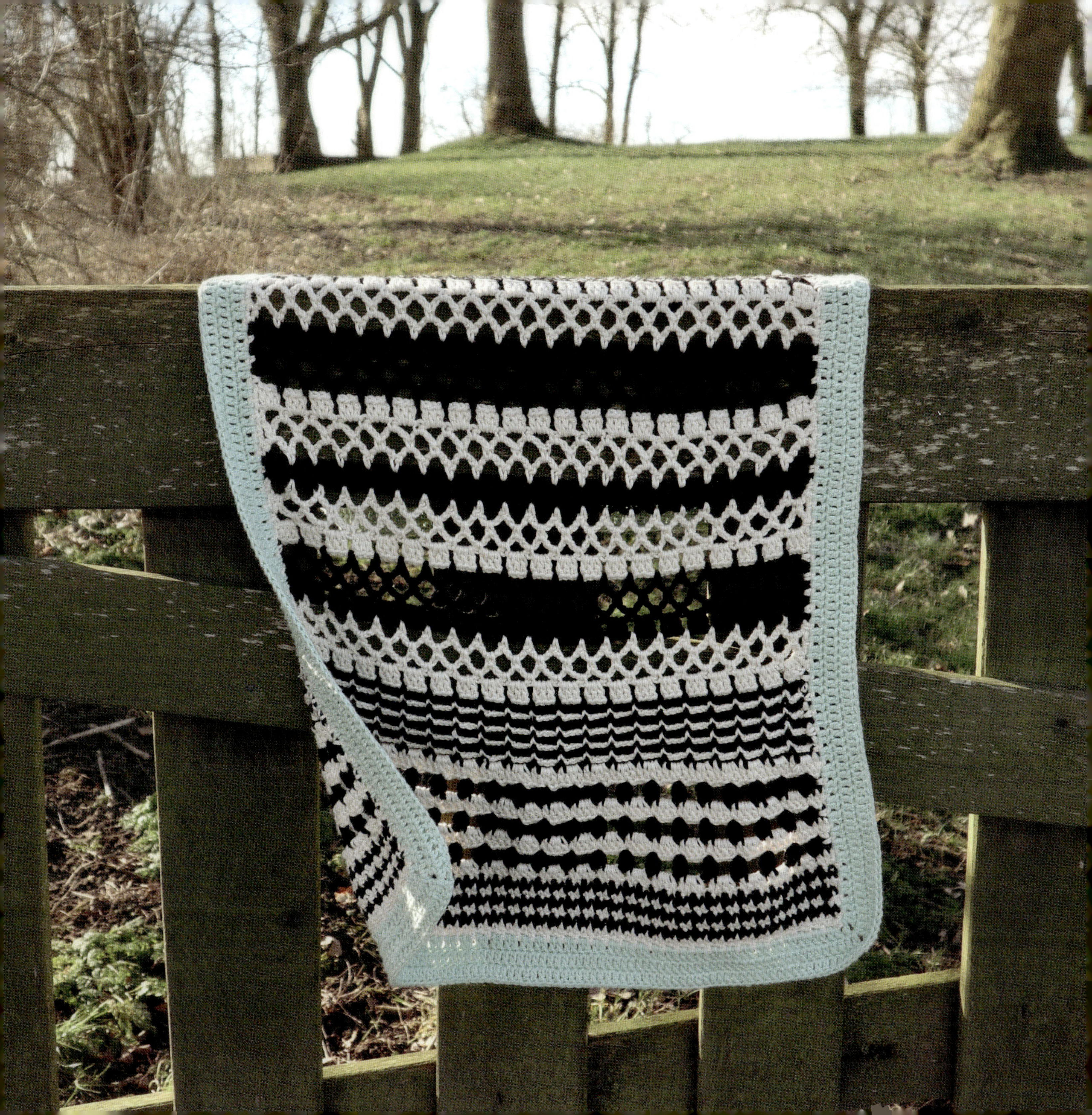

DECKENDIAGRAMM

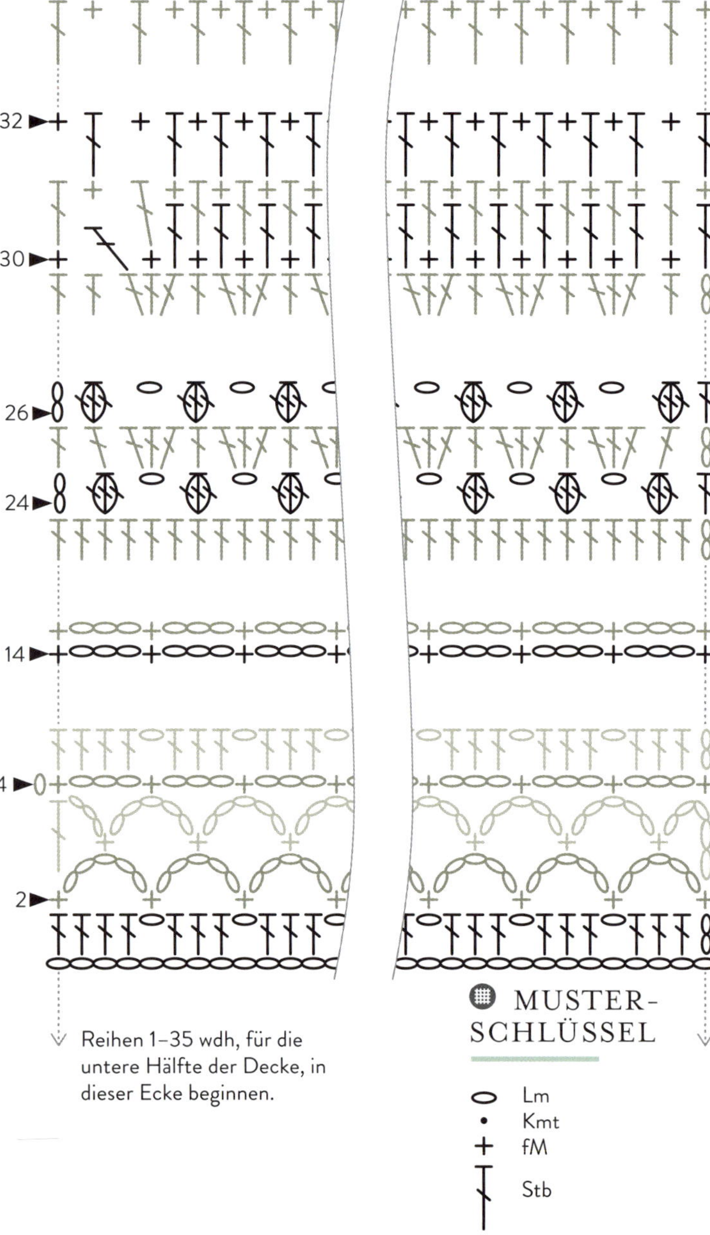

MUSTERSCHLÜSSEL

- Lm
- Kmt
- fM
- Stb
- 3-Stb Maschengruppe
- Reihen- oder Rundenbeginn

DIAGRAMM EINFASSUNG

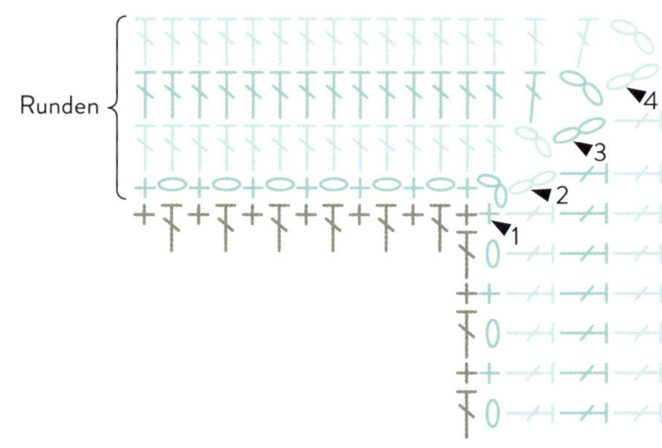

ANLEITUNG

Teilbar durch: 4 M + 1, plus 2 für den Anschlag.

Grundreihe: 84 Lm + 1 + 2 (oder angepasst an die gewünschte Deckenbreite).

ERSTE DECKENHÄLFTE

Reihe 1: Erste 3 Lm ab der Häkelnadel überspringen (zählt als 1 Stb), *1 Stb in jd der nächsten 3 Lm, 1 Lm, 1 Lm überspringen; ab * bis zu den letzten 4 Lm wdh, 1 Stb in jd der letzten 4 Lm (20 1-Lm-Brücken)

Reihe 2: 1 Anfangs-fM (oder 1 Km, 1 Lm) in das erste Stb, [5 Lm, 1 fM] in jd 1-Lm-Brücke bis zu den letzten 4 M, 5 Lm, 3 M überspringen, 1 fM in die letzte M. (21 5-Lm-Brücken)

Reihe 3: [5 Lm, 1 fM] in jd 5-Lm-Brücke bis Reihenende, 3 Lm, 1 Stb in die letzte M.

Reihe 4: 1 Lm (Wendemasche), 1 fM in das erste Stb, [3 Lm, 1 fM] in jd 5-Lm-Brücke bis Reihenende, die letzte fM in die 3. Lm der Anfangs-Lm.

Reihe 5: 2 Lm (zählt als 1 Stb), erste fM überspringen, 3 Stb in die erste 3-Lm-Brücke, *1 Lm, 1 fM überspringen, 3 Stb in die nächste 3-Lm-Brücke; ab * bis zur letzten M wdh, 1 Stb in die letzte M.

Reihen 6–13: Reihen 2–5 wiederholen.

Reihe 14: 1 Anfangs-fM (oder 1 Km, 1 Lm) in das erste Stb, *[3 Lm, 1 fM] in jd 1-Lm-Brücke bis zu den letzten 4 M, 3 Lm, 3 M überspringen, 1 fM in die letzte M.

Reihe 15: 1 Anfangs-fM (oder 1 Km, 1 Lm) in die erste fM, *3 Lm, 3-Lm-Brücke überspringen, 1 fM in die nächste M; von * bis zum Ende wdh.

Reihen 16–22: Reihe 15 wiederholen.

Reihe 23: 1 Anfangs-Stb (oder 2 Lm) in die erste M, *3 Stb in die nächste 3-Lm-Brücke, 1 Stb in die nächste M; von * bis zum Ende wdh. (85 Stb)

Reihe 24: 1 Anfangs-Stb (oder 2 Lm) in das erste Stb, 1 Stb überspringen, 3-Stb Maschengruppe in das nächste Stb, *1 Lm, 3 Stb überspringen, 3-Stb Maschengruppe in das nächste Stb ab * bis zu den letzten 2 M wdh, 1 M überspringen, 1 Stb in die letzte M. (21 Maschengruppen)

Reihe 25: 1 Anfangs-Stb (oder 2 Lm) in das erste Stb, *1 Stb in die nächste Maschengruppe, 3 Stb in 1-Lm-Brücke; ab * bis zur letzten Maschengruppe wdh, 1 Stb in die letzte Maschengruppe, 1 Stb in die letzte M. (83 Stb)

Reihe 26: 1 Anfangs-Stb (oder 2 Lm) in das erste Stb, *3-Stb Maschengruppe in das nächste Stb, 1 Lm, 3 Stb überspringen; ab * bis zu den letzten 2 M wdh, 3-Stb Maschengruppe in die nächste M, 1 Stb in die letzte M.

Reihen 27–29: Reihe 25 wiederholen, dann Reihe 26, dann noch einmal Reihe 25.

Reihe 30: 1 Anfangs-fM (oder 1 Km, 1 Lm) in das erste Stb, 1 Stb überspringen, *1 Stb in die nächste fM, 1 fM in das nächste Stb; ab * bis zur letzten M wdh, 1 Stb in die letzte M.

Reihe 31: 1 Anfangs-fM (oder 1 Km, 1 Lm) in das erste Stb, *1 Stb in das nächste Stb, 1 fM in das nächste Stb; ab * bis zur letzten M wdh, 1 Stb in die letzte M.

Reihe 32: 1 Anfangs-fM (oder 1 Km, 1 Lm) in das erste Stb, *1 Stb in die nächste fM, 1 fM in das nächste Stb; ab * bis zur letzten M wdh, 1 Stb in die letzte M.

Reihen 33–35: Reihe 31 wiederholen, dann Reihe 32, dann noch einmal Reihe 31.

ZWEITE DECKENHÄLFTE

Die Decke so drehen, dass der Anschlag oben liegt. In der oberen, rechten Eckmasche beginnen und die Reihen 2–35 wdh, um die erste Deckenhälfte zu spiegeln.

Abketten und Fäden vernähen.

UMRANDUNG

In der oberen, rechten Ecke mit einer Anfangs-fM (oder 1 Km, 1 Lm) beginnen; am Anfang der Runden 2–4 je 1 Anfangs-Stb (oder 2 Lm) arbeiten.

Runde 1: *[1 fM, 2 Lm, 1 fM] in die Eck-M, 1 Lm, 1 M überspringen, [1 fM in die nächste M, 1 Lm, 1 M überspringen] bis zur nächsten Ecke, [1 fM, 2 Lm, 1 fM] in die Eck-M. Entlang der Seite der Decke arbeiten, 1 Lm, 1 Reihe überspringen, [1 fM in die Seite der nächsten Reihe, 1 Lm, 1 Reihe überspringen] bis zur nächsten Ecke; ab * einmal wdh. Zur Runde schließen.

Runde 2: [1 Stb, 2 Lm, 1 Stb] in jd 2-Lm-Brücke an der Ecke und 1 Stb in jd fM und 1-Lm-Brücke rundherum. Runde schließen.

Runden 3–4: Runde 2 wiederholen.

Abketten und Fäden vernähen.

FARBFOLGE

Grundreihe: Schwarz.

Reihe 1: Schwarz (1 Reihe).

Reihen 2–5: Weiß (4 Reihen).

Reihen 6–9: Schwarz (4 Reihen).

Reihen 10–13: Weiß (4 Reihen).

Reihen 14–35: 1 Reihe Schwarz und 1 Reihe Weiß abwechseln (22 Reihen).

Zweite Deckenhälfte: Die Farbfolge der Reihen 2–35 wdh.

Umrandung: Mintgrün (4 Runden).

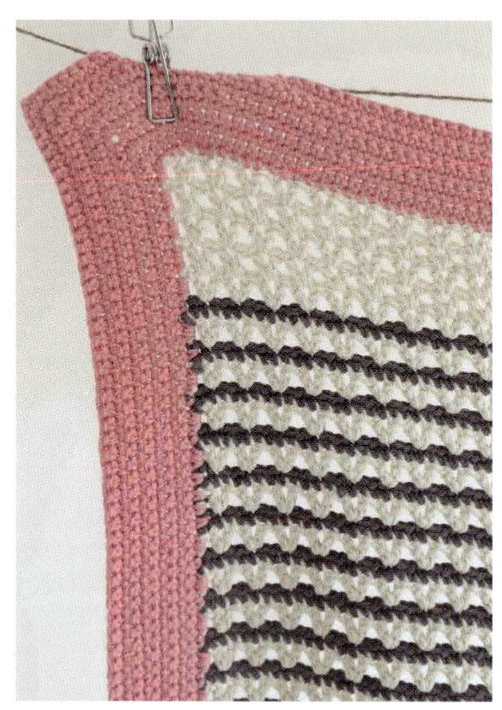

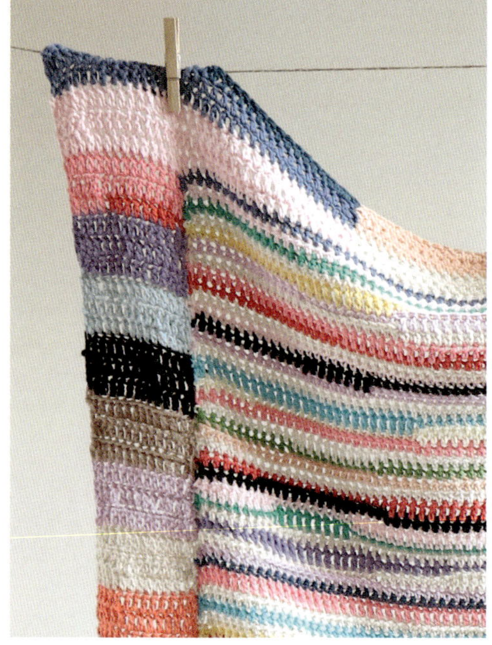

UMRANDUNGEN

Manche Decken sind auch ohne zusätzliche Umrandung perfekt. Bei anderen ist sie ein integraler Bestandteil des Designs, bei den Decken Jaipur (links oben) und Casablanca (links unten) zum Beispiel. Und bei manchen ist die Umrandung erst das wirkliche i-Tüpfelchen des Designs.

WANN IST EINE UMRANDUNG SINNVOLL?

Es gibt viele praktische Gründe, eine Umrandung um eine Decke zu häkeln.

- Sie können mit einer Umrandung eine schiefe Decke mit unebenen Seiten ordentlich oder die Decke als Ganzes robuster machen.
- Eine Einfassung bietet extra Platz, um Fäden zu vernähen.
- Eine Einfassung ist eine tolle Methode, eine Decke zu vergrößern oder überhaupt ihre Größe anzupassen. Wenn Ihnen also die Länge gefällt, aber die Decke etwas breiter sein könnte, dann häkeln Sie einfach ein paar Reihen an die Seitenkanten, um sie zu verbreitern.
- Wenn sie nicht 100 Prozent mit den Farben der Decke zufrieden sind, oder einfach gern noch eine Farbe ergänzen möchten, dann ist eine Umrandung der perfekte Platz, um das Farbschema auszubalancieren, ohne die ganze Decke aufziehen zu müssen.
- Oder finden Sie Ihre Decke etwas langweilig? Her mit einer witzigen Umrandung! Ist die Decke zu verspielt? Her mit einer strengen Umrandung!

TECHNIKEN FÜR EINEN SAUBEREN RAND

Ein Randmuster kann oft direkt an die Decke gehäkelt werden, aber manchmal muss die Decke ein bisschen begradigt werden oder man braucht einfach ein regelmäßiges Muster rund um die Kanten, um als Grundlage für das eigentliche Randmuster zu dienen.

- Die häufigste Grundreihe für eine Einfassung ist eine schlichte Runde fester Maschen oder Stäbchen um die gesamte Decke. Das ergibt jedoch nicht immer eine hübsche oder effektive Grundlage. Manchmal sieht es etwas unsauber aus, besonders an den Seiten, an denen die Reihen beginnen und enden sowie vor allem, wenn für die Einfassung eine andere Farbe benutzt wird. Die Deckenränder können dadurch auch Wellen schlagen oder spannen.
- Meistens bevorzuge ich eine Grundreihe, in der sich feste Maschen und Luftmaschen abwechseln. Das sieht oft viel sauberer aus, weil die Luftmaschen zu einer geraden Seite führen und einfacher in die richtige Form zu spannen sind. Außerdem fällt die Decke dadurch auch schöner. Wenn die Seiten sowieso schon sauber sind, können Sie auch mal Stäbchen und Luftmaschen als Grundreihe ausprobieren, was elegant nach Spitze aussieht.
- Sollte die Decke an den Seiten etwas unordentlich wirken, ist es ebenfalls eine gute Idee, sie mit einer Grundreihe zu glätten und dabei eine Farbe zu verhäkeln, die zu der Farbe der Decke passt, um dann für das eigentliche Randmuster zu einer anderen zu wechseln. So kann man die Maschen der Einfassung in der Kontrastfarbe regelmäßiger arbeiten, was zu einem ordentlicheren Ergebnis führt.
- Bevor ich das »offizielle« Randmuster arbeite, häkle ich oft ein paar Runden feste Maschen, halbe Stäbchen oder Stäbchen auf die Grundreihe. Das ist eine perfekte und einfache Art, die Decke zu vergrößern, außerdem wirkt die Einfassung dann wie eine Umrahmung, wodurch die Decke erstrahlt wie ein Gemälde im passenden Rahmen.

BESONDERHEITEN BEI STREIFEN

Wenn Sie sich für eine Umrandung entscheiden, müssen Sie die Streifen berücksichtigen, und überlegen, welche Einfassung an welcher Stelle passt.

- Eine komplette Umrandung an allen vier Seiten kann das Streifenmuster stören, weil es das Streifendesign unterbricht. In manchen Fällen ist das gut und die Umrandung wirkt wie der perfekte Rahmen, um die Streifen zu betonen, aber in anderen klappt das nicht.
- Eine Methode, damit umzugehen, ist, die Borte nur in derselben Richtung zu arbeiten wie die Streifen.
- Noch eine Möglichkeit ist es, »mit« den Streifen zu arbeiten, wie bei der Decke Buenos Aires (unten). Ein Rand aus kurzen Pompon-artigen Fransen in den Farben der Streifen (Pompons würden genauso funktionieren) wird nur an den Seitenkanten der Decke angebracht. Dadurch wird die Streifenwirkung betont und die Decke wunderschön ausgearbeitet.

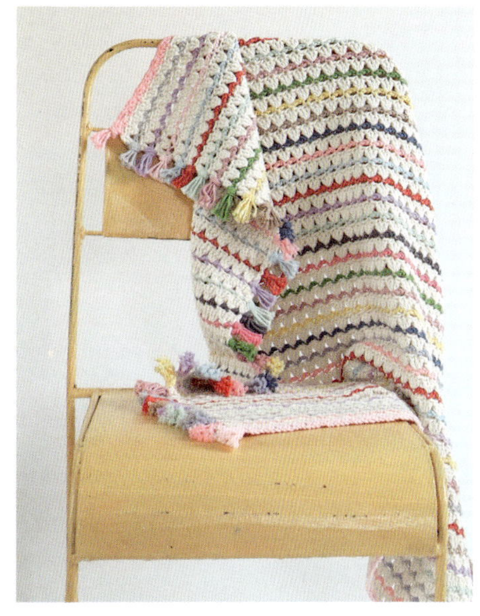

GEHÄKELTE UMRANDUNGEN

Zusätzlich zu den Umrandungen, die sich bereits bei einigen Deckenanleitungen finden, bietet dieser Abschnitt fünf weitere Häkelborten, mit denen Sie Ihre Decken einfassen können. Sie wurden alle mit einer 3,5 mm Häkelnadel und Baumwollgarn für Nadelstärke 2–3 in zwei neutralen Farben gearbeitet. Sie können jede Umrandung einfarbig arbeiten oder in so vielen Farben, wie Sie möchten. Nutzen Sie die Farbpalette Ihrer Decke zur Inspiration. Hier ein paar Tipps für das Häkeln der Umrandungen:

- Die Beispiele und Diagramme beginnen mit einer Runde Luftmaschen als Basis für das Hauptmuster der Einfassung. Das liegt einfach daran, dass sie nicht direkt an eine Decke gehäkelt wurden. Wenn Sie die Umrandung nicht extra häkeln und dann annähen wollen, überspringen Sie die Luftmaschenrunde und häkeln sofort die erste Runde des Hauptmusters an Ihre Decke (oder auf die Grundreihe, die Sie an Ihre Decke gehäkelt haben – siehe »Technik für einen sauberen Rand« auf S. 93).
- Wenn Sie die erste Runde direkt an die Decke häkeln, ohne eine Grundreihe dazwischen, denken Sie daran, dass »in eine Masche häkeln«, wie in der Anleitung angegeben, bedeuten kann, dass Sie seitlich in eine Masche einstechen (entlang der Deckenseiten, an denen die Reihen beginnen/enden). Wenn Ihre Deckenkante oder die Grundreihe Luftmaschen enthält, kann es sein, dass einige Maschen der ersten Runde der Umrandung um Luftmaschen gehäkelt werden. Das hängt vom Muster Ihrer Decke ab. Passen Sie die erste Runde des Randmusters also entsprechend an.
- Für das sauberste Ergebnis, schneiden Sie den Faden nach jeder Runde ab und schließen Sie die Runde unsichtbar mit einer Nähnadel (anstelle mit einer Kettmasche). Beginnen Sie die neue Runde mit einer Anfangsmasche (anstelle von Wendemaschen). Siehe S. 124 für weitere Informationen.
- Seien Sie kreativ bei der Maschenzahl! Hat Ihre Decke nicht die genau passende Maschenzahl für die Umrandung Ihrer Wahl? Dann gibt es ein paar Tricks, um das zu ändern. Wenn man laut Randmuster Maschen überspringen muss, dann versuchen Sie einfach, ein paar mehr oder weniger Maschen zu überspringen, oder schmuggeln Sie in der ersten Runde ein paar Maschen ein. Noch ein Trick ist es, Maschen zusammenzuhäkeln (2 fM zus oder 2 Stb zus), falls das Muster weniger Maschen braucht als die Decke bietet.
- Damit der Rand sich nicht wellt (zu locker wird und Wellen wirft) oder spannt (zu eng wird und sich zu einer Tassenform hochzieht), können Sie versuchen, auf eine kleinere Häkelnadel (falls es Wellen wirft) oder eine dickere (falls sich Tassen bilden) zu wechseln. Oder probieren Sie es mit einem der oben genannten Tricks, um die Maschenanzahl anzupassen.

TIPP

Die Randmuster können auch allein genutzt werden, für eine hübsche, altmodische Volantborte. Dafür beginnen Sie mit einer Luftmaschenkette wie im Diagramm angegeben.

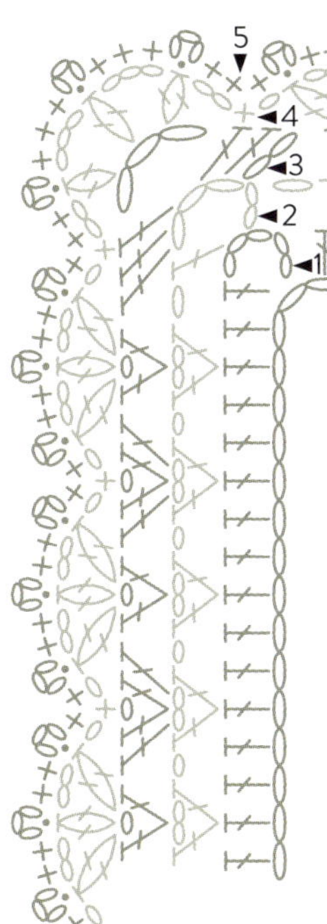

PICOT-MUSCHELN

Anmerkung: Die Grundreihe ist teilbar durch 6 M + 3 an den Seiten, plus 1 M an jd Ecke. Farbe A für Runden 1–4 und Farbe B für Runde 5. Die erste M in den Runden 1–3 als Anfangs-Stb (oder 2 Lm) häkeln und die erste M der Runden 4–5 als Anfangs-fM (oder 1 Km, 1 Lm). Wenn gewünscht, Runde 1 überspringen und Runde 2 direkt an die Decke häkeln.

Besondere Maschen: Eck-M-Gruppe (Maschengruppe) = [(2 Stb zus, 3 Lm) zweimal, 2 Stb zus] in eine Lm-Brücke.

Seiten-M-Gruppe (Maschengruppe) = [(2 Stb zus, 2 Lm) zweimal, 2 Stb zus] in eine Lm-Brücke.

3er Picot = 3 Lm, 1 Km in 2 Stb zus.

Runde 1: An irgendeiner Ecke beginnen, *[1 Stb, 3 Lm, 1 Stb] in die Eck-M, 1 Stb in jd M bis zur nächsten Ecke; ab * dreimal wdh. Zur Runde schließen.

Runde 2: In irgendeiner Eckbrücke beginnen, *[1 Stb, 3 Lm, 1 Stb] in die Eckbrücke, 1 Lm, 2 Stb überspringen, **[1 Stb, 2 Lm, 1 Stb] in die nächste fM, 1 Lm, 2 Stb überspringen; ab ** bis zur nächsten Ecke wdh. Ab * dreimal wdh. Runde schließen.

Runde 3: In irgendeiner Eckbrücke beginnen , *[3 Stb, 3 Lm, 3 Stb] in die Eckbrücke, 1-Lm-Brücke überspringen, **[1 Stb, 1 Lm, 1 Stb] in die nächste 2-Lm-Brücke, 1-Lm-Brücke überspringen, [2 Stb, 1 Lm, 2 Stb] in die nächste 2-Lm-Brücke; ab **bis zur nächsten Ecke wdh. Ab * dreimal wdh. Runde schließen.

Runde 4: Im 3. Stb der ersten 3-Stb-M-Gruppe in irgendeiner Ecke beginnen, *1 fM in das 3. Stb, 2 Lm, Eck-M-Gruppe in 3-Lm-Eckbrücke, 2 Lm, 1 fM in die nächste fM, **1 Lm, Seiten-M-Gruppe in die nächste 1-Lm-Brücke, 1 Lm, 1 fM in die nächste 1-Lm-Brücke; ab ** bis zur nächsten Ecke wdh. Ab * dreimal wdh. Runde schließen.

Runde 5: In der 2-Lm-Brücke in irgendeiner Ecke beginnen, *2 fM in 2-Lm-Brücke, [3er Picot, 3 fM in die nächste 3-Lm-Brücke] zweimal, 3er Picot, 2 fM in die nächste 2-Lm-Brücke (Ecke fertig), **1 fM in die nächste 1-Lm-Brücke, [3er Picot, 2 fM in die nächste 2-Lm-Brücke] zweimal, 3er Picot, 1 fM in die nächste 1-Lm-Brücke; ab ** bis zur nächsten Ecke wdh. Ab * dreimal wiederholen. Runde schließen.

Abketten und Fäden vernähen.

MUSTERSCHLÜSSEL

- Lm
- Km
- fM
- Stb
- 2 Stb zus
- 3er Picots
- Rundenbeginn

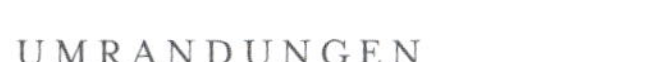

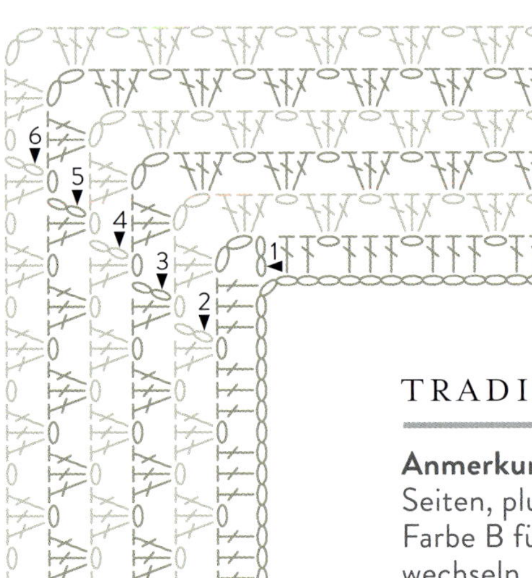

MUSTER-SCHLÜSSEL

- Lm
- Stb
- Rundenbeginn

TRADITIONELLES MUSTER

Anmerkung: Anschlag teilbar durch 4 M + 1 an den Seiten, plus 1 M an jd Ecke. Farbe A für Runde 1 und Farbe B für Runde 2, dann die Farben jede Runde abwechseln. Die erste M jd Runde als Anfangs-Stb (oder 2 Lm) häkeln.

Runde 1: An irgendeiner Ecke beginnen *[1 Stb, 2 Lm, 1 Stb] in die Eck-M, 1 Stb in jd der nächsten 2 M, 1 Lm, 1 M überspringen, [1 Stb in jd der nächsten 3 M, 1 Lm, 1 M überspringen] bis zu den letzten 2 M vor der nächsten Ecke, 1 Stb in jd der letzten 2 M; ab *dreimal wdh. Zur Runde schließen.

Runde 2: In der ersten 1-Lm-Brücke nach irgendeiner Ecke beginnen *[3 Stb, 1 Lm] in jd 1-Lm-Brücke bis zur nächsten Ecke, [3 Stb, 2 Lm, 3 Stb] in die Eckbrücke, 1 Lm; ab * dreimal wdh. Runde schließen.

Runde 3–6: Reihe 2 viermal wdh (oder so oft Sie möchten).

Abketten und Fäden vernähen.

BLÜTENBORTE

Anmerkung: Anschlag teilbar durch 6 M + 2 an den Seiten, plus 1 M an jd Ecke. Farbe A für Runde 1 und Farbe B für Runde 2. Die erste M der Runde 1 als Anfangs-Stb (oder 2 Lm) häkeln und die erste M von Runde 2 als Anfangs-fM (oder 1 Km, 1 Lm). Wenn gewünscht, Runde 1 überspringen und direkt Runde 2 an die Decke häkeln. An der Borte wechseln sich Blüten mit kurzen und langen Stielen ab, mit 1 fM zwischen den Blüten an den Seiten der Decke. Für eine lockerere Borte mehr fM zwischen die Blüten häkeln.

Besondere Masche: Blüte = 1 Km in die 5. Lm ab der Häkelnadel (zum Ring geschlossen), *[3 Lm, 2 Stb, 3 Lm, 1 Km] in den Ring (ein Blütenblatt); ab * 3-mal wdh (Blüte fertig).

Runde 1: In irgendeiner Eck-M beginnen, *[1 Stb, 3 Lm, 1 Stb] in die Eck-M, 1 Stb in jd M bis zur nächsten Ecke; ab * dreimal wdh. Zur Runde schließen.

Runde 2: Im ersten Stb nach irgendeiner Eck-Brücke beginnen, *1 fM in jd der ersten 2 Stb, 8 Lm, Blüte, 3 Lm, 1 fM in jd der nächsten 3 Stb, 14 Lm, Blüte, 9 Lm, 1 fM in jd der nächsten 3 Stb; ab * bis zu den letzten 2 Stb vor der nächsten Eck-Brücke wdh, 8 Lm, Blüte, 3 Lm, 1 fM in jd der nächsten 2 Stb. Abwechselnd im Muster kurze und lange Stiele häkeln, drei Blumen in eine 3-Lm-Eckbrücke, dabei die zusätzlichen fM zwischen den Blütenstielen weglassen (also nur 6 fM in die Eckbrücke häkeln). Ab * dreimal wdh. Runde schließen.

Abketten und Fäden vernähen.

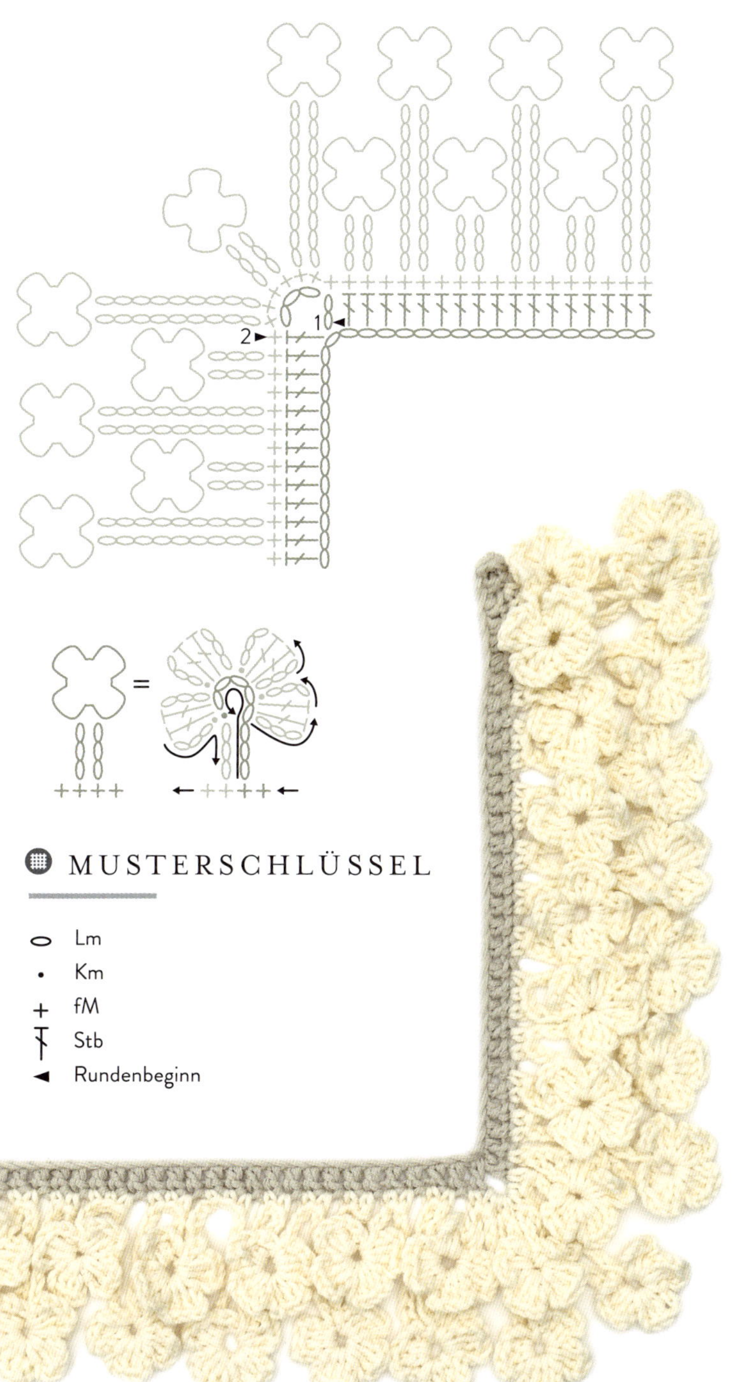

MUSTERSCHLÜSSEL

- Lm
- Km
- fM
- Stb
- Rundenbeginn

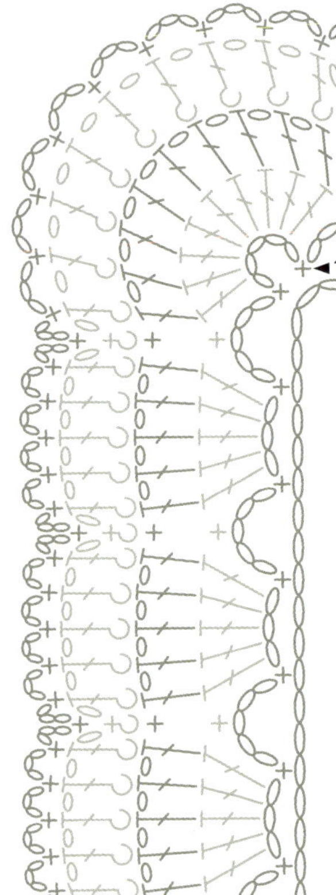

GERÜSCHTE MUSCHELN

Anmerkung: Der Anschlag ist teilbar durch 6 M + 2 an den Seiten, plus 1 M an jd Ecke. Benutzen Sie Farbe A für Runden 1–3 und Farbe B für Runden 4–5. Wenn Sie die Farbfolge ändern wollen, denken Sie daran, dass das Design am besten aussieht, wenn man für Runden 3 und 4 eine andere Farbe benutzt, sodass die hinteren M von Runde 4 einen umklammernden Farbeffekt um die M von Runde 3 ergeben. Die erste Masche jd Runde als Anfangs-fM (oder 1 Km, 1 Lm) und in Runde 4 von hinten häkeln.

Runde 1: An irgendeiner Ecke beginnen, *[1 fM, 5 Lm, 1 fM] in die Eck-M, ** 5 Lm, 2 M überspringen, 1 fM in die nächste M, 3 Lm, 2 M überspringen, 1 fM in die nächste M; ab ** bis zu den letzten 2 M vor der nächsten Ecke wdh, 5 Lm, die letzten 2 M überspringen. Ab * dreimal wdh. Zur Runde schließen.

Runde 2: In der letzten 5-Lm-Brücke vor irgendeiner Ecke beginnen, *1 fM in die 5-Lm-Brücke vor der Ecke, 9 Stb in die Eckbrücke, **1 fM in die nächste 5-Lm-Brücke, 5 Stb in die nächste 3-Lm-Brücke; ab ** bis zur letzten 5-Lm-Brücke vor der nächsten Ecke wdh. Ab * dreimal wdh. Runde schließen.

Runde 3: In der letzten fM vor irgendeiner 9-Stb EckM-Gruppe, *1 fM in fM vor der Ecke beginnen, [1 Stb in die nächste fM, 1 Lm] 8-mal, 1 Stb in das nächste Stb, **1 fM in die nächste fM, [1 Stb ins nächste Stb, 1 Lm] 4-mal, 1 Stb in das nächste Stb; ab ** bis zur letzten fM vor der nächsten Ecke wdh. Ab * dreimal wdh. Runde schließen.

Runde 4: In der letzten fM vor irgendeiner Stb-EckM-Gruppe beginnen, *1 Relief-fM von hinten in fM vor der Ecke, 1 Lm, [1 Relief- Stb von hinten in das nächste Stb, 1 Lm] 9-mal, **1 Relief-fM von hinten in die nächste fM, 1 Lm, [1 Relief-Stb von hinten in das nächste Stb, 1 Lm] 5-mal; ab ** bis zur letzten fM vor der nächsten Ecke wdh. Ab * dreimal wdh. Zur Runde schließen.

Runde 5: In irgendeiner Relief-fM oder einem Relief-Stb beginnen, [1 fM, 3 Lm] in jd fM und Stb bis Rundenende. Runde schließen.

Abketten und Fäden vernähen.

MUSTERSCHLÜSSEL

- Lm
- fM
- Relief-fM v. hinten
- Stb
- Relie-Stb v. hinten
- Rundenbeginn

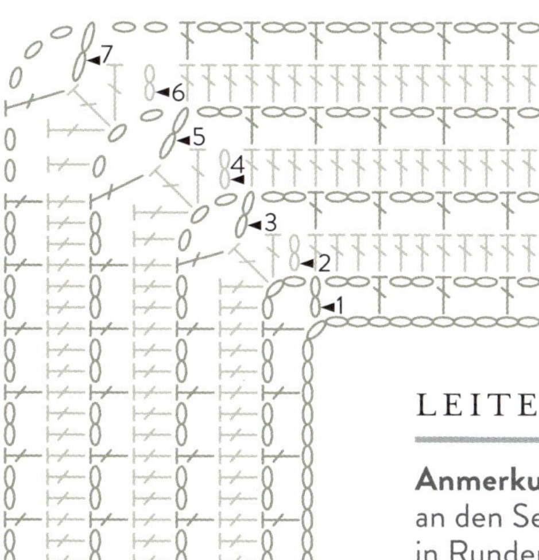

MUSTER-SCHLÜSSEL

- Lm
- Stb
- ◄ Rundenbeginn

LEITERSPITZE

Anmerkung: Anschlag teilbar durch 3 M + 2 an den Seiten, plus 1 M an jd Ecke. Farbe A in Runden 1–2 und Farbe B in Runden 3–7. Die erste Masche jd Runde als Anfangs-Stb (oder 2 Lm) häkeln.

Runde 1: An irgendeiner Ecke beginnen, *[1 Stb, 3 Lm, 1 Stb] in die Eck-M, 2 Lm, 2 M überspringen, **1 Stb in die nächste M, 2 Lm, 2 M überspringen; ab ** bis zur nächsten Ecke wdh. Ab * dreimal wdh. Zur Runde schließen.

Runde 2: An irgendeiner 3-Lm-Eckbrücke beginnen, *5 Stb in die EckM-Brücke, 1 Stb in jd Stb und 2 Stb in jd 2-Lm-Brücke bis zur nächsten Ecke; ab * dreimal wdh. Runde schließen.

Runde 3: Im mittleren Stb irgendeiner 5-Stb-EckM-Gruppe beginnen, Runde 1 wdh.

Runden 4–7: Runden 2–3 zweimal wdh.

Abketten und Fäden vernähen.

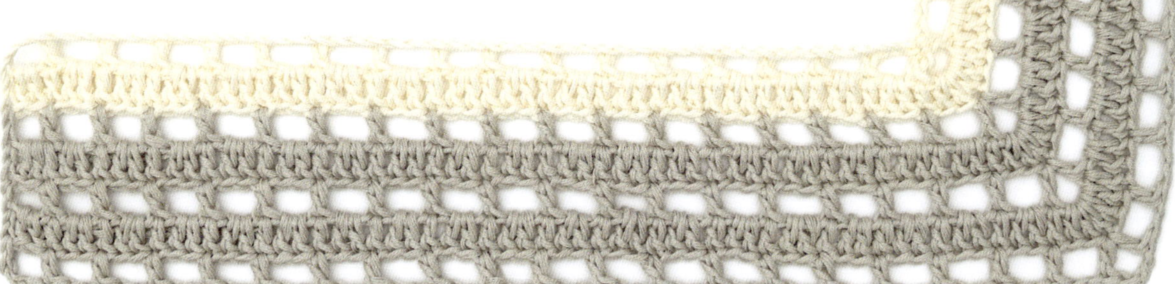

NICHT GEHÄKELTE UMRANDUNGEN

Eine Umrandung muss nicht unbedingt gehäkelt sein, um Ihrer Decke das gewisse Etwas zu verleihen. Hier ein paar Ideen für Sie zur Inspiration.

LANGETTENSTICH

Eine einfache und zugleich raffinierte Art, eine Decke zu versäubern, ist es, wenn Sie im Langetten- oder Schlingstich um die Kanten nähen. Für einen deutlichen Langettenstich (wie oben rechts abgebildet), benutzen Sie ein dickeres Garn als für die Decke. Ein weiterer Vorteil ist, dass eventuell unebene Deckenseiten verborgen werden.

FRANSEN

Kurz, lang, miteinander verknüpft, mit Perlen – es gibt viele Varianten. Unten links finden Sie ein einfaches Beispiel dafür, wie das dann aussehen kann.

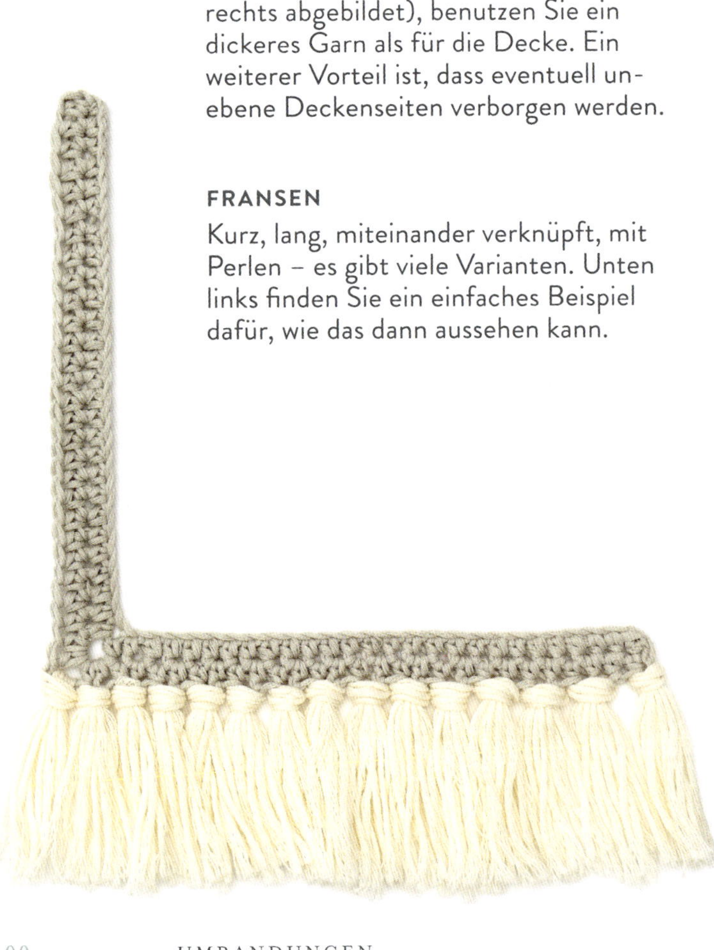

POMPONS

Jeder liebt Pompons! Ich auf jeden Fall! In dem hier unten rechts illustrierten Beispiel wurden an jeder Kante gleichmäßig Pompons angenäht, aber man könnte auch vier große Pompons machen und einen an jede Ecke annähen. Bei einer Decke im Zickzackmuster böte es sich an, an jede Zackenspitze einen Pompon anzunähen oder nur an zwei Rändern der Decke. Man könnte auch unterschiedlich große Pompons an derselben Decke anbringen oder einen Steg annähen, sodass sie von der Decke baumeln. Hübsch aussehen würde es auch, sie nicht nur an den Rand, sondern auch mitten auf die Vorderseite der Decke zu nähen. Wenn die Decke häufig genutzt und gewaschen wird, kann man die Pompons mit Sicherheitsnadeln oder einfachen Knoten befestigen, um sie vor dem Waschen abzunehmen.

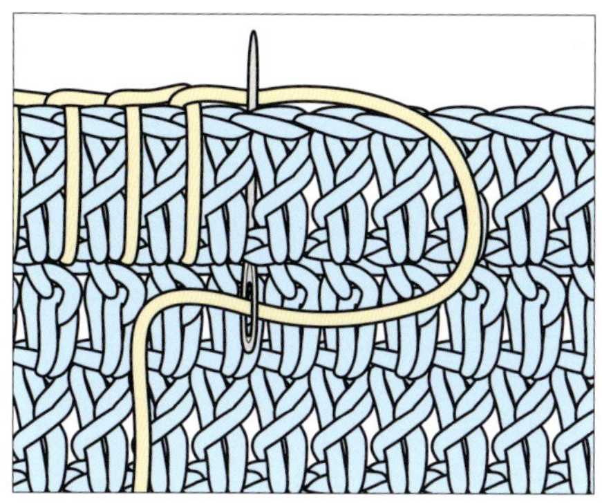

LANGETTENSTICH STICKEN

Die Decke so halten, dass man von links nach rechts den Langettenstich arbeiten kann. Die Nadel an der linken Deckenkante von hinten nach vorn durchstechen und mit dem Garn eine Schlinge bilden. Überlegen Sie, wie lang die Stiche sein sollen – zum Beispiel eine Reihe lang. Stechen Sie die Nadel in diese Reihe, etwas nach rechts, und stechen Sie sie direkt darüber wieder hindurch, an der Kante und durch die Schlinge. Durchziehen. Weiter L-förmige Langettenstiche rund um die Decke sticken. Mit einem kleinen Stich über der letzten Schlinge enden.

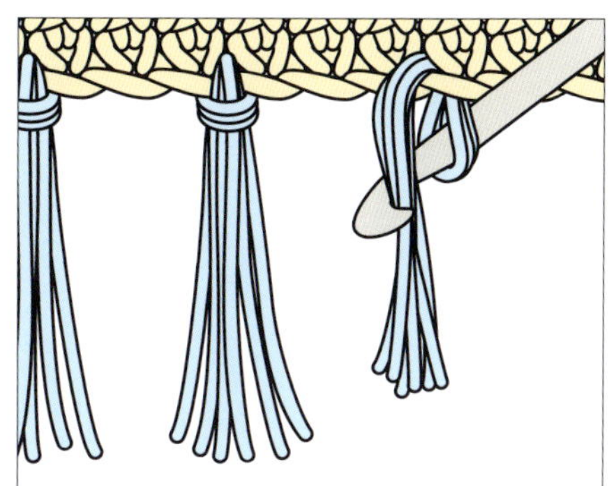

FRANSENRAND HINZUFÜGEN

Für einen einfachen Fransenrand schneidet man ein Papprechteck ca. 2,5 cm breiter als die gewünschte Fransenlänge aus. Das Garn so oft wie nötig um die Pappe wickeln. An einer Seite aufschneiden, sodass viele gleichlange Fäden entstehen.

Überlegen Sie, wie weit voneinander entfernt die Fransen sein sollen und aus wie vielen Fäden eine Franse bestehen soll. Falten Sie die Fäden auf die Hälfte. Stechen Sie von hinten nach vorn eine Häkelnadel durch die Decke und ziehen Sie die Fäden zu einer Schlinge durch. Ziehen Sie dann die Fäden durch die Schlinge. So oft wie nötig wiederholen, achten Sie dabei darauf, alle Fransen von derselben Seite der Decke aus zu befestigen, weil Fransen von hinten und von vorn unterschiedlich aussehen.

Legen Sie die Fransenkante flach hin und schneiden Sie die Fransen auf dieselbe Länge.

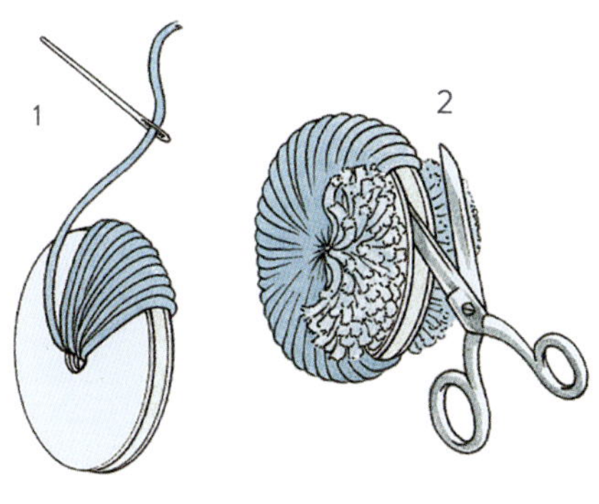

EINEN POMPON HERSTELLEN

1 Es gibt Plastikringe zu kaufen, um die traditionellen, fluffigen Pompons herzustellen, aber wenn Sie die nicht haben, dann schneiden Sie einfach zwei Pappringe zu. Legen Sie die Ringe aufeinander und wickeln Sie mit Hilfe einer Nähnadel Garn um die Ringe. Neue Fäden werden an der Außenkante begonnen, machen Sie weiter, bis die Ringe dicht bedeckt sind.

2 Eine Scherenklinge zwischen die Ringe schieben und das Garn rund um die Außenkante aufschneiden.

3 Einen Faden zwischen den Ringen um den Pompon legen. Fest verknoten, die Ringe entfernen und den Pompon schön zurechtschneiden. Mit den Fadenenden vom Knoten den Pompon an der Decke festnähen.

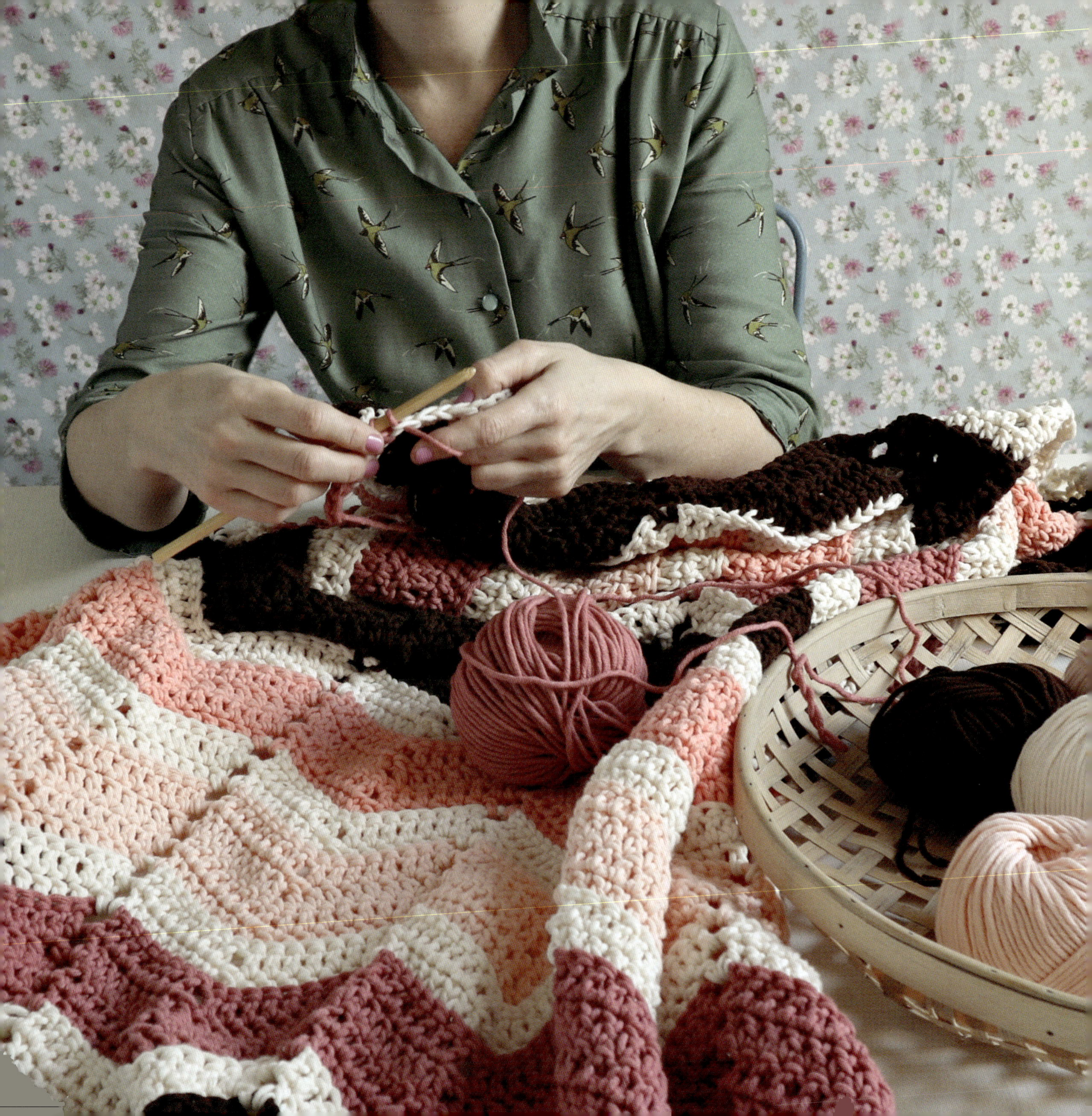

Kapitel 2

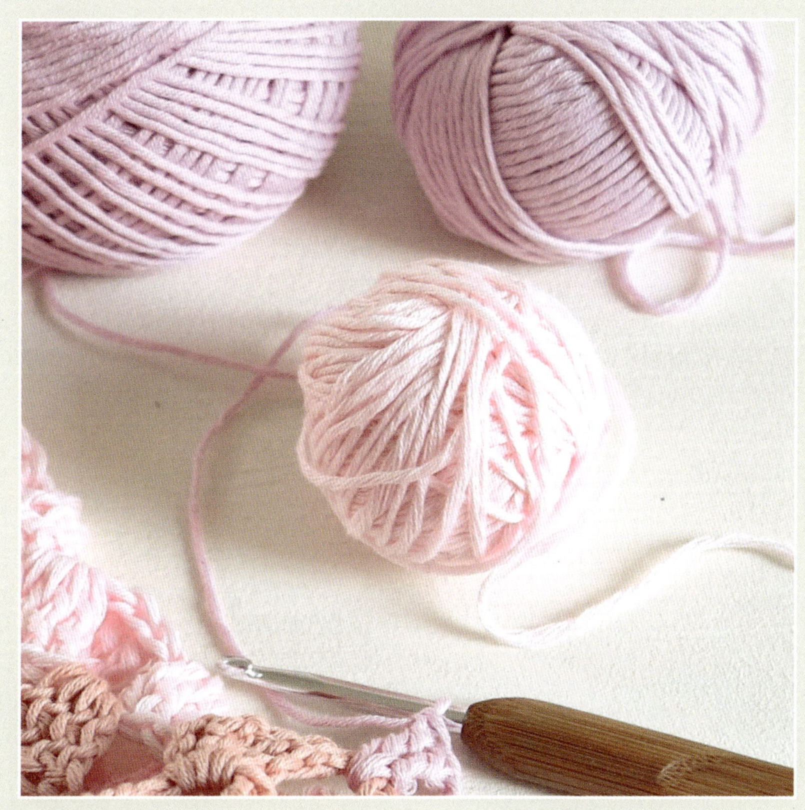

Projekte

PORTO-TEPPICH

Viele Decken in diesem Buch sind ideal dafür, um sie etwas größer als Teppich zu häkeln. Hier habe ich die Marrakesch-Decke variiert, mit strahlenden Pastellfarben und zwei verschieden breiten Streifen. Ansonsten bleibt das Grundmuster unverändert und hat den gleichen Vorteil wie die originale Decke – eine geschickte Technik, die Farben zu wechseln, durch die deutlich weniger Fadenenden zu vernähen sind.

SCHWIERIGKEITSGRAD

Mittel

GRÖSSE

Ca. 100 x 150 cm (40 x 60 in)

MATERIAL

Superdickes Baumwollmischgarn in 1 neutralen Farbe und so vielen strahlenden Farben wie Sie wollen:

- Perlweiß – 672 m (735 yd)
- Kräftige Farben (ich habe 10 Farben benutzt) – insgesamt 912 m (998 yd)

HÄKELNADEL

10 mm

TIPPS

Sie können dieses Muster fast endlos variieren. Sie können zum Beispiel sehr breite, vertikale Farbflächen arbeiten oder zwischen breiten und schmalen Flächen abwechseln. Sie können auch mehr als drei Farben pro Reihe verwenden – ideal, wenn Sie einen quadratischen Teppich häkeln möchten.

ANLEITUNG

Nach der Anleitung Marrakesch (S. 32) arbeiten und durchgehend dieselbe Häkelnadel benutzen, mit folgenden Änderungen:

Grundreihe: 25 Lm in einer leuchtenden Farbe (A) anschlagen, 25 Lm in Naturweiß (B), 25 Lm in einer anderen leuchtenden Farbe (C) anschlagen.

Jede Reihe: Je 25 Stb in jeder Farbe häkeln (statt 30).

Querstreifen: Jeweils nach sieben Reihen die Farben wechseln, dann nach drei Reihen, damit abwechselnd breite und schmale Streifen entstehen. Für die schmalen Streifen in den äußeren, senkrechten Teilen Perlweiß benutzen und für jeden breiten Streifen eine andere, leuchtende Farbe. Im mittleren, senkrechten Teil umgekehrt arbeiten – breite Streifen in Naturweiß und schmale Streifen bunt.

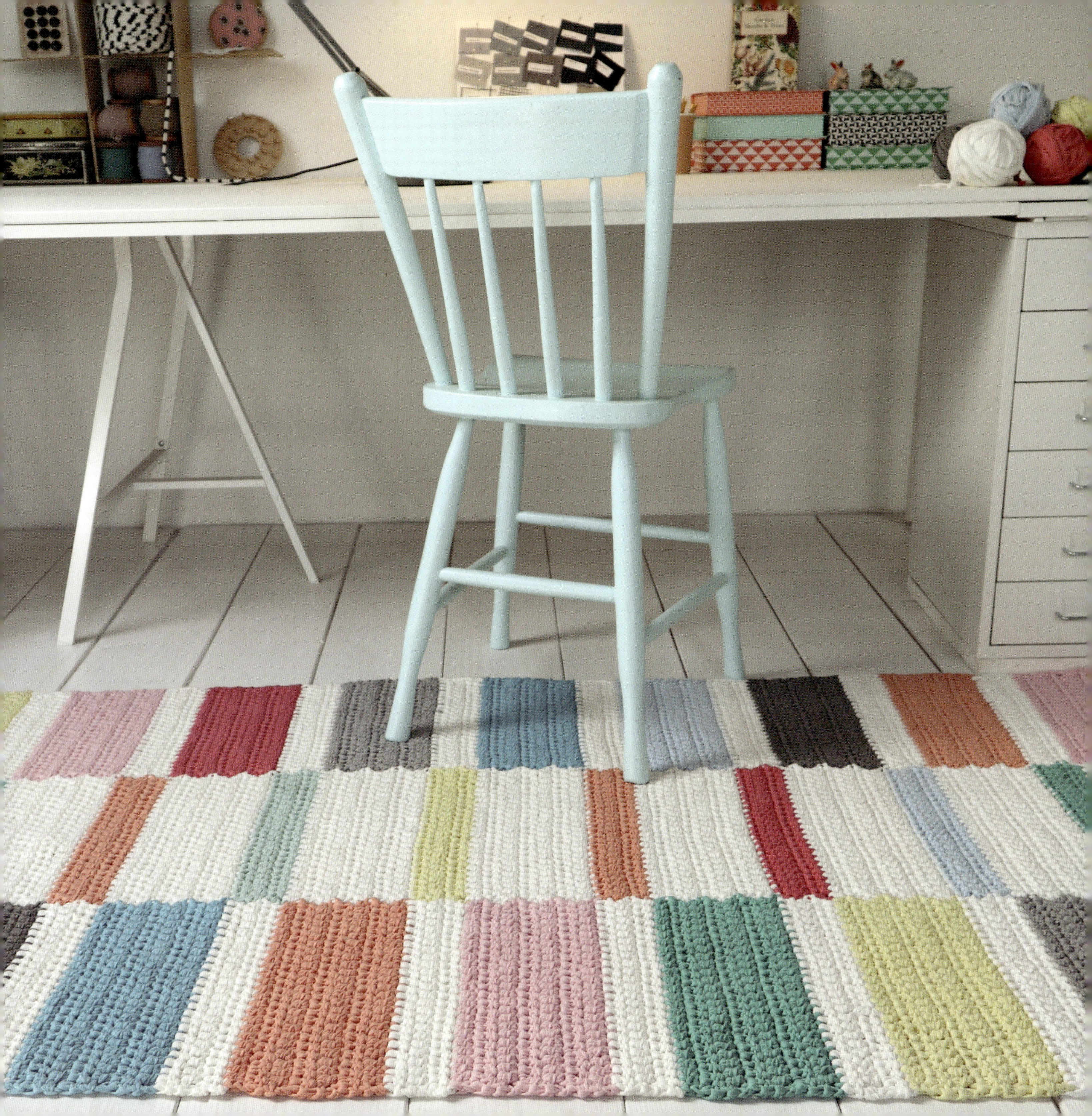

CHIANG-MAI-TOPFLAPPEN UND -GESCHIRRTUCH

Streifen sind ideal für diesen Topflappen und das Geschirrtuch im Retrostil. Wenn Sie ein Muster auswählen, das zu einem festen Häkelbild führt wie dieses, braucht man nicht einmal eine Rückseite. Bei einem Spitzenmuster häkeln Sie einen zweiten Lappen in einem dichten Muster und nähen Sie ihn auf die Rückseite.

SCHWIERIGKEITSGRAD

Mittel

GRÖSSE

Topflappen: Ca. 21 x 21 cm

Geschirrtuch: Ca. 42 x 42 cm

MATERIAL

Baumwollgarn für Nadelstärke 5–6 in 2 Farben für den Topflappen:

- Senf oder Blau – 20 m (22 yd)
- Rosa – 25 m (28 yd)

Baumwollgarn für Nadelstärke 5–6 in 4 Farben für das Geschirrtuch:

- Naturweiß – 38 m (41 yd)
- Pink – 75 m (82 yd)
- Blau – 20 m (22 yd)
- Senf – 19 m (21 yd)

HÄKELNADEL

5 mm für die Topflappen

6 mm für das Geschirrtuch (für einen lockereren Fall)

ANLEITUNG

Nach der Anleitung für Lissabon (S. 56) arbeiten und durchgehend dieselbe Häkelnadel benutzen, mit folgenden Änderungen:

Topflappen: 30 Lm anschlagen und 23 Reihen häkeln, dabei 1 Reihe Senf oder Blau mit 1 Reihe Rosa abwechseln.

Geschirrtuch: 52 Lm anschlagen und 37 Reihen häkeln, dabei 1 Reihe Naturweiß mit 1 Reihe Rosa/Blau/Senf abwechseln, die drei Farben in derselben Reihenfolge nutzen.

Rand (beide Projekte): Mit Rosa wie folgt einen Aufhänger arbeiten:

Reihe 1: Für den Aufhänger in der linken, oberen Ecke 10 Lm anschlagen (anstatt 3).

Reihe 2: 13 fM in die 10 Lm des Aufhängers arbeiten.

AUFHÄNGER
DIAGRAMM

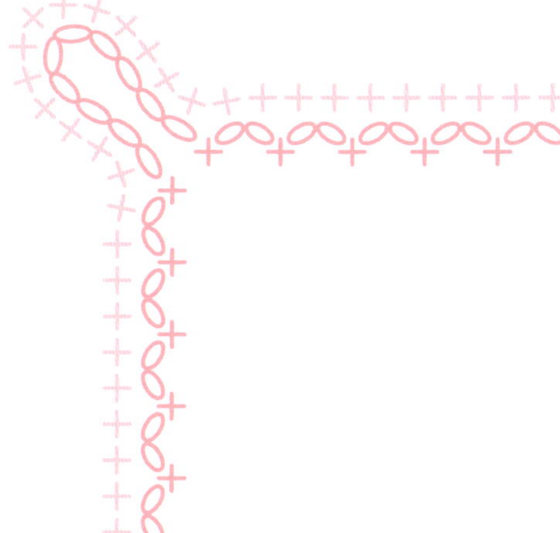

MUSTER-
SCHLÜSSEL

- o Lm
- + fM

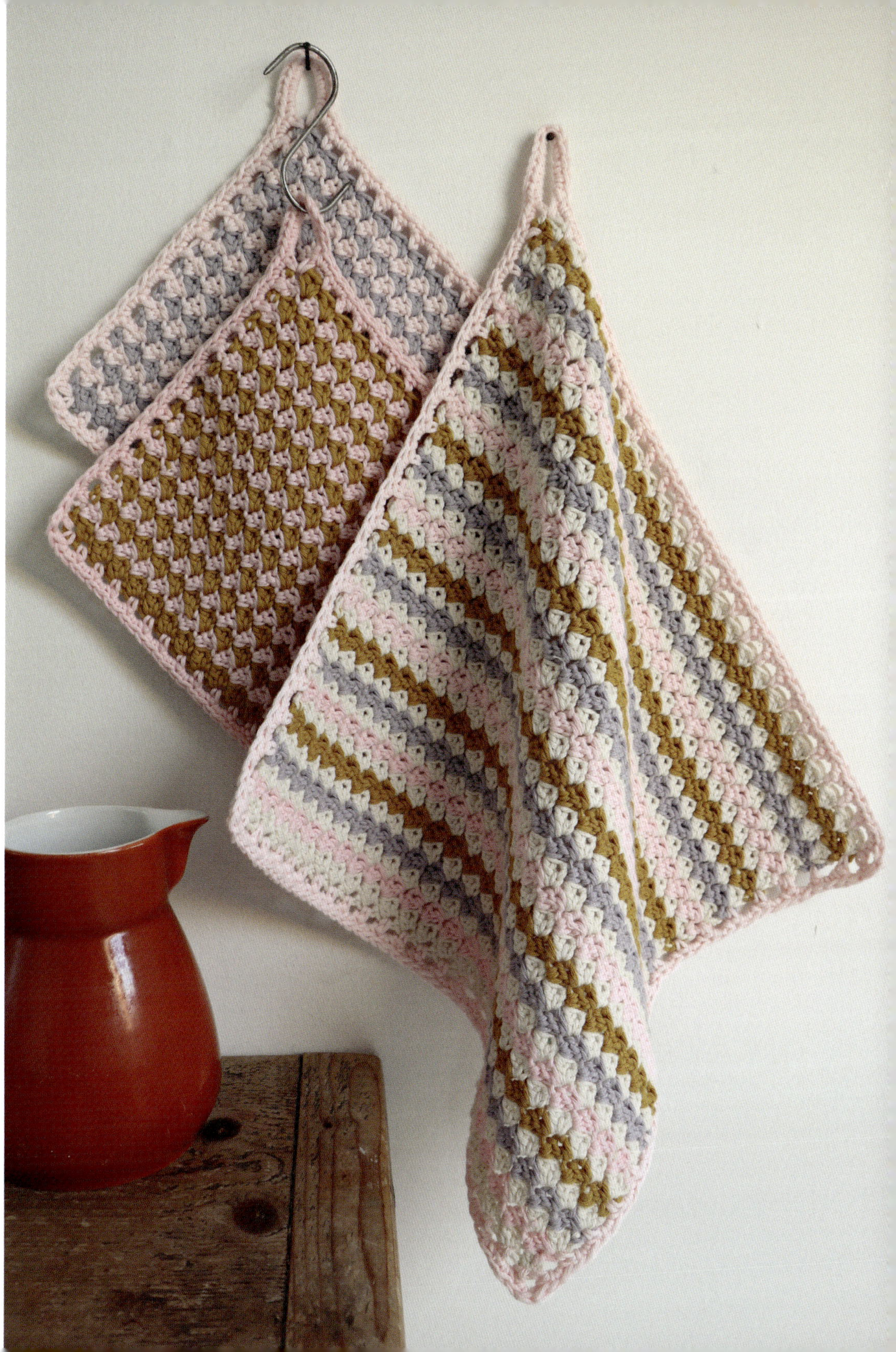

SHIRAZ-KISSEN

Dieses Kissen passt perfekt zur Decke Casablanca. Vorder- und Rückseite sind unterschiedlich, aber beide variieren das gleiche Deckenmuster. Wie bei der Decke sind auch beim Kissen nur sehr wenige Fäden zu vernähen, außerdem ist das ein Muster, das einfach nicht schief gehen kann!

SCHWIERIGKEITSGRAD

Mittel

GRÖSSE

Ca. 45 cm (18 in) breit x 40 cm (16 in) hoch

MATERIAL

Baumwollgarn für Nadelstärke 5-6 in so vielen Farben, wie Sie wollen:

- Insgesamt – 338 m (369 yd)

HÄKELNADEL

4 mm für die Vorderseite

6 mm für die Rückseite

TIPPS

Ich habe für die Vorderseite eine kleinere Häkelnadel benutzt, damit die Maschen besonders dicht sind und das Innenkissen nicht durchschimmert. Für die Rückseite benutzte ich eine größere Häkelnadel, um den »shabby Schick« der Berberteppiche zu erhalten. Sie können dafür aber auch die kleinere Häkelnadel benutzen und das Muster an das Vorderteil anpassen.

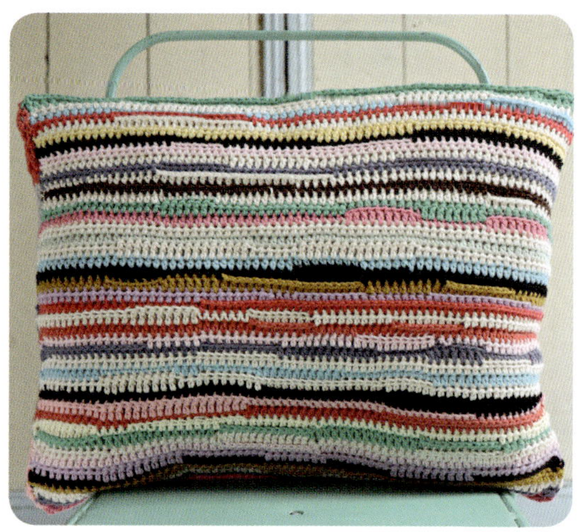

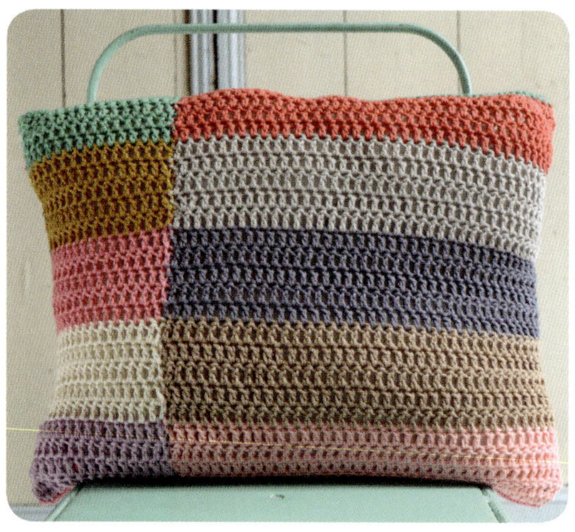

ANLEITUNG

Lassen Sie bei jedem Farbwechsel zu Anfang und Ende einer Reihe einen großzügigen Faden stehen, arbeiten Sie laut der Casablanca-Anleitung (S. 68) mit folgenden Änderungen:

Vorderseite: Im Muster des Hauptteils arbeiten, 72 Lm anschlagen und 42 Reihen häkeln, dabei in jeder Reihe die Farbe wechseln.

Rückseite: Im Muster des Seitenteils arbeiten, 55 Lm und 25 Reihen häkeln, die Farbe ungefähr nach zwei Dritteln der Reihe 1 wechseln (beim Kissen auf dem Foto nach 36 M). Bei jeder weiteren Reihe bei diesem Farbwechsel bleiben – also in jeder Hinreihe nach zwei Dritteln wechseln und in jeder Rückreihe nach einem Drittel. Nach jeweils 5 Reihen beide Farben wechseln, damit Querstreifen entstehen.

DAS KISSEN ZUSAMMENNÄHEN

Seitenränder: Knoten Sie die beiden Teile mit den Fadenenden zusammen. An der Vorderseite befinden sich mehr Fäden, weil dort die Farbe in jeder Reihe gewechselt wurde. Man muss also zuerst die Hälfte der Fäden auf die Rückseite ziehen, um sie verknoten zu können. Ziehen Sie dafür den Faden auf eine Nähnadel und dann durch die Rückseite. Es sollten genug Fäden für eine feste Verbindung da sein. Aber wenn nötig, kann man auch weiteres Garn verwenden. Achten Sie darauf, dass alle Fäden auf derselben Seite verknotet werden, und schneiden Sie diese dann auf dieselbe Länge. Entscheiden Sie jetzt, ob sie als Fransen außen bleiben oder innen, auf der linken Seite, verborgen werden.

Oberer und unterer Rand: Häkeln Sie den oberen Rand mit festen Maschen zusammen. Das können Sie auch unten machen oder aber Knöpfe annähen und Knopfschlaufen häkeln.

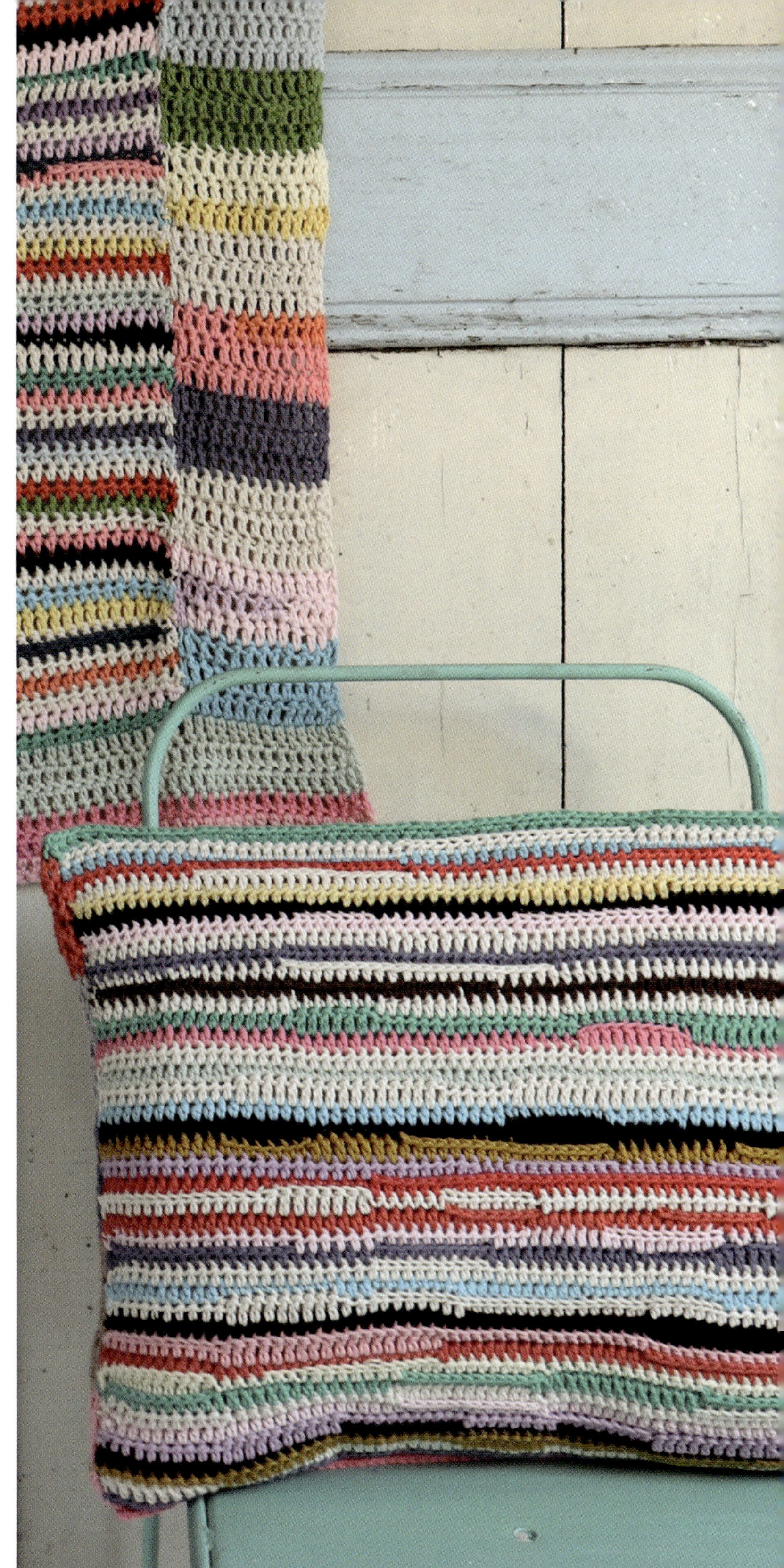

FEZ-WANDBEHANG

Als ich die Oslo-Decke häkelte, erkannte ich, dass sich das Muster auch gut für einen Wandbehang eignet. Für dieses Projekt habe ich die Decke zu einem Miniwandbehang verkleinert. Marokkanische Hochzeitsdecken waren meine Inspiration für die weiße Grundfarbe, hinzu kommen Silber und Gold sowie Pailletten als letzter Schliff.

SCHWIERIGKEITSGRAD

Fortgeschritten

GRÖSSE

25 x 60 cm (10 x 24 in), plus 15 cm (6 in) Fransen

MATERIAL

Superdickes Polyacrylgarn in 1 Farbe:

- Naturweiß – 80 m (87 yd)

Baumwolle/Lurexmetallic Garn für Nadelstärke 3 in 2 Farben:

- Silber – 130 m (142 yd)
- Gold – 130 m (142 yd)

Spitzengarn aus Polyester mit Pailletten in 1 Farbe:

- Gold – 30 m (33 yd)

HÄKELNADEL

10 mm

TIPPS

- Jeder naturweiße Teil des Wandbehangs wird mit einem Faden naturweißem Garn und einem Faden Paillettengarn gehäkelt.
- Die metallischen Teile werden mit drei Fäden Metallicgarn gehäkelt – je drei Fäden Silber und drei Fäden Gold. Kaufen Sie also entweder drei Knäuel jeder Farbe oder ein Knäuel, das Sie dann zu drei kleineren Knäueln wickeln.
- Eine weitere Variante dieses Wandbehangs wäre, ihn mit Jute und Leinen zu häkeln, für einen rustikaleren Look.
- Man kann viele Dinge als Aufhänger nutzen – einen einfachen Ast (wie auf dem Foto auf der rechten Seite), den man auch mit übrig gebliebenem silber- oder goldfarbenem Garn umwickeln kann, ein Kupferrohr oder ein Stück Bambus. Achten Sie nur darauf, dass der Aufhänger etwas breiter ist als der Wandbehang.

ANLEITUNG

Anschlag: 23 Lm (Naturweiß/Pailletten).

Hauptteil: Die folgenden Reihen des Oslo-Musters (S. 72), mit den angegebenen Farben häkeln:

- Reihen 1–2 (Naturweiß/Pailletten).
- Reihen 7–9 (Gold)
- Reihen 10–13 (Naturweiß/Pailletten)
- Reihe 17 (Silber)
- Reihen 18 und 2–4 (Naturweiß/Pailletten)
- Reihen 7–9 (Gold)
- Reihen 10–13 (Naturweiß/Pailletten)

Dekoration: Unten an den Wandbehang naturweiße Fransen knüpfen, mit einer goldfarbenen Franse als Kontrast. Auf die gewünschte Länge schneiden. Wenn gewünscht, knüpfen Sie ein paar gold- und silberfarbene Minifransen vorn in die naturweißen Häkelteile.

Am Aufhänger befestigen: Naturweißes Garn auf eine Nähnadel fädeln. Den Aufhänger oben an das Häkelstück halten, auf der linken Seite beginnen und mit Garnschlaufen an den Aufhänger festnähen.

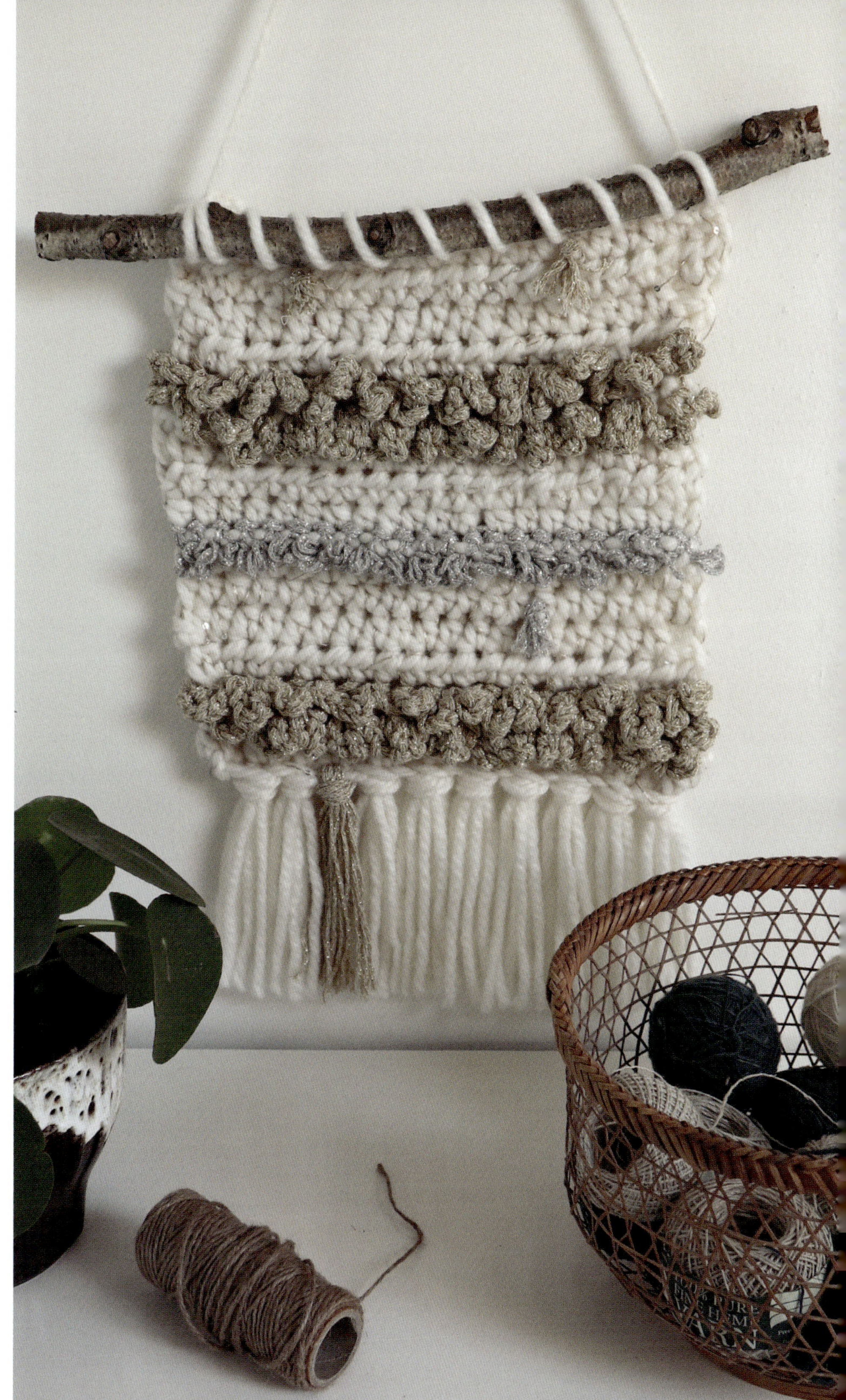

SALVADOR-TAGESDECKE

Diese Tagesdecke ist eine vergrößerte Version der St. George's Decke. Sie wird ganz einfach vergrößert, indem man mehr und längere Reihen mit einem dickeren Garn häkelt. Wie bei der ursprünglichen Decke habe ich Farben im Retrostil ausgewählt, aber in einer ganz anderen Palette – inspiriert von dieser hübschen, brasilianischen Stadt mit ihren wunderschönen, roten Häusern.

SCHWIERIGKEITSGRAD

Fortgeschritten

GRÖSSE

Ca. 160 x 200 cm (63 x 79 in)

MATERIAL

Dickes Baumwolle/Polyacryl Garn in 1 neutralen Farbe und 4 Akzentfarben:

- Cremeweiß – 798 m (868 yd)
- Hellrosa – 570 m (620 yd)
- Mittelrosa – 570 m (620 yd)
- Braun – 570 m (620 yd)
- Dunkelrosa – 570 m (620 yd)

HÄKELNADEL

7 mm

ANLEITUNG

Wie die Anleitung für St. George's (S. 40) mit folgenden Änderungen:

Anschlag: 165 Lm.

Streifenmuster: Nach jeweils vier Reihen (anstatt sechs) die Farbe wechseln, und dann nach zwei Reihen. Daran denken, die erste Reihe Stäbchen nach jedem Farbwechsel nur in das hintere Maschenglied zu arbeiten. Insgesamt 94 Reihen.

Farbfolge: Die Grundreihe und jeden 4-Reihen-Streifen in einer Akzentfarbe häkeln sowie jeden 2-Reihen-Streifen in der neutralen Farbe. Verwenden Sie die 4 Akzentfarben in derselben Reihenfolge – hier Hellrosa, Mittelrosa, Braun und Dunkelrosa.

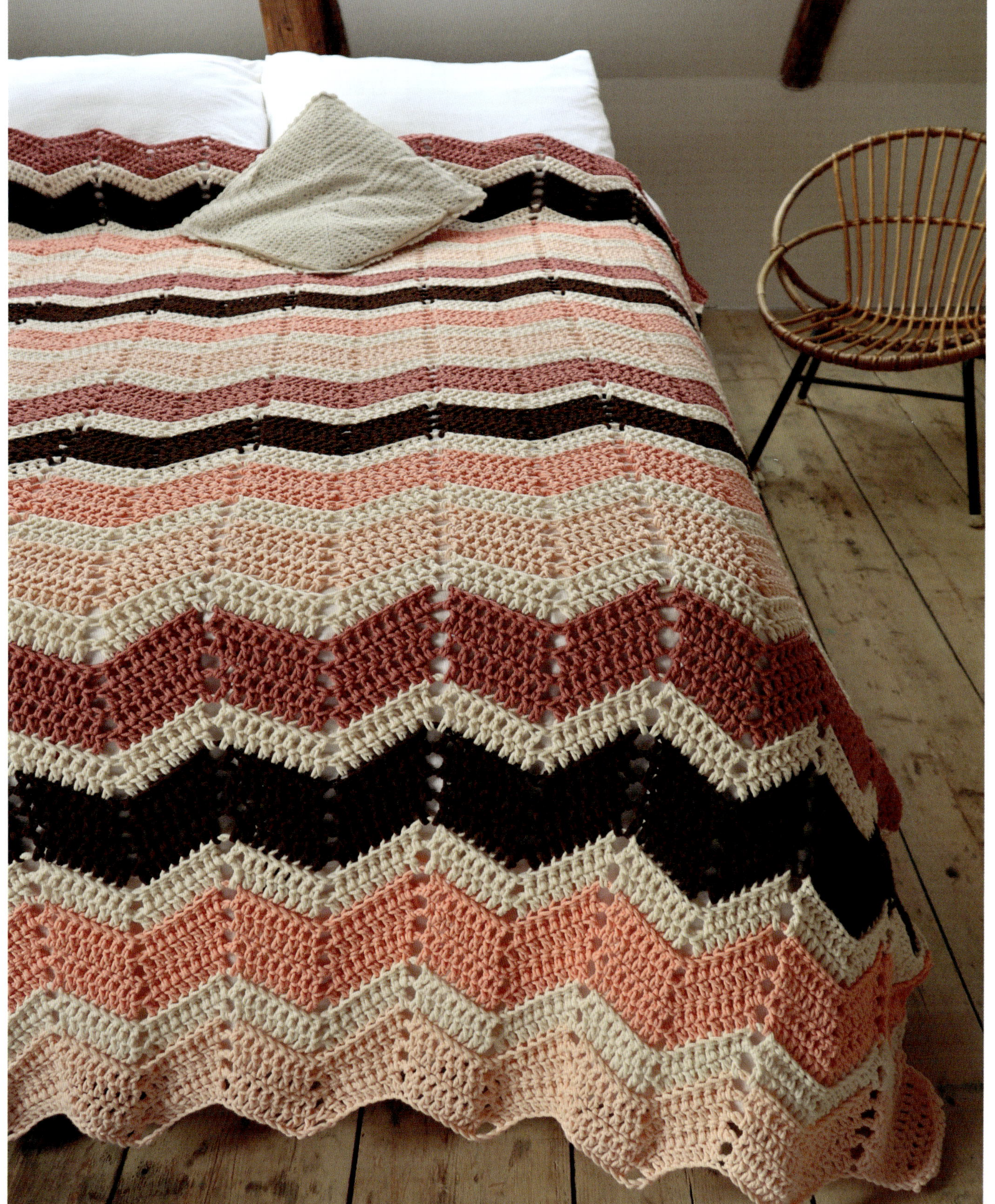

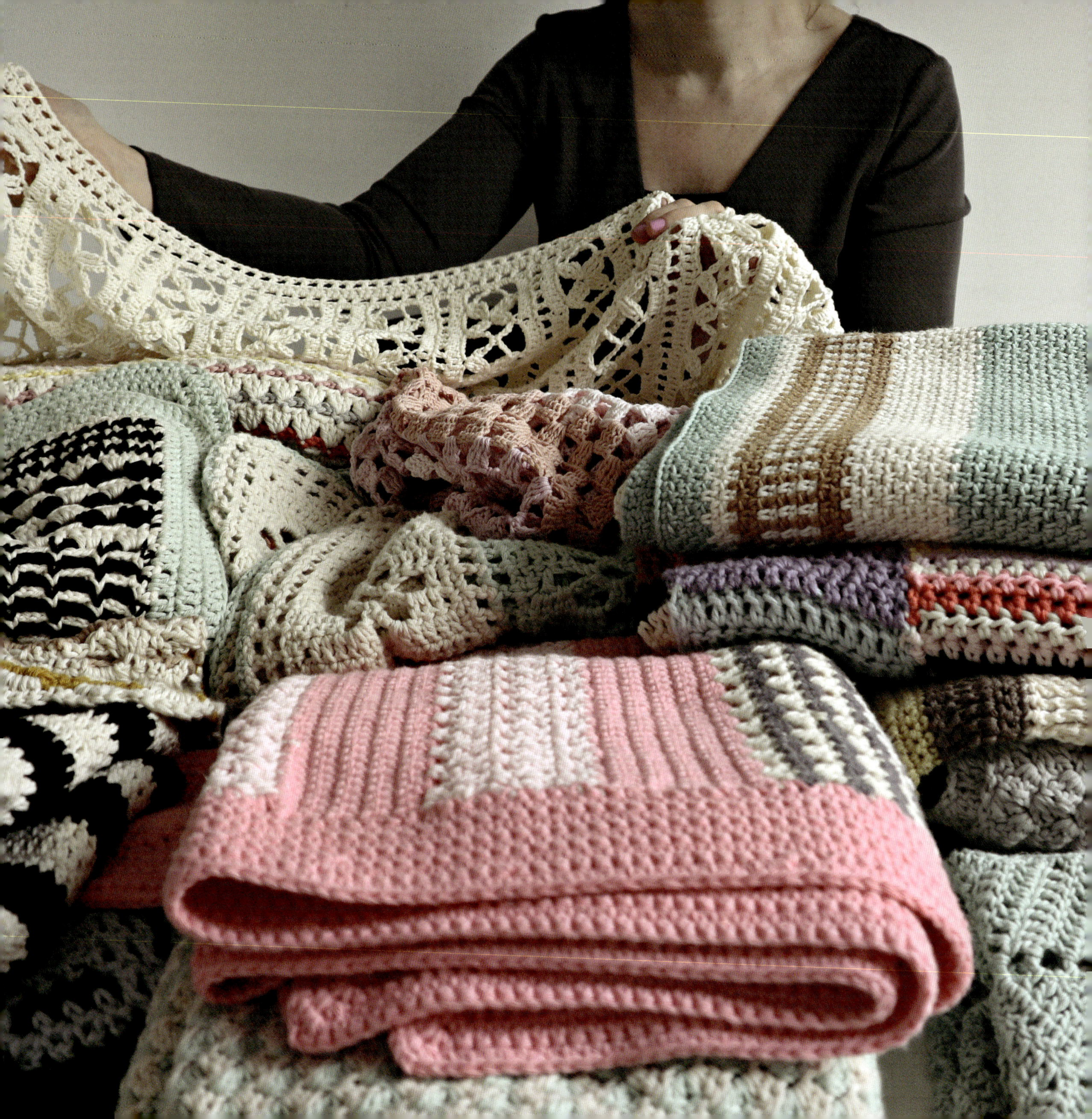

KAPITEL 3

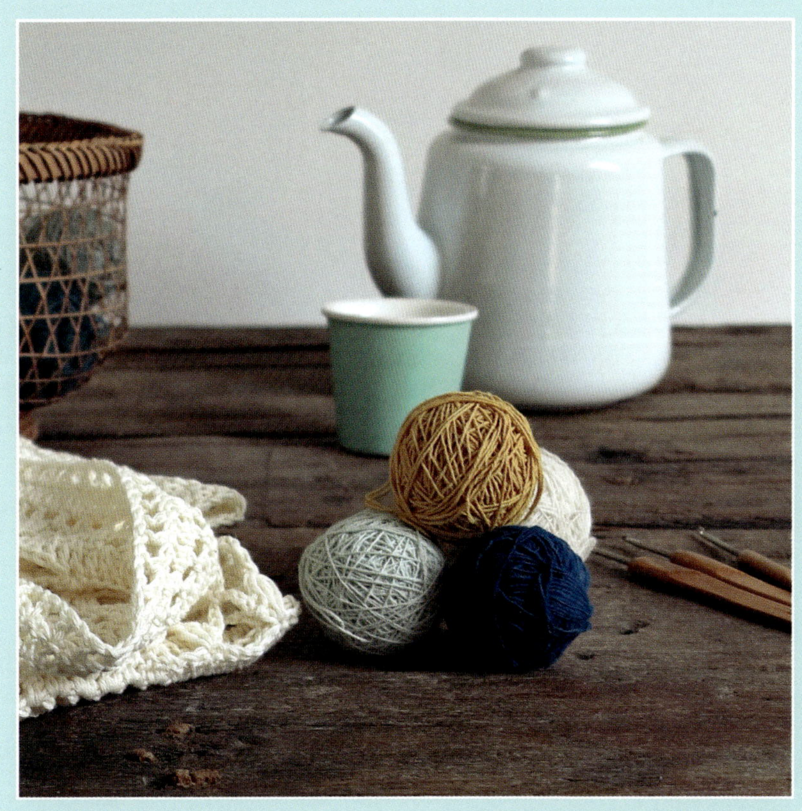

TECHNIKEN

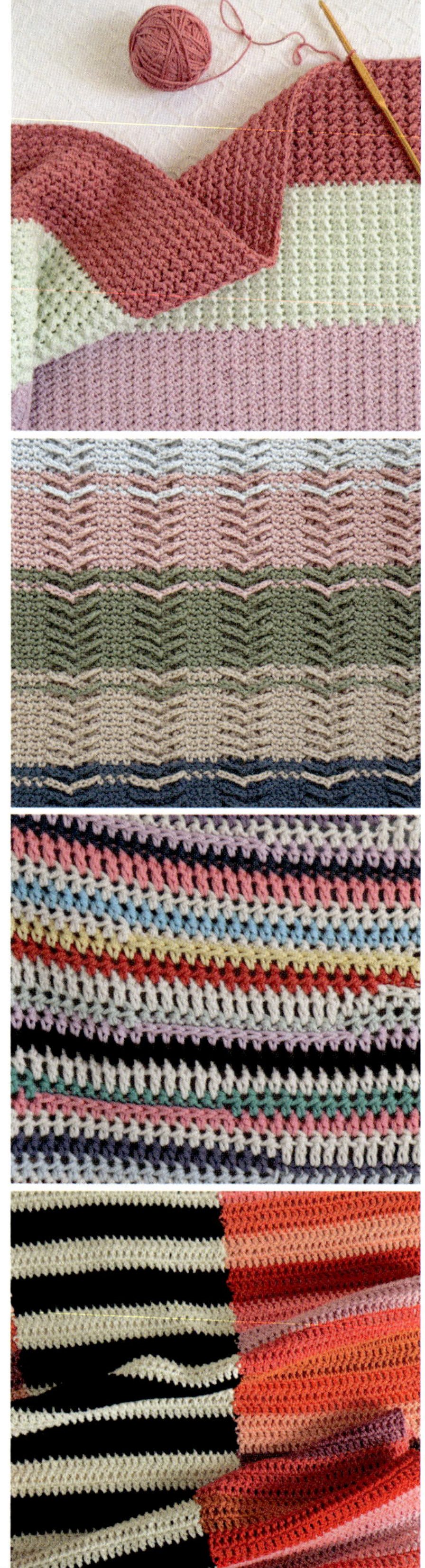

FANTASTISCHE FARBEN

Farben sind ganz entscheidend für ein Häkelmuster – bei Streifen gilt das sogar in besonderem Maße. Tatsächlich könnte man ein eigenes Buch darüber schreiben, aber ich werde mich hier auf die wichtigsten Tipps beschränken, die man beherzigen sollte, wenn man die Farben und das Farbschema für seine Streifendecke auswählt.

Farbpalette

Bestimmt haben auch Sie Ihre ganz persönlichen Lieblingsfarben. Vielleicht mögen Sie monochrome Schattierungen, Schwarz und Weiß, leuchtende Farben, gedämpfte Töne oder, wie ich, Pastellfarben mit viel Naturweiß kombiniert. In der Regel greifen wir zuerst zu jenen Farben, die wir am liebsten mögen. Aber es lohnt sich, auch mit solchen Farben zu experimentieren, die uns nicht gleich ansprechen. Manchmal ergänzen sie die anderen Farben perfekt oder lassen sie stärker zur Geltung kommen. Oder sie ergeben in der Kombination auch selbst einen ganz eigenen, interessanten Look.

Denken Sie zudem daran, dass die Farbwirkung von der Menge abhängt. Ein kleiner Streifen Farbe wirkt zwischen breiten Streifen einer anderen Farbe ganz anders (sowohl für sich genommen als auch auf die anderen Farben) als wenn diese Farbe bei gleich breiten Streifen eingesetzt würde. Bei einer Decke kann es also schon sehr sinnvoll sein, flexibel zu bleiben. Hinterfragen Sie Ihre Auswahl immer wieder mal. Halten Sie ein Knäuel einer anderen Farbe an Ihre Arbeit, um zu sehen, welche Wirkung diese Farbe hat. Experimentieren Sie, und vor allem: Haben Sie Spaß!

Streifenschema

Denken Sie daran, dass Form und Größe der Streifen entweder vom Häkelmuster, von den Farben oder von beidem bestimmt werden kann. Bei manchen Mustern ist es relativ egal, wo und wie man die Farben wechselt: Die Marseille-Decke zum Beispiel (unten, ganz links) ist ganz aus Resten gemacht, wobei ich in jeder Reihe die Farbe wechselte.

Sie können die Farbe aber auch ganz nach Ihrem eigenen Geschmack wechseln: zum Beispiel nach jeder fünften Reihe, sodass viel breitere Streifen entstehen. Genauso gut könnten Sie auch nur zwei Farben verarbeiten und immer abwechselnd eine Reihe in einer Farbe häkeln. Selbst wenn Sie nur eine einzige Farbe für die gesamte Decke verwenden würden, wäre es immer noch eine Streifendecke, nur dass sich die Streifen nicht aus den Farben, sondern aus dem Häkelmuster ergäben. Es bieten sich also fast endlos viele Möglichkeiten. Doch egal, für welche Sie sich entscheiden, sie wird einen riesigen Einfluss auf die Decke haben – ohne das eigentliche Muster zu verändern.

Die Weimar-Decke (unten, Mitte links) ähnelt der Marseille-Decke auf gewisse Weise. Beim Häkelmuster ist jede Reihe eine Wiederholung der ersten, die Maschen sind einfach und fest. Doch dabei kommen zwei sehr unterschiedliche Decken heraus, wegen der Farben, da Weimar sowohl breite als auch schmale Farbstreifen hat, dazu senkrechte, die durch das Perlmuster entstehen.

Die Decken Brügge und Havanna (unten, Mitte und ganz rechts) bestehen beide aus breiten, spitzenartigen Streifen, deren Muster sich nach wenigen Reihen wiederholt. Bei der einfarbigen Brügge-Decke entstehen die Streifen allein durch das Häkelmuster, während bei der Havanna-Decke die Streifen durch einen Farbwechsel bei jeder Musterwiederholung betont werden. Das muss aber nicht so sein. Sie könnten die Farbstreifen auch doppelt so breit machen wie die Häkelmusterstreifen, indem Sie stets erst nach zwei Musterwiederholungen die Farbe wechseln würden.

Vergrößern oder verkleinern

Es gibt zwei Hauptmethoden, die Größe einer Decke zu ändern. Die erste Methode ist, derselben Anleitung zu folgen, aber ein dünneres oder dickeres Garn samt passender Häkelnadel zu verwenden. Denken Sie daran, dass ich manchmal eine Häkelnadel benutzt habe, deren Stärke von der eigentlich empfohlenen abweicht, um die gewünschte Struktur oder den gewünschten Fall bei diesem bestimmten Muster zu erzielen. Deshalb ist es wichtig, eine Maschenprobe zu häkeln und unterschiedliche Kombinationen von Garn und Häkelnadel so lange auszutesten, bis Sie mit dem Ergebnis zufrieden sind. Das wird Ihnen auch dabei helfen, die Endgröße Ihres Projekts zu berechnen.

Die zweite Methode ist die, das Muster schon im Anschlag zu verkürzen oder zu verlängern. Dafür nutzen Sie am besten die Informationen zum Stichwort Musterwiederholung in den Anmerkungen zu den Anleitungen auf S. 118. Wichtig ist es, sich vorher zu überlegen, welche Konsequenzen das für das Aussehen der Decke hat.

Wenn Sie zum Beispiel eine Anleitung vergrößern, bei der die Farben alle fünf Reihen gewechselt werden, dann sehen diese Streifen auf dem Foto vielleicht recht breit aus, aber auf einer größeren Decke werden sie schmäler wirken. Das kann gut aussehen, aber wenn die Decke genauso wirken soll wie die kleinere Originaldecke, werden Sie die Farben nicht schon nach fünf Reihen wechseln dürfen, sondern zum Beispiel erst nach jeweils zehn Reihen.

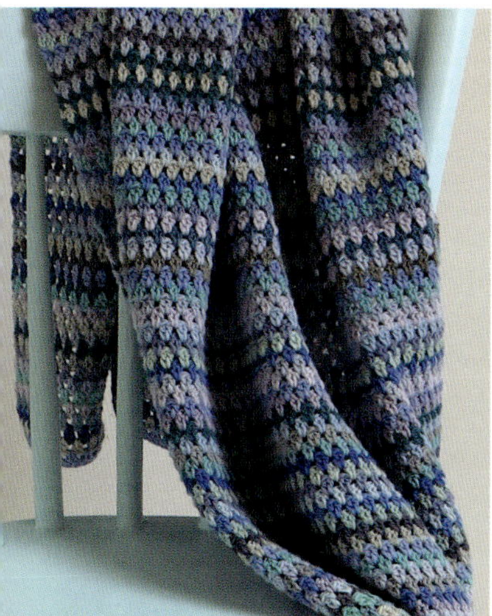
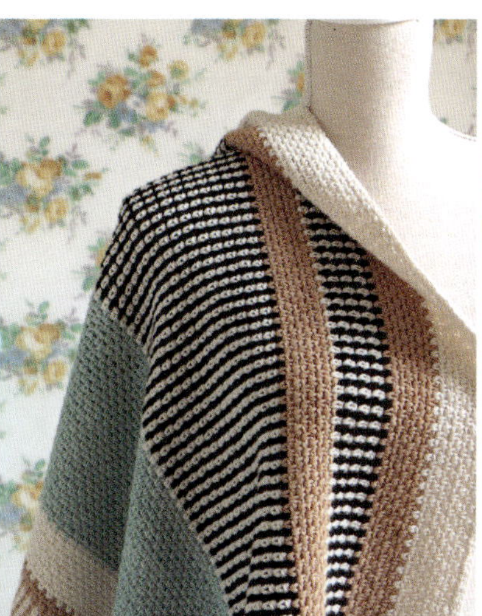
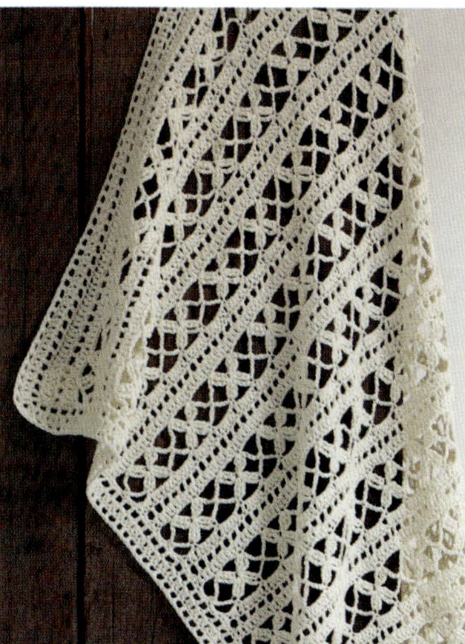
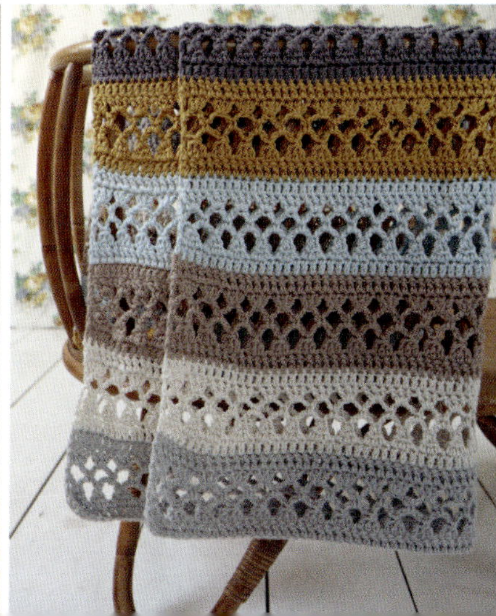

ZU DEN ANLEITUNGEN

Bevor Sie zur Häkelnadel greifen, sollten Sie unbedingt diese Anmerkungen zu den Anleitungen in diesem Buch lesen.

Musterwiederholung

Bei jeder Anleitung wird die Länge des Anschlags angegeben, der nötig ist, um die Decke in der Größe zu arbeiten, die auf dem Foto zu sehen ist. Hier finden Sie aber auch die Musterwiederholung. Die Maschenzahl des Anschlags ist das Vielfache einer bestimmten Zahl, sodass Sie die Deckengröße an Ihre eigenen Bedürfnisse anpassen können. Oft wird eine Zahl zusätzlicher Luftmaschen ergänzt, um das Design auszubalancieren und/oder als Wendemaschen für die erste Reihe. In diesem Buch wird die Musterwiederholung zum Beispiel so angegeben: »teilbar durch 3 + 2, plus 1 für den Anschlag.« Das bedeutet, dass Sie ein Vielfaches von 3 – 3, 6, 9, und so weiter – anschlagen, dann zwei Luftmaschen für das Design – 3 + 2, 6 + 2, 9 + 2. Und danach noch eine Luftmasche als Wendemasche für die erste Reihe – 3 + 2 + 1, 6 + 2 + 1, 9 + 2 + 1.

In Reihen und Runden häkeln

Wenn nichts anderes angegeben ist, wenden Sie die Arbeit am Ende jeder Reihe. Wenden Sie nicht, wenn Sie Umrandungen in Runden häkeln; es sei denn, es ist in der Anleitung so angegeben (sehen Sie dazu auch S. 124).

Wendemaschen

Wendemaschen werden am Beginn einer Reihe (oder Runde) gehäkelt, damit die Häkelnadel sich in der richtigen Höhe befindet, um die nächsten Maschen zu arbeiten. Ich empfehle die übliche eine Luftmasche bei festen Maschen und zwei Luftmaschen für halbe Stäbchen – bei höheren Stichen arbeite ich lieber weniger Luftmaschen als üblich, damit der Rand ordentlicher wird – also zwei Luftmaschen bei Stäbchen (anstelle von drei) und so weiter.

Manchmal ersetzen die Wendemaschen die erste Masche der Reihe, es steht in der Anleitung, falls das der Fall ist – zum Beispiel, »2 Lm (zählt als 1 Stb)«. Wenn nicht anders angegeben, häkeln Sie die letzte Masche der folgenden Reihe in die oberste Luftmasche der Wendemaschen.

Diagramme

Jedes Diagramm enthält mehrere Musterwiederholungen pro Reihe. Die geschwungenen, senkrechten Linien bedeuten, dass man bis zum Reihenende im Muster häkeln soll. Getupfte Linien zeigen an, wo Reihen wiederholt werden sollen; schauen Sie in der geschriebenen Anleitung nach, welche Reihen wiederholt werden sollen.

Diagramme der Umrandungen enthalten mindestens eine Ecke, mehrere Maschen an der obersten und/oder untersten Reihe und mehrere Reihenenden. Wenn die schriftliche Anleitung angibt, dass man die Möglichkeit hat, eine Reihe (oder Runde) mit einer Anfangs-fM zu beginnen, steht im Diagramm ein fM-Symbol ohne Wendemasche. Wenn man die Möglichkeit hat, ein Anfangs-hStb oder eine noch höhere Masche zu arbeiten, stehen im Diagramm die üblichen Wendemaschen.

Farbwechsel

Halten Sie sich für den Farbwechsel an die »Farbfolge« am Ende der Deckenanleitung. Sie können beim Farbwechsel jede der drei weiter unten erklärten Methoden verwenden, aber ich empfehle diese:

- Wenn die erste Masche in der neuen Farbe einer der Grundstiche (fM, hStb, Stb) ist, empfehle ich die Methode mit der Anfangsmasche.
- Wenn Sie lieber keine Anfangsmasche arbeiten und die erste Masche in der neuen Farbe eine fM oder eine Lm ist, nutzen Sie die Methode mit einer Kettmasche und häkeln Sie dann 1 Lm (die Lm zählt als die erste fM oder Lm der neuen Reihe).
- Wenn die erste Masche in der neuen Farbe ein hStb oder eine höhere Masche oder eine längere Lm-Kette ist, verwenden Sie die Methode mit der halben Masche und häkeln Sie die nötige Anzahl Wendemaschen anstelle der ersten Masche.

Abkürzungen

beg Beginn	**v** vorderes Maschenglied	**M** Masche(n)
h hinteres Maschenglied	**hStb** halbes Stäbchen	**zus** zusammen
Lm Luftmasche	**fM** feste Masche	**DStb** Doppelstäbchen
Stb Stäbchen	**Km** Kettmasche	**wdh** wiederholen
3er-Stb Dreifaches Stäbchen	**Maschengld** Maschenglied	

METHODE 1 – ANFANGSMASCHE

Am Ende der Reihe (oder Runde) die alte Farbe abschneiden, dann mit der neuen Farbe die neue Reihe mit einer Anfangsmasche (s. S.122) beginnen. Ich nutze am liebsten eine Anfangsmasche beim Farbwechsel, weil er dadurch robuster wird und unauffälliger, so dass der Farbwechsel glatter ist. Es entsteht auch keine Lücke an der Deckenkante, was besonders nützlich ist, wenn Sie Ihre Decke noch mit einer Umrandung versehen wollen. Zudem ist die Masche einfacher zu erkennen, wenn man die letzte Masche der nächsten Reihe in die Masche arbeiten will. Es ist am besten, so selten wie möglich den Faden abzuschneiden, weil dann auch weniger Fäden zu vernähen sind, was die Decke stabiler macht, außerdem rutschen später auch keine Fadenenden mehr heraus. Da Sie aber beim Farbwechsel den Faden sowieso abschneiden müssen, ist es sinnvoll, die beste Version zu wählen, auch wenn die Reihen, die in derselben Farbe gehäkelt werden, mit Wendemaschen anfangen.

Ich empfehle, bei den Umrandungen zu Beginn jeder neuen Runde eine Anfangsmasche zu arbeiten, egal, ob man die Farbe wechselt oder nicht, weil man so eine hässliche Beule oder Rippe am Rundenbeginn vermeidet.

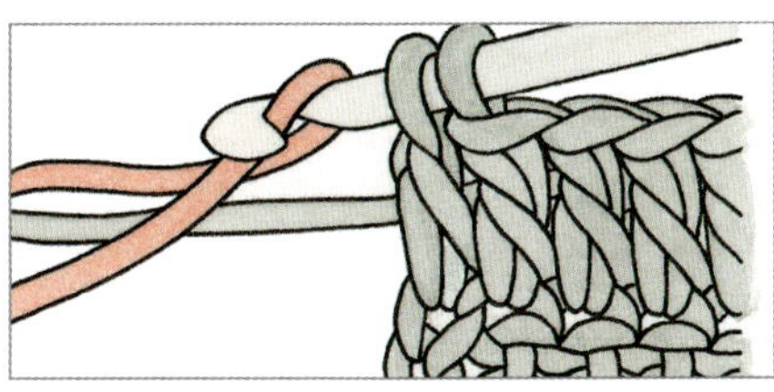

METHODE 2 – HALBE MASCHE

Die letzte Masche mit der alten Farbe bis zum letzten »Umschlag, durchziehen« häkeln, dann die neue Farbe um die Häkelnadel legen und damit die Masche mit dem letzten »Umschlag, durchziehen« vollenden.

Mit der neuen Farbe die nötige Anzahl Wendemaschen häkeln und dann die Reihe weiterarbeiten.

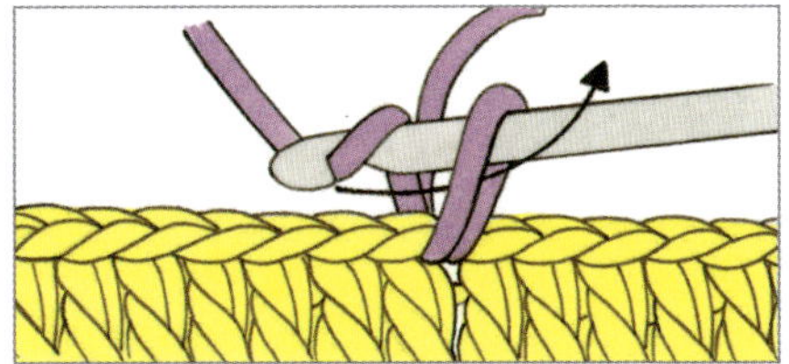

METHODE 3 – KETTMASCHE

Die alte Farbe abschneiden, dann die Häkelnadel in die Masche stechen, in der die neue Farbe beginnen soll, und »Umschlag, durchziehen« mit der neuen Farbe häkeln. Eine Variante ist, zuerst eine Grundschlinge auf die Häkelnadel knüpfen und den Faden durch Masche und Grundschlinge ziehen. In die neue Masche die nötige Anzahl Wendemaschen häkeln und dann die Reihe weiterarbeiten.

FADENENDEN EINHÄKELN

Egal, welche Methode Sie beim Farbwechsel verwenden, man kann den abgeschnittenen Faden auf der Rückseite der Arbeit hängen lassen und mit einer Nähnadel vernähen, wenn man mit dem Häkeln fertig ist. Eine Alternative ist, die Fäden in der folgenden Reihe einzuhäkeln, indem man sie hinter die letzte Reihe Maschen legt und die nächste Reihe Maschen darüber häkelt. Dadurch muss man am Ende deutlich weniger nähen.

MARRAKESCH-TECHNIK

Beim Farbwechsel mitten in der Reihe bei den Decken Marrakesch und Casablanca (S. 32, 68) arbeitet man zuerst nach der Methode der halben Masche, dann häkelt man die Reihe weiter mit der neuen Farbe. Die alte Farbe nicht abschneiden, sondern hängen lassen.

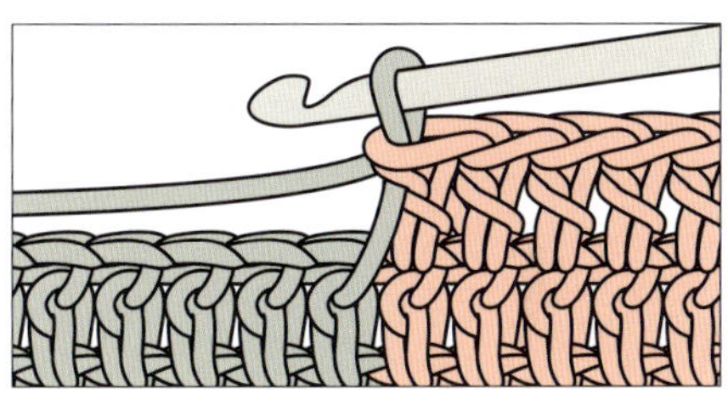

1 Wenn Sie eine Rückreihe häkeln, nehmen Sie die alte Farbe auf und arbeiten Sie den Farbwechsel wieder mit der Methode der halben Masche. So entsteht ein deutlich sichtbarer, senkrechter Faden, der von der vorigen Reihe zur gerade gehäkelten Masche reicht.

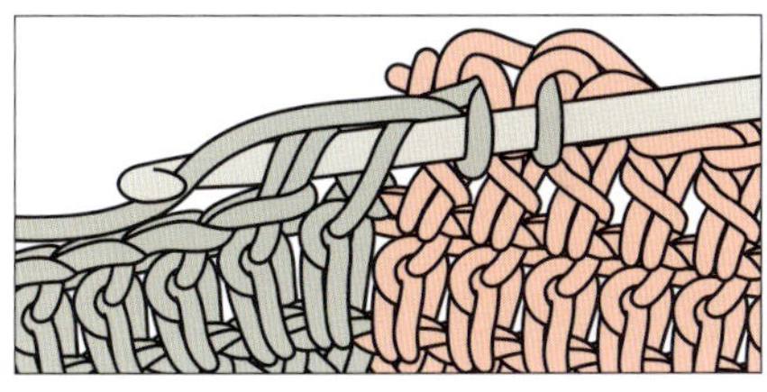

2 Um diesen Faden einzuhäkeln, arbeiten Sie das nächste Stb wie folgt: Umschlag, Häkelnadel von rechts nach links hinter dem senkrechten Faden einstechen, dann in die nächste Masche der Reihe, Umschlag.

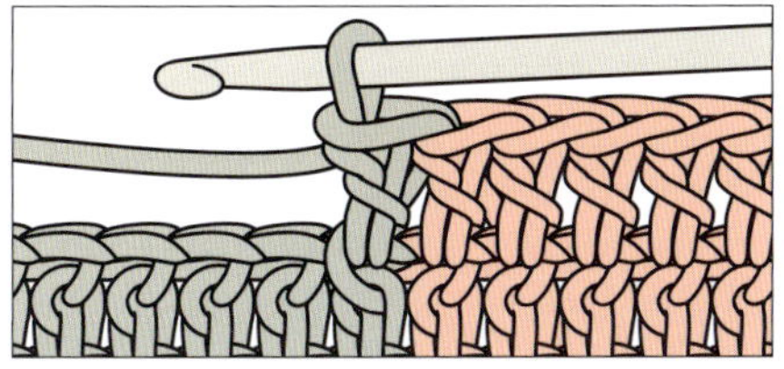

3 Ziehen Sie den Faden durch Masche und Faden und beenden Sie das Stb wie immer: [Umschlag und durch 2 Schlaufen auf der Häkelnadel ziehen] zweimal.

AUFFRISCHUNGSKURS HÄKELN

Selbst erfahrene Häklerinnen und Häkler müssen ihr Gedächtnis ab und zu ein bisschen auffrischen. Ganz gleich, ob Sie gerade erst angefangen haben oder schon seit Jahren häkeln. Diese Seiten können Ihnen eine wertvolle Hilfe zum Nachschlagen sein.

Grundstiche

Alle Häkelstiche basieren darauf, dass eine Garnschlinge mit einer Häkelnadel durch eine andere Garnschlinge gezogen wird, das wird unterschiedlich oft wiederholt, um unterschiedlich hohe Maschen zu erzeugen.

GRUNDSCHLINGE

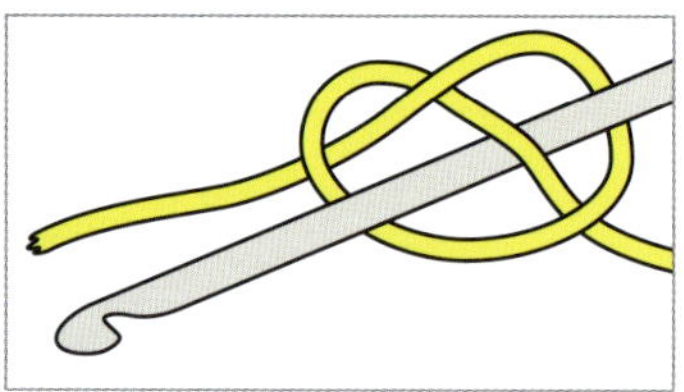

1 Mit dem Garn eine Schlinge bilden und die Häkelnadel durchstechen.

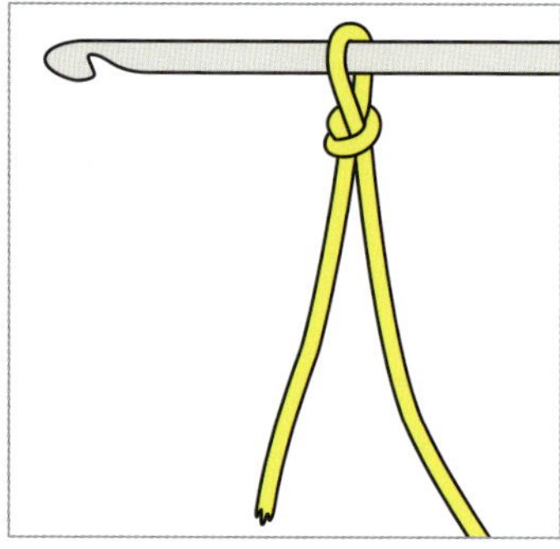

2 Sanft am kurzen und langen Fadenende ziehen; dabei die Häkelnadel festhalten, damit eine Grundschlinge entsteht.

○ LUFTMASCHE (LM)

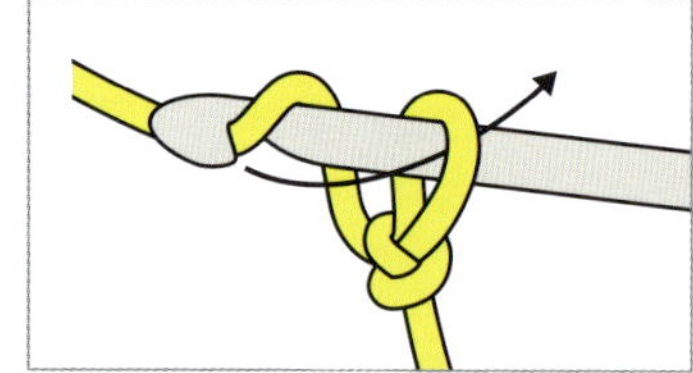

1 Knüpfen Sie wie links gezeigt eine Grundschlinge. Legen Sie den Faden um die Häkelnadel (oder nehmen Sie ihn mit der Häkelnadel) und ziehen Sie ihn durch die Schlaufe auf der Häkelnadel, sodass eine neue Schlaufe entsteht. Dammit haben Sie eine Luftmasche (Lm) gehäkelt.

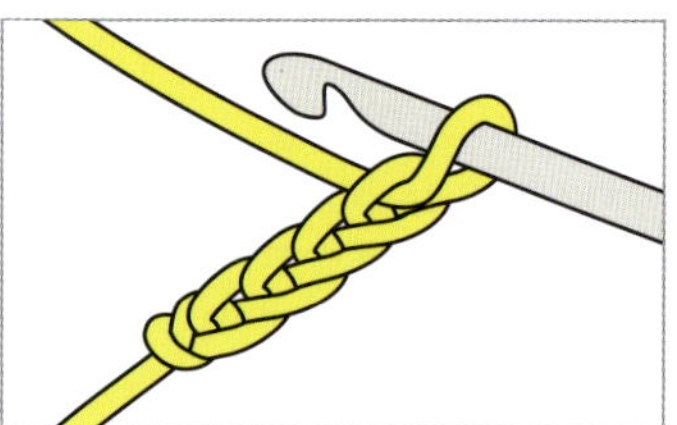

2 Schritt 1 so oft wie nötig wiederholen, dabei die Luftmaschenkette in der Hand bewegen, sodass sie immer ein paar Maschen unterhalb der Häkelnadel gehalten wird.

• KETTMASCHE (KM)

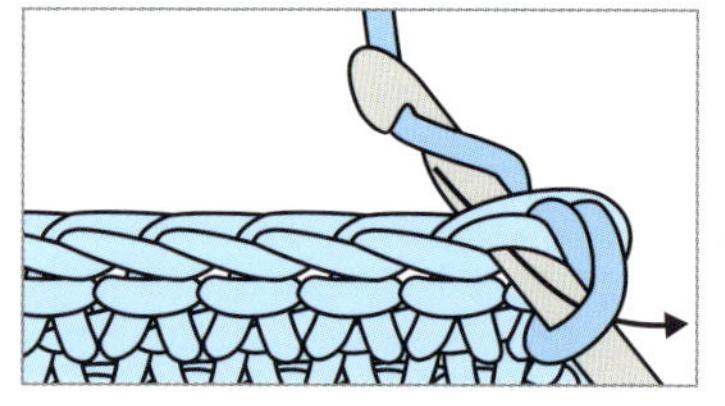

1 Stechen Sie die Häkelnadel in die gewünschte Masche (oder Stelle), Umschlag und ziehen Sie den Faden durch die Masche und die Schlinge auf der Häkelnadel. Damit haben Sie eine Kettmasche (Km) gehäkelt.

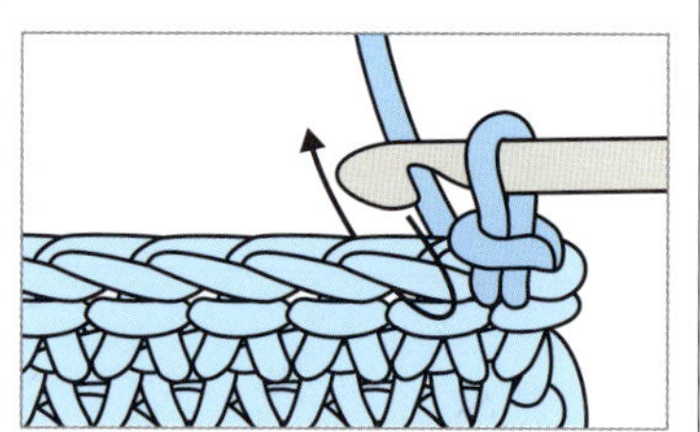

2 Wiederholen Sie Schritt 1 bis zum Reihenende für eine Reihe von Kettmaschen.

+ FESTE MASCHE (FM)

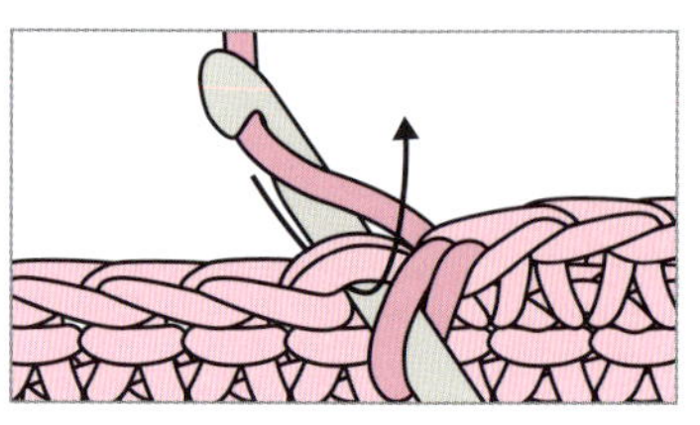

1 Die Häkelnadel in die gewünschte Masche (oder Stelle) stechen, den Faden über die Häkelnadel legen und nur durch die Häkelarbeit ziehen.

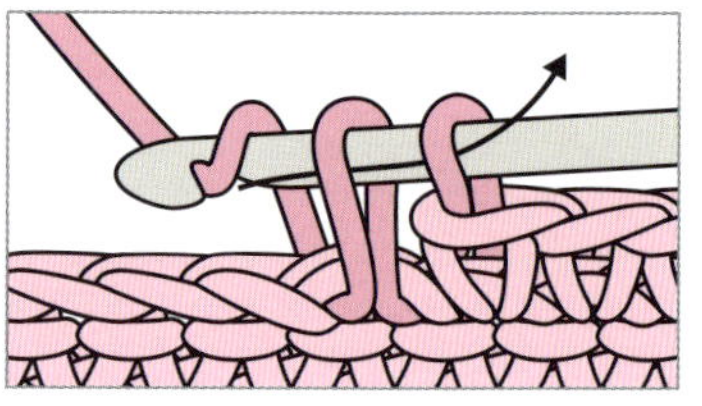

2 Den Faden über die Häkelnadel legen und durch beide Schlaufen auf der Häkelnadel ziehen, sodass eine neue Masche entsteht.

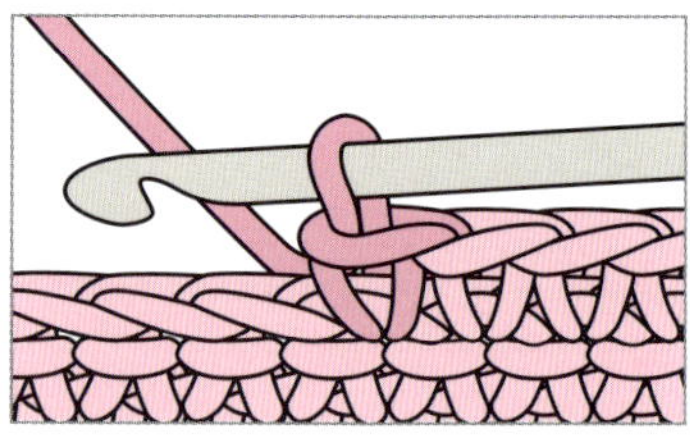

3 Eine Schlaufe auf der Häkelnadel. Eine feste Masche (fM) gehäkelt. Schritte 1–2 in jd Masche bis Reihenende wiederholen für eine komplette Reihe fester Maschen.

HALBES STÄBCHEN (HSTB)

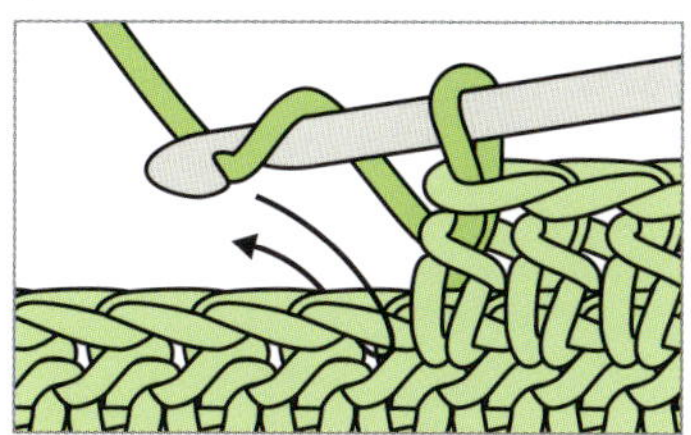

1 Den Faden über die Häkelnadel legen und die Häkelnadel in die gewünschte Masche (oder Stelle) stechen.

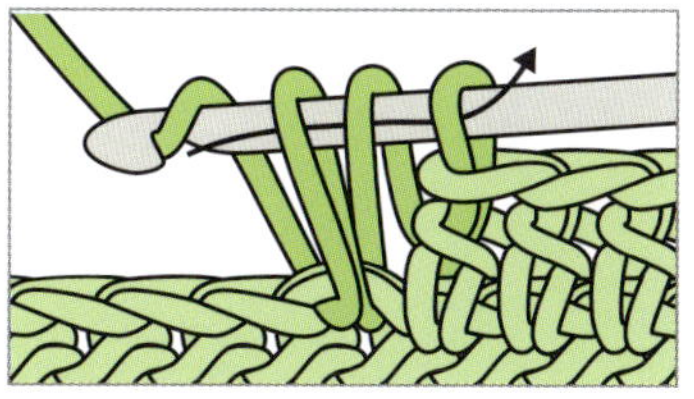

2 Den Faden durch die Arbeit ziehen. Jetzt liegen drei Schlaufen auf der Häkelnadel. Den Faden noch mal um die Häkelnadel legen. Durch alle drei Schlaufen auf der Häkelnadel ziehen.

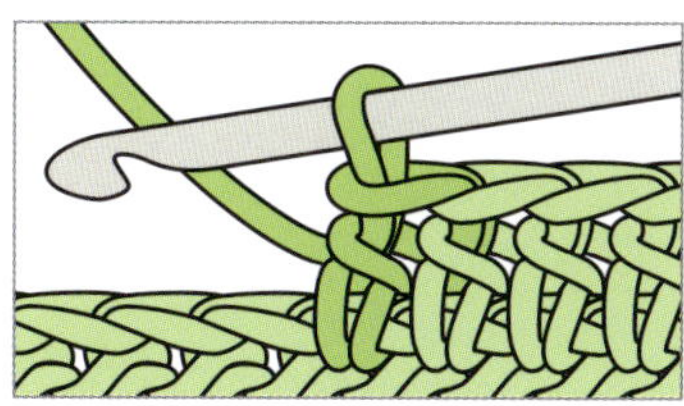

3 Noch eine Schlaufe auf der Häkelnadel. Ein halbes Stäbchen (hStb) gehäkelt. Die Schritte 1–2 in jd Masche bis Reihenende für eine komplette Reihe halber Stäbchen wiederholen.

STÄBCHEN (STB)

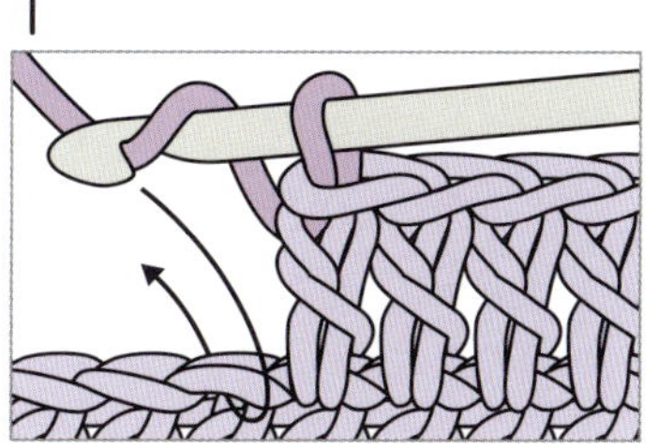

1 Den Faden über die Häkelnadel legen und die Häkelnadel in die gewünschte Masche (oder Stelle) stechen.

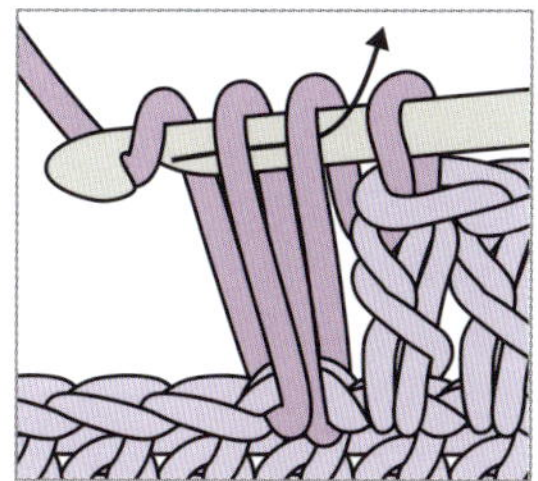

2 Eine neue Schlaufe durch die Arbeit ziehen, so dass drei Schlaufen auf der Häkelnadel sind. Den Faden noch mal über die Häkelnadel legen. Den Faden durch die ersten beiden Schlaufen auf der Häkelnadel ziehen.

3 Zwei Schlaufen auf der Häkelnadel. Noch einen Umschlag über die Häkelnadel legen. Den Faden durch beide Schlaufen auf der Häkelnadel ziehen.

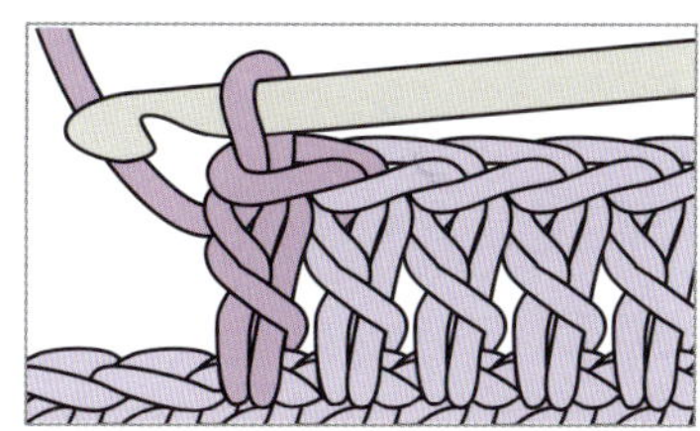

4 Noch eine Schlaufe auf der Häkelnadel. Ein Stäbchen (Stb) gehäkelt. Die Schritte 1–3 in jd Masche bis Reihenende wiederholen, um eine komplette Reihe Stäbchen zu häkeln.

DOPPELSTÄBCHEN (DSTB)

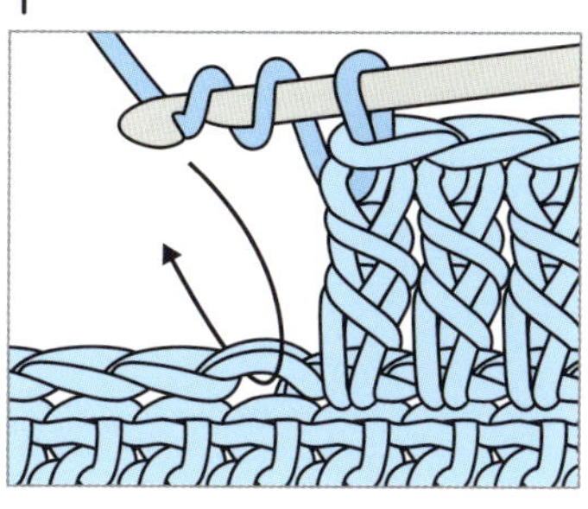

1 Den Faden zweimal über die Häkelnadel legen und die Nadel in die gewünschte Masche (oder Stelle) stechen.

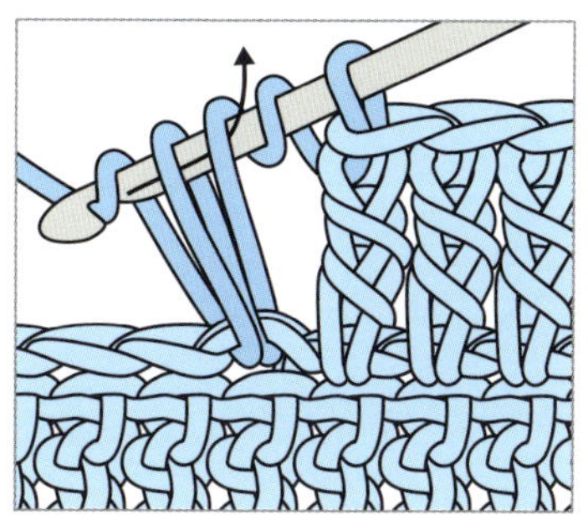

2 Eine neue Schlaufe durch die Arbeit ziehen. Jetzt sind vier Schlaufen auf der Häkelnadel. Noch einen Umschlag über die Häkelnadel legen und den Faden durch die ersten beiden Schlaufen ziehen.

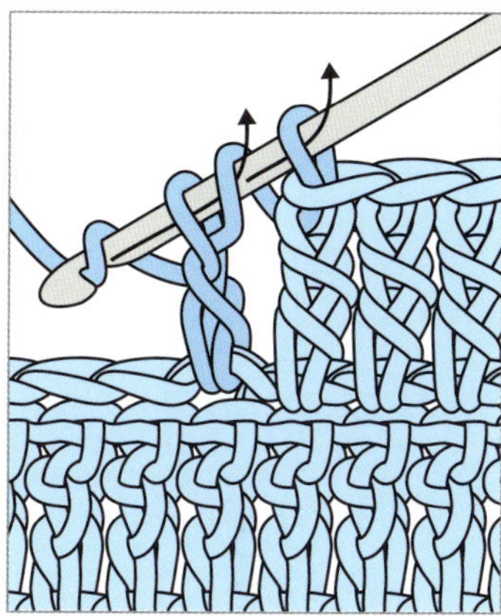

3 Noch drei Schlaufen auf der Häkelnadel. Noch einen Umschlag über die Häkelnadel legen und durch die ersten zwei Schlaufen ziehen. Noch zwei Schlaufen auf der Häkelnadel. Den Faden durch die letzten beiden Schlaufen ziehen.

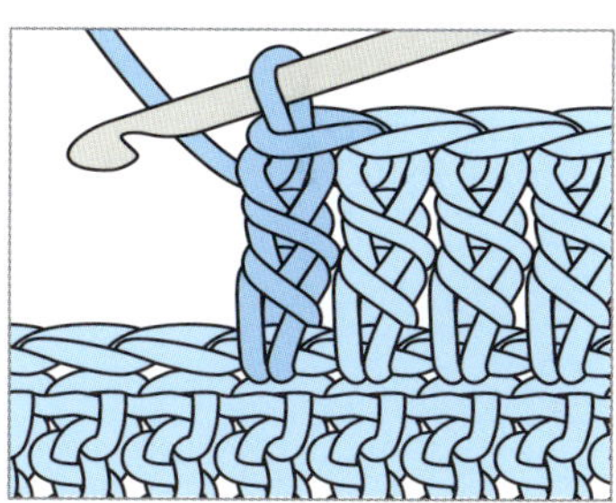

4 Noch eine Schlaufe auf der Häkelnadel. Ein Doppelstäbchen (DStb) gehäkelt. Die Schritte 1–3 in jd Masche bis Reihenende wiederholen, um eine komplette Reihe mit Doppelstäbchen zu häkeln.

DREIFACHES STÄBCHEN (3ER-STB)

Wie ein doppeltes Stäbchen arbeiten, aber zu Anfang den Faden dreimal, anstatt zweimal um die Häkelnadel legen. Wie üblich je zwei Schlaufen auf einmal abmaschen.

Anfangsmaschen

Normalerweise häkelt man Luftmaschen, um die erste Masche einer neuen Reihe oder Runde zu ersetzen. Aber meine Lieblingsmethode ist die Anfangsmasche, wenn ich in Runden häkele oder eine Reihe mit einer neuen Farbe beginne (s. S. 118 für weitere Informationen).

ANFANGS-FESTE MASCHE

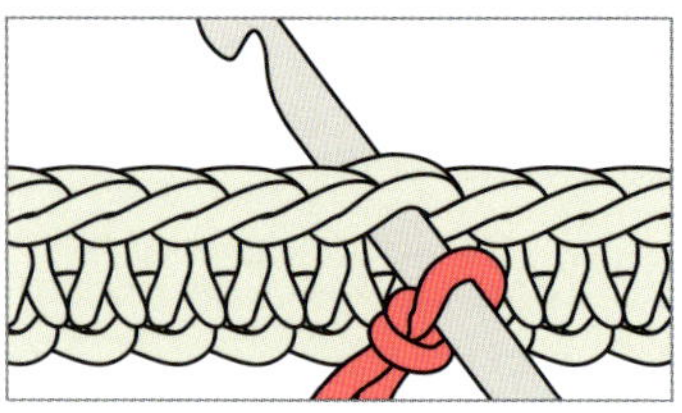

1 Eine Grundschlinge auf der Häkelnadel knüpfen und dann die Häkelnadel in die gewünschte Masche (oder Stelle) stechen.

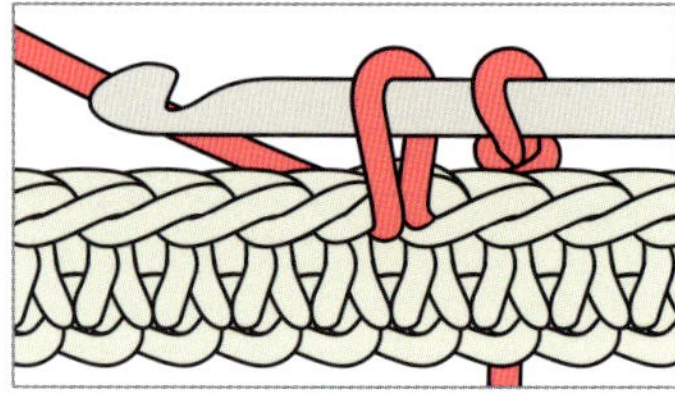

2 Jetzt wird es wie eine normale, feste Masche beendet – Umschlag, durchziehen und den Faden durch beide Schlaufen auf der Häkelnadel ziehen.

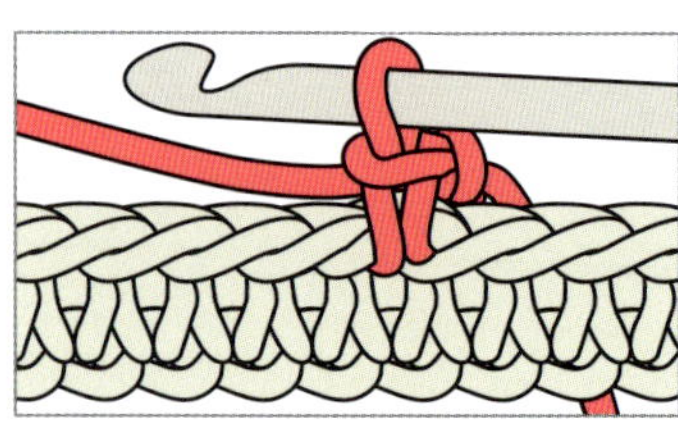

3 Hinten an der Masche befindet sich ein kleiner Buckel (die ursprüngliche Grundschlinge). Wenn Sie möchten, können Sie diesen Buckel am Ende der Reihe oder Runde lösen; die Masche wird sich nicht lösen.

ANFANGSSTÄBCHEN – METHODE A

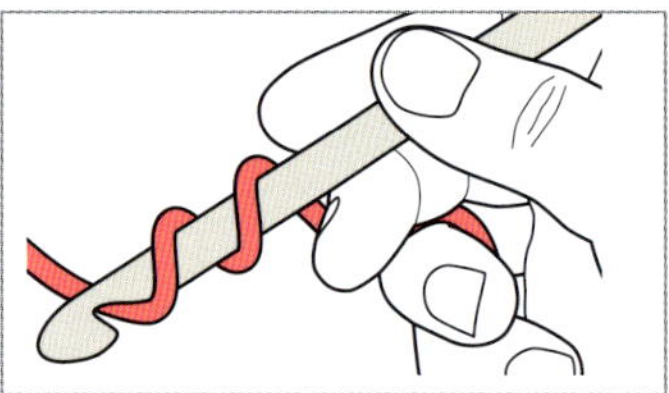

1 Den Faden zweimal um die Häkelnadel legen und diese Schlaufen mit einem Finger festhalten (das kann zunächst ein bisschen knifflig sein, aber nach ein paar Mal haben Sie raus, wie's geht).

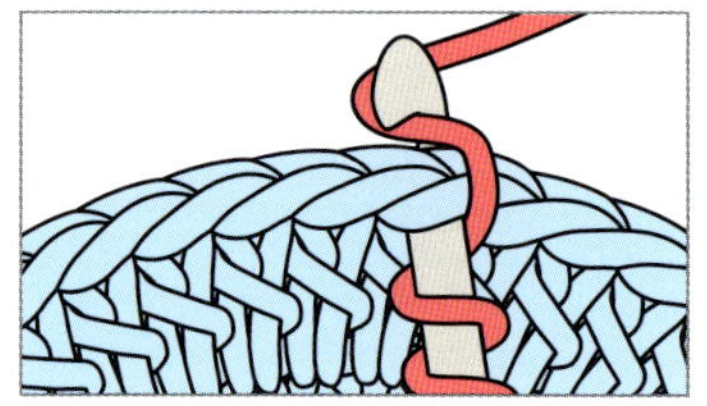

2 Die Häkelnadel in die gewünschte Masche (oder Stelle) stechen und den Faden durchziehen.

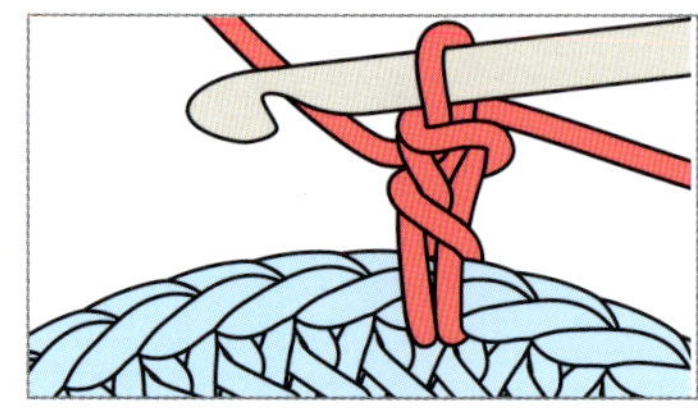

3 Jetzt wird es wie ein normales Stb beendet – [Umschlag und durch zwei Schlaufen ziehen] zweimal.

ANFANGSSTÄBCHEN – METHODE B

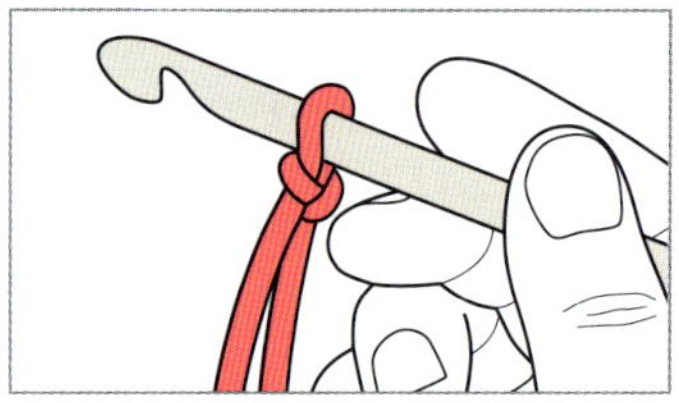

1 Eine Grundschlinge auf der Häkelnadel knüpfen. (Wie bei der Anfangs-fM kann man die Grundschlinge später öffnen, wenn man will; die Masche löst sich nicht.)

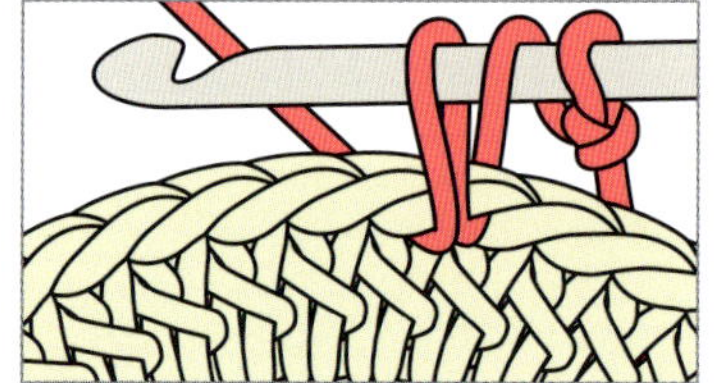

2 Den Faden über die Häkelnadel legen und die Häkelnadel in die gewünschte Masche (oder Stelle) stechen. Einen Faden durchziehen.

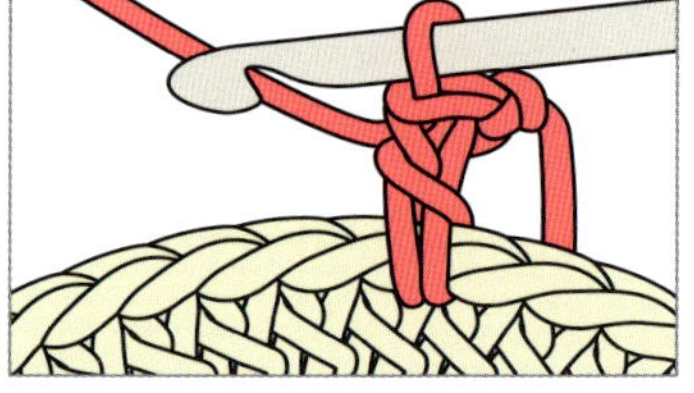

3 Ab hier wird es wie ein normales Stb gehäkelt – [Umschlag und durch zwei Schlaufen ziehen] zweimal.

VARIATIONEN DES ANFANGSSTÄBCHENS

Wenn Sie das Anfangsstäbchen beherrschen, ist es einfach, Variationen zu häkeln. Zum Beispiel:

Anfangs-Stb Maschengruppe
Wenn in einem Muster die erste Masche eine Stb-Maschengruppe ist, beginnen Sie mit einem Anfangs-Stäbchen, aber beenden Sie es nicht (genau wie man beim Häkeln einer Maschengruppe ein normales Stb nicht beendet). Jetzt die restlichen Maschen der Maschengruppe häkeln und wie üblich enden.

Anfangs-hStb oder Anfangs-DStb
Für ein Anfangs-hStb den Schritten 1–2 für das Anfangs-Stb (egal, welche Methode) folgen, und dann einen Umschlag machen und durch alle drei Schlaufen auf der Häkelnadel ziehen. Für ein Anfangs-DStb dieselbe Technik wie für das Anfangs-Stb anwenden, aber den Faden dreimal (statt zweimal) um die Häkelnadel legen.

In nur ein Maschenglied arbeiten

Die Häkelnadel wird in der Regel oben unter beide Maschenglieder eingestochen, aber wenn man sie nur in ein Maschenglied sticht, bildet das leere Maschenglied vorn oder hinten eine Rippe. In diesem Buch bezieht sich »vorderes Maschenglied« auf das, das Ihnen am nächsten ist, und »hinteres Maschenglied« auf das, das weiter von Ihnen weg liegt, egal, ob man Hin- oder Rückreihen arbeitet.

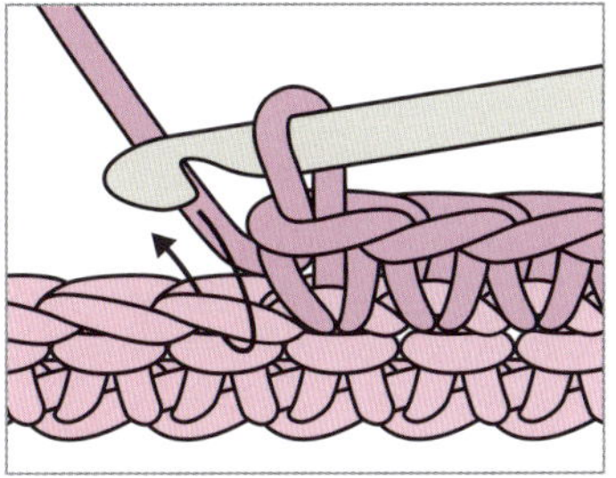

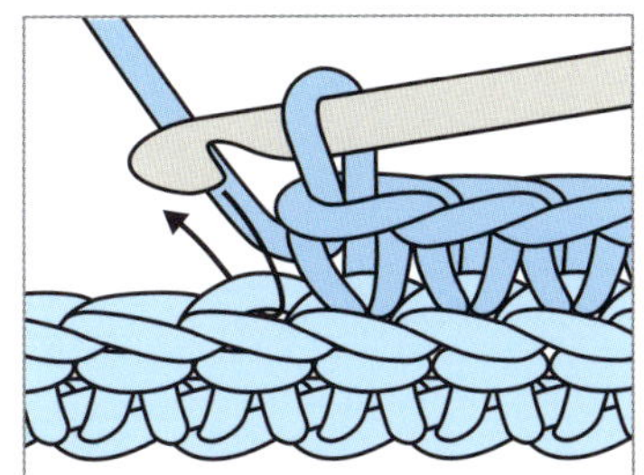

◡ **VORDERES MASCHENGLIED (VMGL)**
Wenn die Häkelnadel nur in das vordere Maschenglied eingestochen wird, entsteht durch das leere Maschenglied auf der Rückseite der Arbeit eine Rippe.

◠ **HINTERES MASCHENGLIED (HMGL)**
Wenn die Häkelnadel nur in das hintere Maschenglied eingestochen wird, entsteht durch das leere Maschenglied auf der Vorderseite der Arbeit eine Rippe.

Reliefmaschen

Durch diese Technik entstehen erhabene Maschen, weil man die Häkelnadel unten um die Masche herum führt (von vorn oder von hinten) anstatt oben in die Maschenglieder zu häkeln.

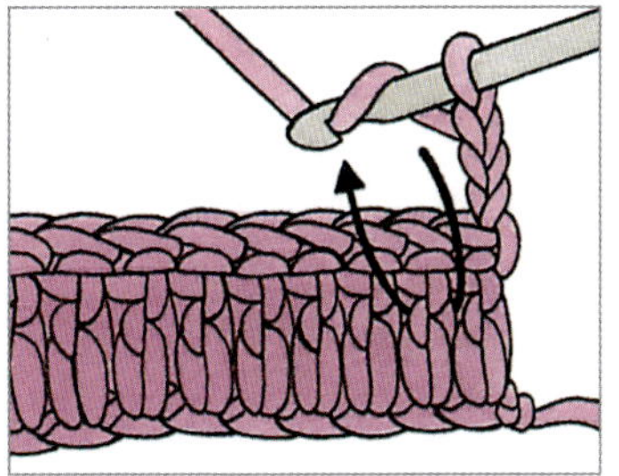

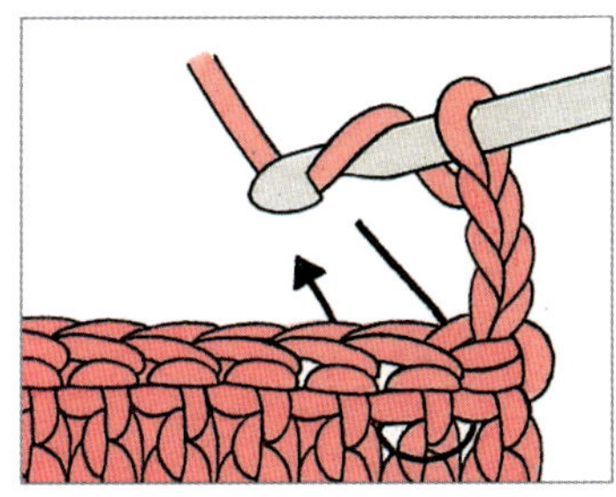

VORDERE RELIEFMASCHE (VRM)
Die Masche wie üblich häkeln, aber die Häkelnadel rechts der nächsten Masche *von vorn nach hinten* einstechen, dann links dieser Masche wieder nach vorn führen.

HINTERE RELIEFMASCHE (HRM)
Die Masche wie üblich häkeln, aber die Häkelnadel rechts der nächsten Masche *von hinten nach vorn* einstechen, dann links dieser Masche wieder nach hinten führen.

Abnahmen und Maschengruppen

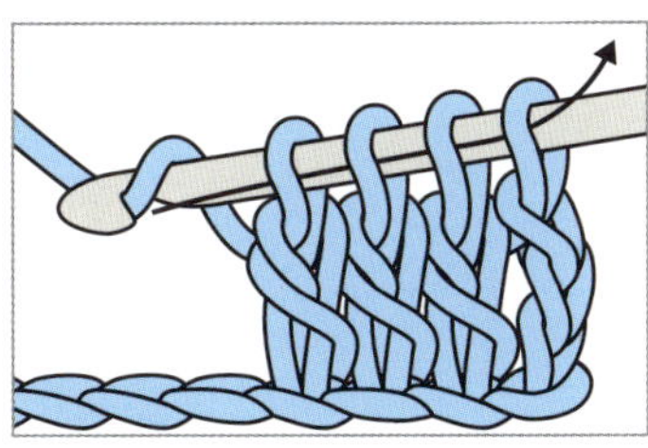

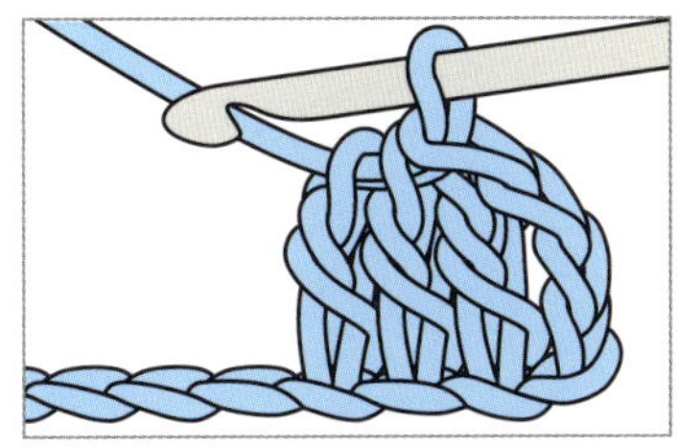

Mehrere Maschen können oben zusammen abgemascht werden, um die Gesamtmaschenzahl zu verkleinern. Das kann in der Anleitung mit der Abkürzung »zus« angegeben werden, zusammen mit der Art und Anzahl der Maschen: »3 Stb zus« beispielsweise. Maschengruppen bezeichnen mehrere Maschen, die in dieselbe Stelle gearbeitet und oben zusammen abgemascht werden »3-Stb-Maschengruppe« zum Beispiel. Die Technik, mehrere Maschen zusammen abzumaschen, ist in beiden Fällen dieselbe. Dafür jd M bis zum letzten »Umschlag und durchziehen« arbeiten. Eine Schlaufe von jd M befindet sich auf der Häkelnadel, plus die Schlaufe von der vorigen Masche. Noch einen Umschlag, dann den Faden durch alle Schlaufen auf der Häkelnadel ziehen, um die Masche zu beenden. Auf ähnliche Weise können alle Maschenarten und -anzahlen zusammen abgemascht werden.

Büschelmaschen

Büschelmaschen bezeichnet eine Maschengruppe aus halben Stäbchen, die in dieselbe Stelle gearbeitet werden: hier wird ein 3-hStb Büschel gezeigt.

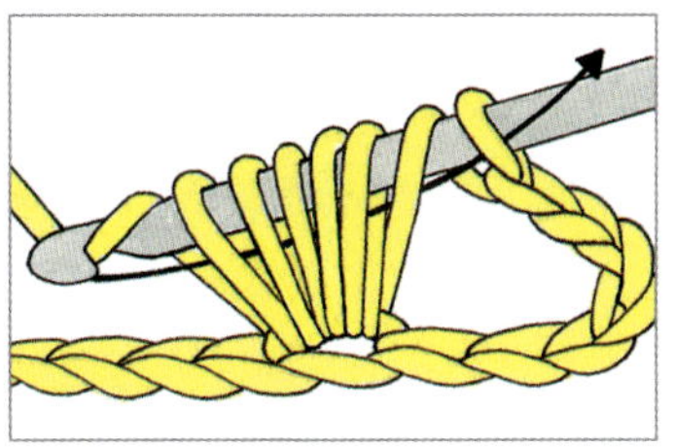

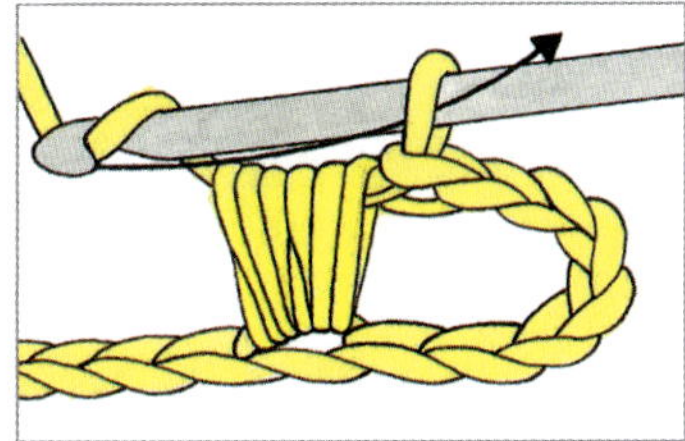

1 *Faden über die Häkelnadel legen, Nadel in die gewünschte Masche stechen und eine Schlaufe durchziehen (3 Schlaufen auf der Häkelnadel). Ab * noch zweimal wdh (7 Schlaufen auf der Häkelnadel). Den Faden über die Häkelnadel legen und durch alle sieben Schlaufen ziehen.

2 Oben auf der Büschelmasche eine extra Luftmasche häkeln, um die Masche abzuschließen.

In Runden häkeln

Die meisten Umrandungen in diesem Buch werden in Runden gehäkelt, und in den Anleitungen steht am Rundenende immer wieder »zur Runde schließen«. Die übliche Art, eine Runde zu schließen, ist eine Kettmasche. Eine andere Methode ist, eine Nähnadel zu verwenden: Das ist meine Lieblingsmethode, weil sie unsichtbar ist.

Für manche Muster ist die Kettmasche absolut passend – bei einem Spitzenmuster zum Beispiel, fällt sie nicht auf. Bei anderen Mustern – generell den dichteren – ergibt eine Kettmasche einen sichtbaren, weniger hübschen Übergang. Ein nahtloser Übergang mit einer Nähnadel führt zu einem viel schöneren, glatteren Ergebnis. Probieren Sie beides aus, setzen Sie dann die Methode ein, mit der Sie Ihre Runden lieber schließen.

Meine Lieblingsmethode, um eine neue Runde zu beginnen, ist eine Anfangsmasche (s. S. 122), selbst wenn man die Farbe nicht wechselt, weil es den Rundenbeginn unsichtbar macht. Wenn es Ihnen lieber ist, können Sie auch Wendemaschen häkeln (s. S. 118).

MIT EINER KETTMASCHE ZUR RUNDE SCHLIESSEN

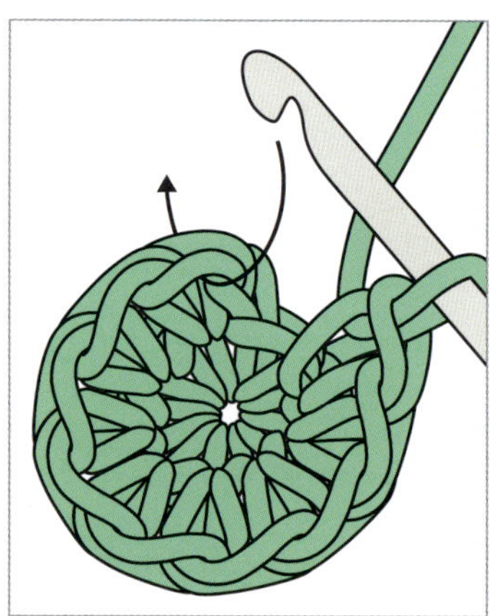

1 Wenn Sie das Rundenende erreichen, häkeln Sie eine Kettmasche oben in die allererste Masche der Runde. Wenn die nächste Runde in einer anderen Farbe gearbeitet wird, können Sie die Farbe wechseln, indem Sie diese Kettmasche in der neuen Farbe häkeln und dann die nächste Runde in der neuen Farbe.

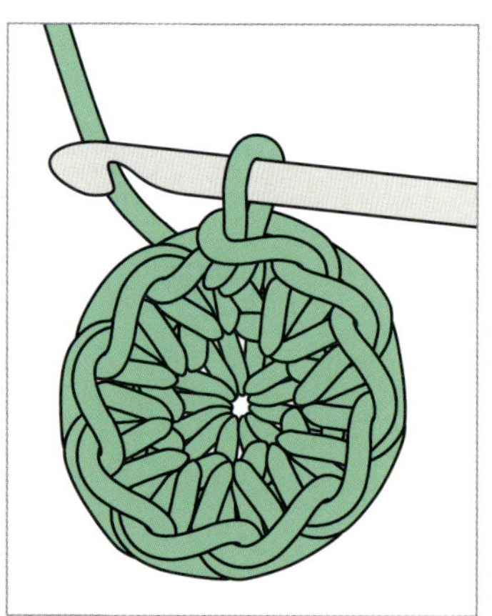

2 Hier das Ergebnis. Denken Sie daran, wenn Sie die nächste Runde häkeln, dass die Kettmasche nicht als Masche zählt.

MIT EINER NÄHNADEL ZUR RUNDE SCHLIESSEN

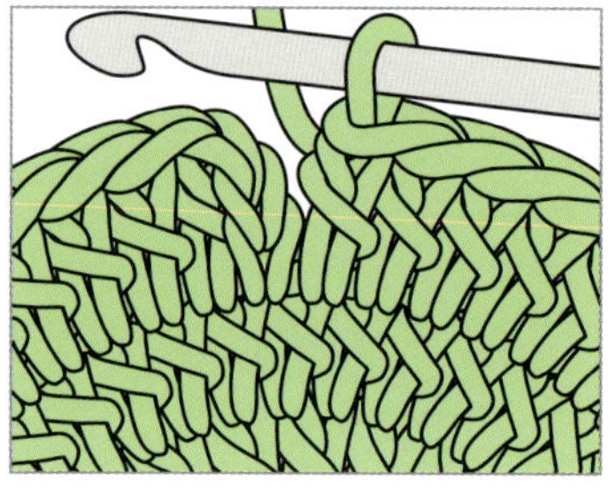

1 Arbeiten Sie die letzte Masche der Runde. Schneiden Sie den Faden ab, lassen Sie ein Ende von ca. 10 cm stehen.

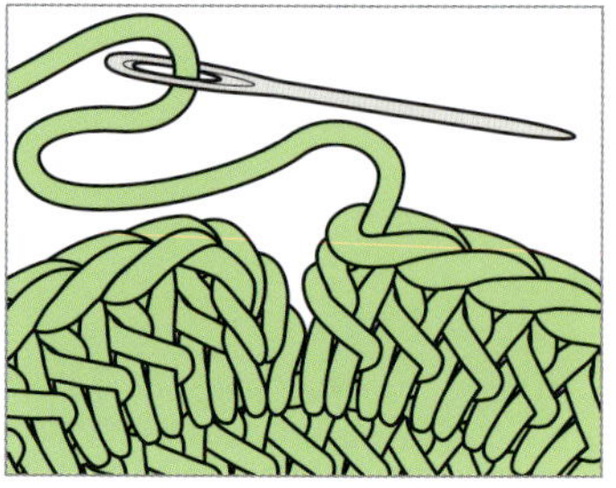

2 Ziehen Sie die Häkelnadel aus der letzten Schlinge und den Faden durch. Fädeln Sie ihn dann auf eine Nähnadel.

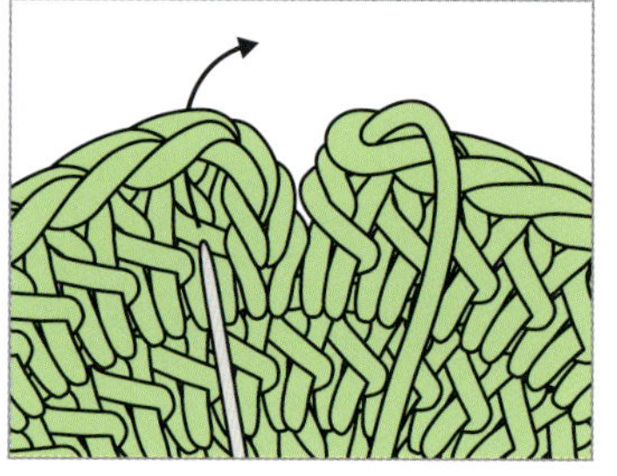

3 Stechen Sie mit der Nadel unter beide Maschenglieder links der allerersten Masche (oder der Anschlagsluftmasche). Ziehen Sie den Faden ganz durch.

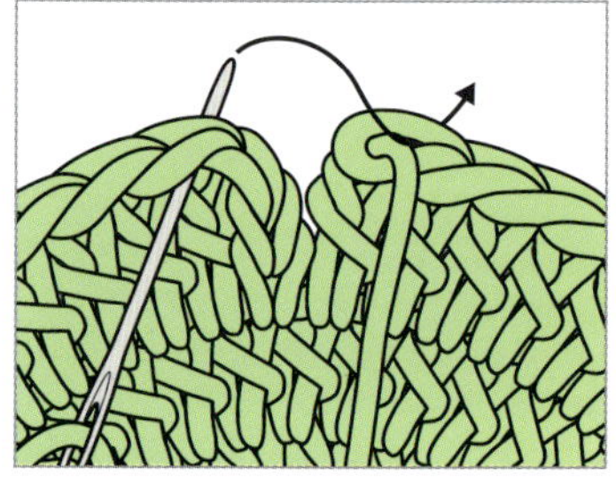

4 Stechen Sie mit der Nadel unter beide Maschenglieder oben auf der zuletzt gehäkelten Masche (am Ende der Runde).

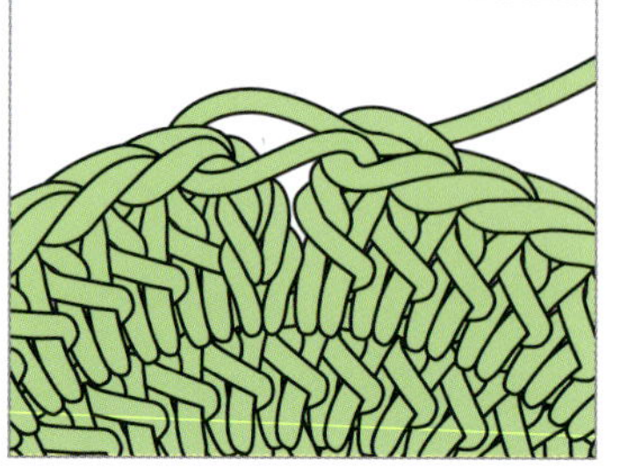

5 Ziehen Sie den Faden durch.

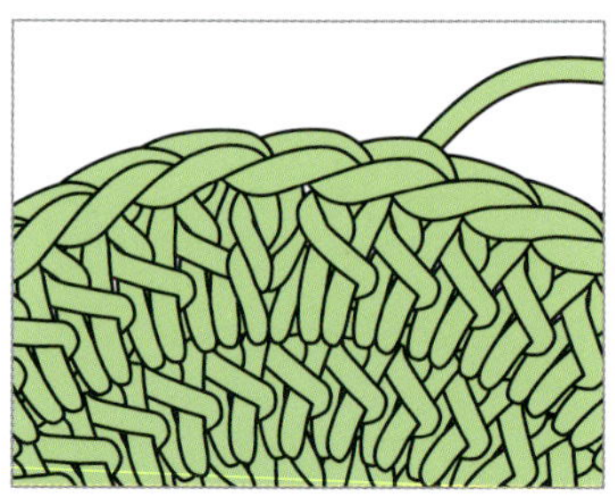

6 Passen Sie die Fadenspannung an, bis der Übergang nahtlos ist. Vernähen Sie das Fadenende.

Ausarbeiten

Es ist ganz einfach, den Faden am Ende eines Häkelstücks abzuketten, aber schneiden Sie den Faden nicht zu knapp ab, weil man genug Garn zum Vernähen braucht. Es ist wichtig, die Fadenenden sicher zu vernähen, damit sie sich nicht lösen. Tun Sie das so ordentlich wie möglich, damit der vernähte Faden nicht auf der rechten Seite zu sehen ist.

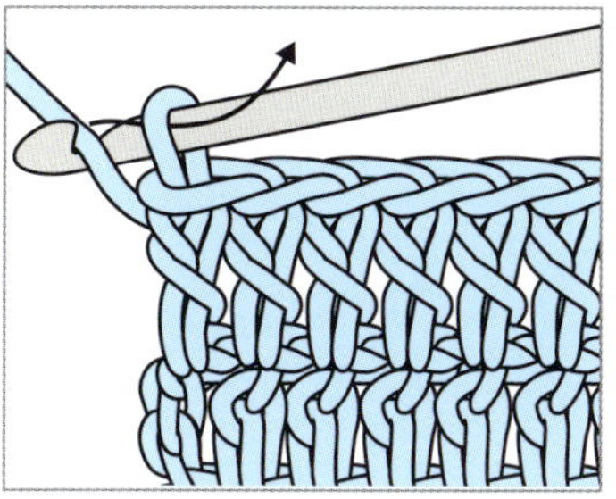

ABKETTEN
Zum Abketten eine Luftmasche häkeln, den Faden dann so abschneiden, dass noch mindestens 10 cm übrig sind. Das Fadenende durch die Masche auf der Häkelnadel ziehen und sanft festziehen.

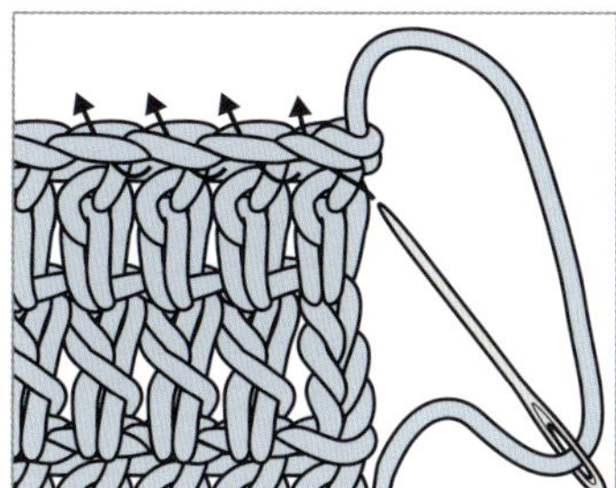

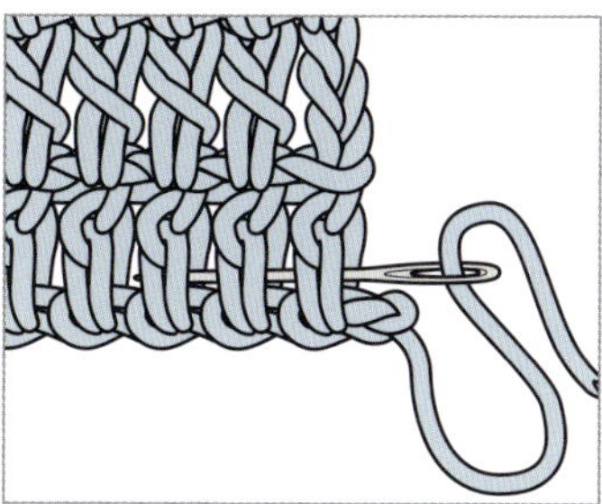

FÄDEN VERNÄHEN
Um einen Faden am oberen oder unteren Rand eines Häkelstücks zu vernähen, fädeln Sie ihn auf eine Nähnadel. Führen Sie die Nähnadel durch mehrere Maschen auf der linken Seite der Häkelarbeit, Masche für Masche. Schneiden Sie das restliche Garn knapp ab. Achten Sie darauf, jeden Faden durch genug Maschen derselben Farbe zu ziehen.

MIT FESTEN MASCHEN ZUSAMMENNÄHEN
Mit dieser Methode können Sie zwei Häkelstück zusammenhäkeln, wie Vorder- und Rückseite des Shiraz-Kissens (S.108). Rechts auf rechts eine Reihe feste Maschen durch beide Teile arbeiten. Sie können die Maschen durch beide Glieder jeder Masche ziehen oder nur durch das hintere (auf der linken Seite), damit die Naht flacher wird.

DIE DECKE SPANNEN

Die meisten Decken sollten gespannt werden, damit sie richtig gut aussehen. Besonders Decken mit einem Spitzenmuster sollten unbedingt gespannt werden, erst dadurch kommt das Muster richtig heraus. Denken Sie daran, dass die Decke durch das Spannen etwas größer wird; das gilt besonders die Spitzendecken.

Ich nutze eine einfache, aber effektive Methode zum Spannen: Legen Sie die Decke auf einen sauberen, weichen Untergrund, etwa eine Matratze, und ziehen Sie sie sanft mit den Händen in Form. Besprühen Sie die Decke dann entweder mit einem Pflanzensprüher und legen Sie ein trockenes Handtuch darauf, oder Sie legen ein feuchtes (aber nicht tropfnasses) Handtuch darauf. Wenn die Decke stark gespannt werden muss, lege ich zum Beschweren oft noch ein paar zusätzliche Handtücher obenauf.

Lassen Sie die Decke jetzt einfach trocknen. Wenn Sie es für notwendig halten, können Sie das Handtuch noch einmal anfeuchten oder die Decke noch einmal mit Wasser besprühen, damit das Spannen länger dauert (und der Effekt noch nachhaltiger ist). Wenn Ihnen das Trocknen zu lange dauert und die Decke bereits in Form ist, entfernen Sie einfach das Handtuch (bzw. die Handtücher) und lassen Sie sie so fertig trocknen.

In der Regel sollte das reichen. Wenn eine Decke aber aus irgendeinem Grund etwas uneben oder schief ist, können sie auch Stecknadeln verwenden. Entweder pinnen Sie die gesamte Decke in Form fest – oder nur die Stelle, die Ihnen Probleme bereitet. Machen Sie dann das Gleiche wie oben beschrieben, besprühen Sie die Decke oder benutzen Sie ein feuchtes Handtuch.

Ich empfehle, die Decke nach dem Waschen erneut zu spannen. Breiten Sie die Decke wieder auf einer Matratze oder einem Handtuch aus, ziehen Sie sie sanft in Form, legen Sie ein oder mehrere Handtücher darauf und lassen Sie sie trocknen.

WELCHES GARN?

Hier eine Liste der Garne, Farben und Anzahl der Knäuel, die für die Decken und Projekte auf den Fotos benutzt wurden.

Garndetails
- DMC Natura Just Cotton: 100 % Baumwolle, 155 m pro 50g Knäuel
- DROPS Belle: 53 % Baumwolle, 33 % Viskose, 14 % Leinen, 120 m pro 50g Knäuel
- DROPS Paris: 100 % Baumwolle, 75 m pro 50g Knäuel
- Vinni's Colours Nikkim: 100 % Baumwolle, 119 m pro 50g Knäuel
- Yarn and Colors Fabulous: 50 % Baumwolle, 50 % Acryl, 57 m pro 50g Knäuel

Decken und Umrandungen

Marseille (S. 12)
Vinni's Colours Nikkim:
- Reste in vielen Farben – 12 Knäuel insgesamt

Weimar (S. 16)
Vinni's Colours Nikkim:
- Hellblaugrün (518) – 2,1 Knäuel
- Natur (500) – 3 Knäuel
- Kamel (504) – 1,5 Knäuel
- Schwarz (560) – 1,1 Knäuel

Jaipur (S. 20)
DROPS Paris:
- Hellrosa (57) – 4 Knäuel
- Mittelrosa (33) – 8 Knäuel
- Cremeweiß (17) – 2 Knäuel
- Dunkelgrau (24) – 1 Knäuel

Tokio (S. 24)
DMC Natura Just Cotton:
- Sable (N03) – 7 Knäuel
- Jeansblau (N26) – 0,3 Knäuel
- Hellgrün (N12) – 0,3 Knäuel
- Blé (N83) – 0,3 Knäuel
- Spring Rose (N07) – 0,3 Knäuel
- Glacier (N87) – 0,5 Knäuel
- Lobelia (N82) – 0,5 Knäuel

Havanna (S. 28)
DROPS Paris:
- Hellgrau (23) – 1,3 Knäuel
- Cremeweiß (17) – 1,3 Knäuel
- Dunkelbeige (26) – 1,3 Knäuel
- Helles Eisblau (29) – 1,3 Knäuel
- Senf (41) – 1,3 Knäuel
- Dunkelgrau (24) – 1,3 Knäuel

Marrakesch (S. 32)
Vinni's Colours Nikkim:
- Reste von 521, 522, 525, 542, 557, 558, 562, 574, 575, 581, 582, 583 – 6 Knäuel insgesamt
- Schwarz (560) – 1,5 Knäuel
- Natur (500) – 1,5 Knäuel

Brügge (S. 36)
DMC Natura Just Cotton:
- Nacar (N35) – 4,5 Knäuel

St George's (S. 40)
Vinni's Colours Nikkim:
- Sunshine (535) – 4 Knäuel
- Pale Sage (519) – 3,5 Knäuel
- Natural (500) – 1,5 Knäuel

Hanoi (S. 44)
DROPS Paris:
- Cremeweiß (17) – 7 Knäuel
- Helles Minzgrün (21) – 2 Knäuel
- Helles Altrosa (59) – 1,5 Knäuel

Seoul (S. 48)
DROPS Belle:
- Zink (07) – 1 Knäuel
- Silber (06) – 1 Knäuel
- Beige (09) – 1 Knäuel
- Hellblau (14) – 1 Knäuel
- Braun (05) – 1 Knäuel
- Cremeweiß (02) – 1 Knäuel
- Löwenzahn (04) – 1 Knäuel
- Hellbeige (03) – 1 Knäuel

Odessa (S. 52)
DMC Natura Just Cotton:
- Acanthe (N81) – 1,2 Knäuel
- Azur (N56) – 1,2 Knäuel
- Rose Soraya (N32) – 2,4 Knäuel (2 Streifen)
- Tilleul (N79) – 1,2 Knäuel
- Geranium (N52) – 1,2 Knäuel
- Rose Layette (N06) – 1,2 Knäuel
- Blé (N83) – 1,2 Knäuel
- Blau Layette (N05) – 1,2 Knäuel
- Jeansblau (N26) – 1,2 Knäuel

Lissabon (S. 56)
DROPS Paris:
- Helles Minzgrün (21) – 8,5 Knäuel
- Cremeweiß (17) – 7,5 Knäuel

Istanbul (S. 60)
DROPS Paris:
- Petrol (48) – 2 Knäuel
- Dunkles Beige (26) – 2 Knäuel
- Moosgrün (25) – 1 Knäuel
- Helles Altrosa (59) – 4 Knäuel
- Helles Eisblau (29) – 1 Knäuel

Nairobi (S. 64)
DMC Natura Just Cotton:
- Rose Layette (N06) – 2 Knäuel
- Rose Soraya (N32) – 2 Knäuel
- Lobelia (N82) – 2 Knäuel
- Acanthe (N81) – 2 Knäuel

Casablanca (S. 68)
DROPS Paris:
- Garnreste in vielen Farben – 12 Knäuel insgesamt

Oslo (S. 72)
DROPS Paris:
- Hellgrau (23) – 5 Knäuel
- Helles Altrosa (59) – 2 Knäuel
- Pfirsich (27) – 1 Knäuel
- Mittel Rosa (33) – 1 Knäuel
- Hellrosa (20) – 1 Knäuel
- Dunkles Altrosa (60) – 1 Knäuel

Stockholm (S. 76)
DROPS Paris:
- Cremeweiß (17) – 2,5 Knäuel
- Hellgrau (23) – 2,5 Knäuel
- Hellblaulila (32) – 2,5 Knäuel
- Petrol (40) – 2,5 Knäuel
- Dunkelgrau (24) – 2,5 Knäuel

St Petersburg (S. 80)
DROPS Paris:
- Cremeweiß (17) – 4 Knäuel
- Senf (41) – 1 Knäuel
- Dunkelbeige (26) – 1 Knäuel
- Moosgrün (25) – 1 Knäuel
- Braun (44) – 1 Knäuel

Buenos Aires (S. 84)
DROPS Paris:
- Cremeweiß (17) – 8 Knäuel
- Reste von 02, 05, 11, 20, 21, 23, 26, 29, 30, 33, 35, 38, 48, 58, 59 – 5 Knäuel

Acapulco (S. 88)
DROPS Paris:
- Schwarz (15) – 4 Knäuel
- Cremeweiß (17) – 4 Knäuel
- Helles Mintgrün (21) – 2 Knäuel

Umrandungen (S. 95–100)
DMC Natura Just Cotton:
- Sand (N03)
- Elfenbein (N02)

Projekte

Porto (Teppich, S. 104)
Hoooked RibbonXL (100% Recyclingfasern 120m pro 250g Knäuel):
- Perlweiß – 5 Knäuel
- Reste von Sweet Rosa, Early Dew, Happy Mint, Iced Apricot, Frostgelb, Bubblegumrosa, Puderblau, Seeblau, Dunkelgrau, Hellgrau – 7,6 Knäuel insgesamt

Chiang-Mai-Topflappen (S. 106)
DROPS Paris:
- Senf (41) oder Hellblau-Lila (32) – 0,25 Knäuel
- Hellrosa (20) – 0,3 Knäuel

Chiang-Mai-Geschirrtuch (S. 106)
DROPS Paris:
- Cremeweiß (17) – 0,5 Knäuel
- Hellrosa (20) – 1 Knäuel
- Hellblau-Lila (32) – 0,25 Knäuel
- Senf (41) – 0,25 Knäuel

Shiraz (Kissen, S. 108)
DROPS Paris:
- Garnreste in vielen Farben – 4,5 Knäuel Insgesamt

Fez (Wandbehang, S. 110)
- Made by Me XXL (superdickes Polyacryl) in Cremeweiß – 1 Knäuel
- Durable Glam (75% Baumwolle, 25% Polyester, 130m pro 50g Knäuel) in Silber und Cremeweiß – je 1 Knäuel
- Phildar Phil Pailletten (100% Polyester, 130m pro 25g Knäuel) in Or – 0,25 Knäuel

Salvador (Tagesdecke S. 112)
Yarn and Colors Fabulous:
- Cremeweiß (002) – 14 Knäuel
- Pearl (043) – 10 Knäuel
- Pastel Rosa (046) – 10 Knäuel
- Soil (028) – 10 Knäuel
- Antique Rosa (048) – 10 Knäuel

Bezugsquellen

Wir möchten uns bei den folgenden Firmen bedanken, weil Sie die Garne für die Decken und Projekte in diesem Buch zur Verfügung gestellt haben:

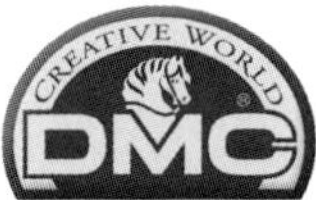

DMC Creative World, www.dmc.com, www.dmc.com/de/

DROPS Design®

DROPS Design, www.garnstudio.com
In Deutschland: Lanade.de, De lütt Wullstuw Waldstraße 49 A, 18375 Ostseebad Prerow

ViNNiS COLOURS

Vinni's Colours, www.vinniscolours.co.za
In Deutschland: www.diemercerie.com, Nymphenburger Straße 96, 80636 München

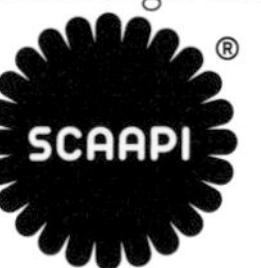

Scaapi, www.scaapi.nl, vertreibt Vinni's Colours und einzigartige, handgefärbte Garne

YARN AND COLORS.

Yarn and Colors, www.yarnandcolors.com
In Deutschland: www.wollplatz.de, Helmutstraße 4, 40472 Düsseldorf

REGISTER

Danksagung

Wir möchten allen Wollfirmen danken, die Garn für dieses Buch geliefert haben. Sehen Sie dazu die S. 126–127 für Details.

Haafner dankt ...

... allen bei Quarto für die tolle Zusammenarbeit: Kate Kirby, Michelle Pickering (fürs Verstehen all meiner Notizen...), Jackie Palmer, Moira Clinch, Danielle Watt, Cassie Lawrence und alle anderen Beteiligten. Danke Scaapi, Vinni's Colours, DROPS, DMC und Yarn and Colors, weil sie mir eine Überfülle der schönsten Garne geboten haben. Ebenfalls dankbar bin ich für den wunderbaren Austausch mit anderen Handarbeitern auf Instagram und natürlich den lieben Leserinnen und Lesern dieses Buchs. Ein letzter Dank geht an all die großartigen Städte auf dieser erstaunlichen Erde, die mich zu den Decken für dieses Buch inspiriert haben.